用兵如神

——"四渡赤水"战例研究

范承斌　廖元刚　主编

中共泸州市委党校（四川长征干部学院泸州四渡赤水分院）组织编写

人民出版社

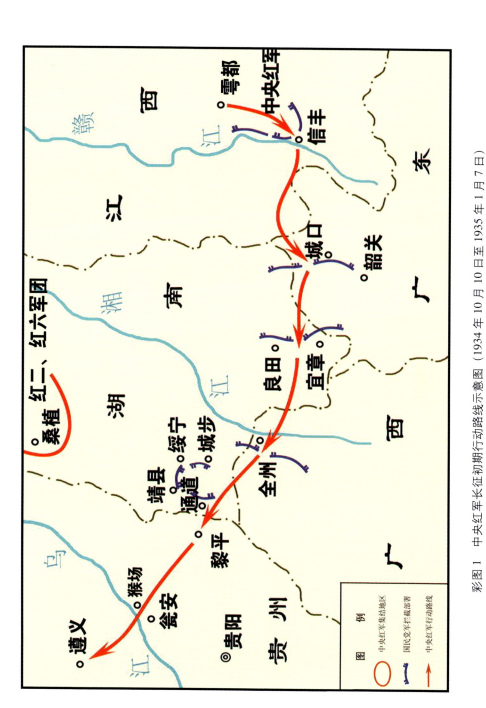

彩图 1　中央红军长征初期行动路线示意图（1934 年 10 月 10 日至 1935 年 1 月 7 日）

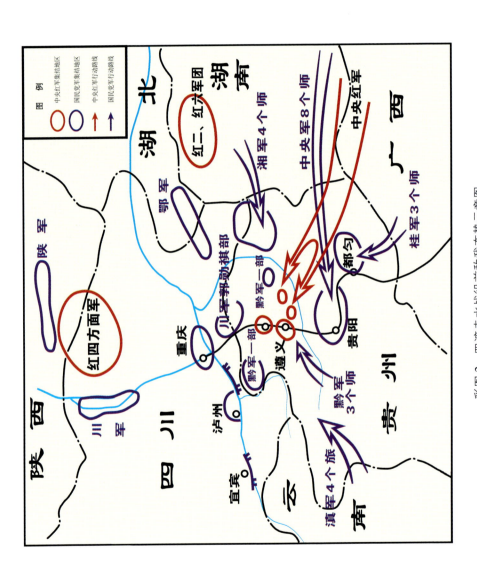

彩图 2 四渡赤水战役前敌我态势示意图

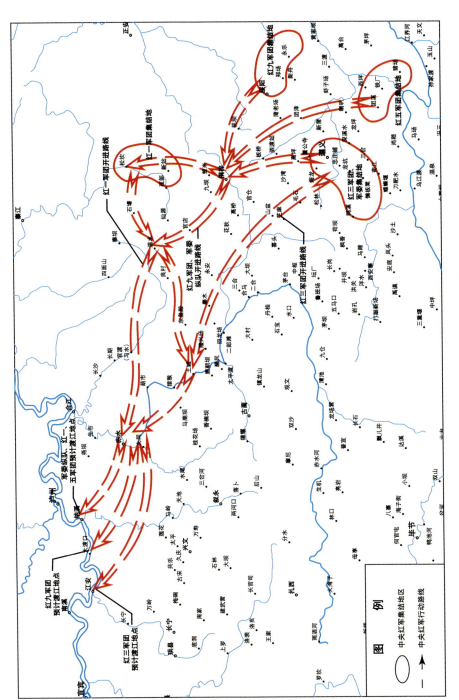

彩图 3　中央红军北渡长江示意图（1935 年 1 月 16 日）

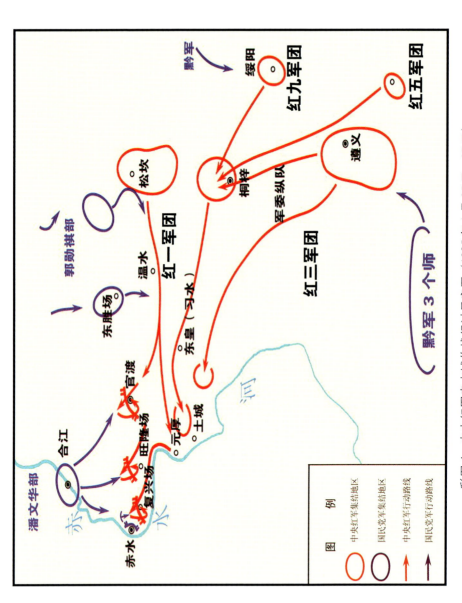

彩图 4　中央红军赤水城作战经过示意图（1935 年 1 月 25 日—27 日）

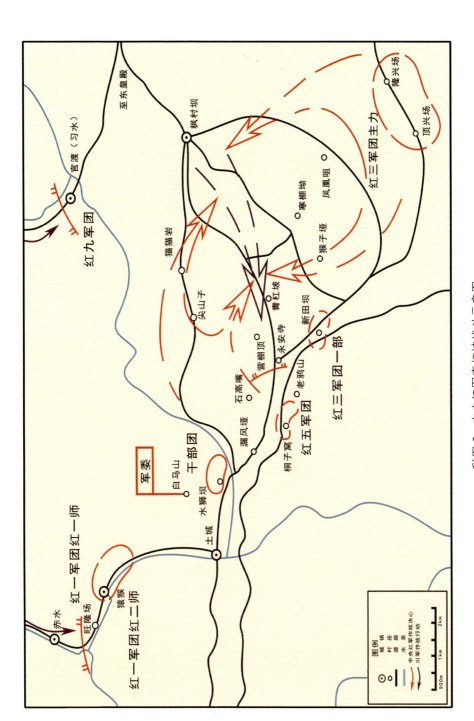

彩图 5　中央红军青杠坡战斗示意图

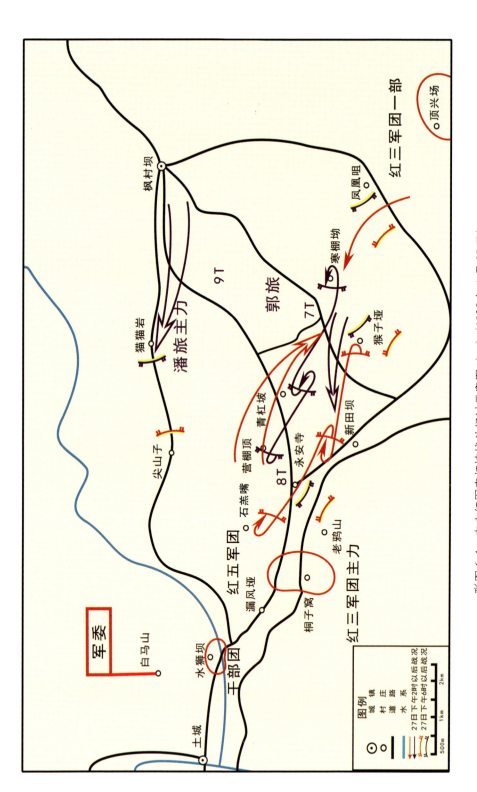

彩图 6-1　中央红军青杠坡战斗经过示意图（一）（1935 年 1 月 27 日）

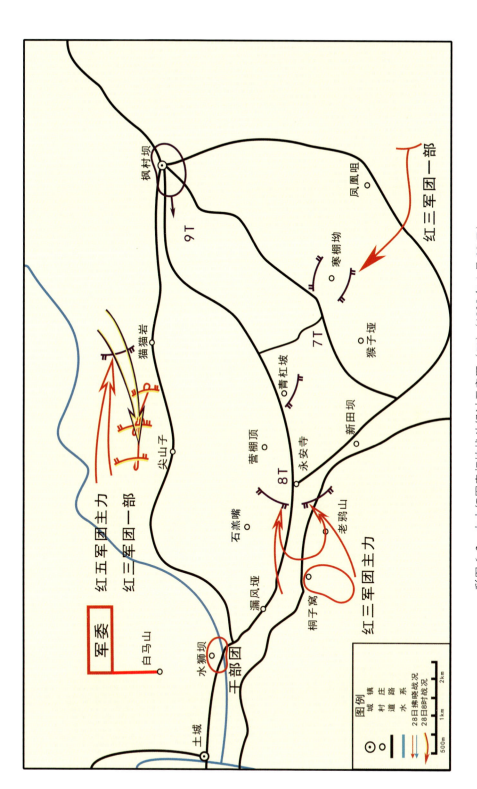

彩图 6-2 中央红军青杠坡战斗经过示意图 (二) (1935 年 1 月 28 日)

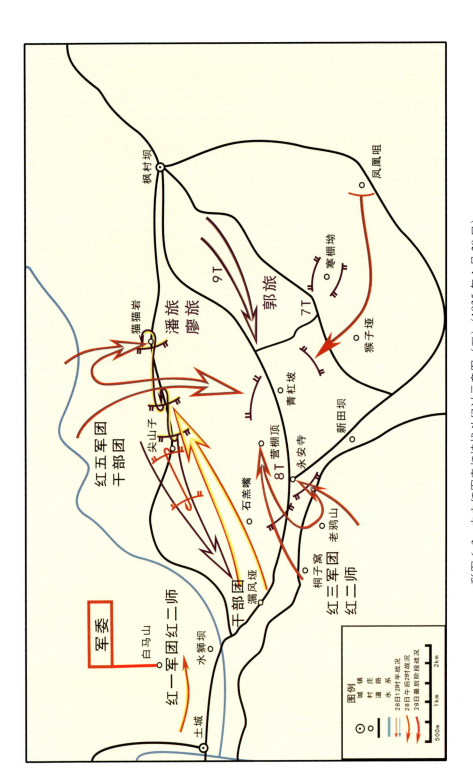

彩图 6-3　中央红军青杠坡战斗经过示意图（三）（1935 年 1 月 28 日）

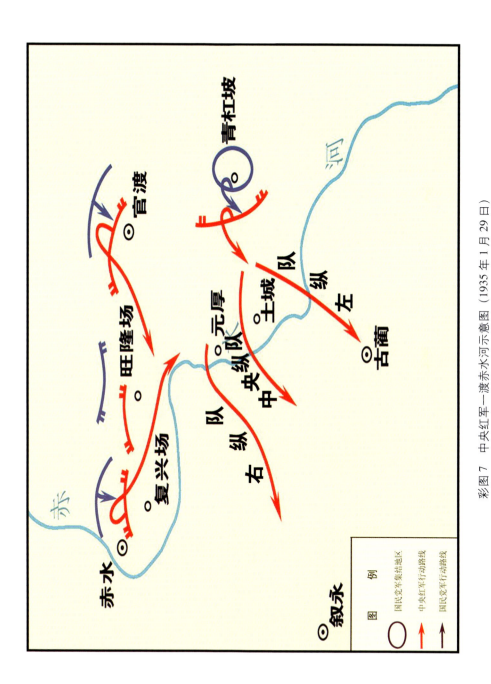

彩图 7　中央红军一渡赤水河示意图（1935 年 1 月 29 日）

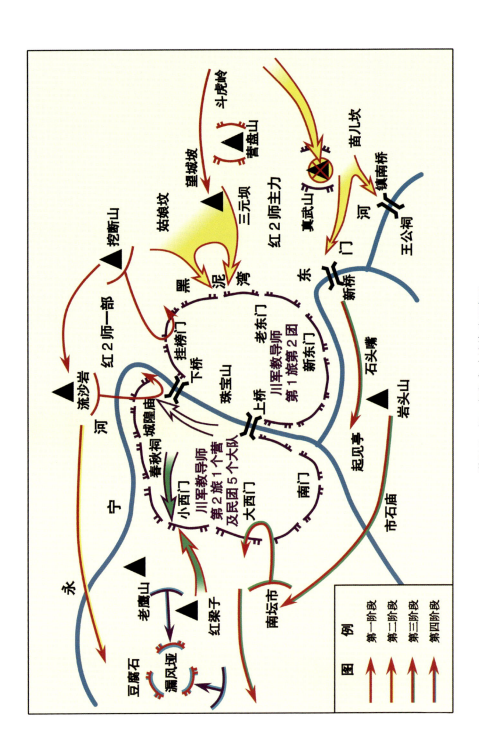

彩图 8　红二师叙永攻城战斗示意图

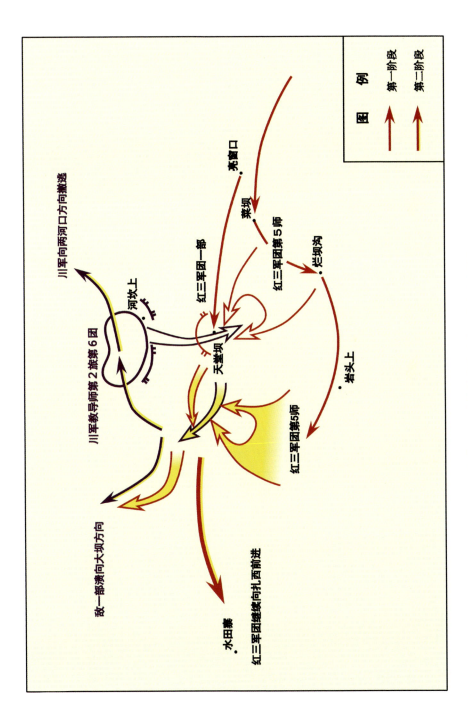

彩图 9 红三军团第五师天堂坝战斗示意图

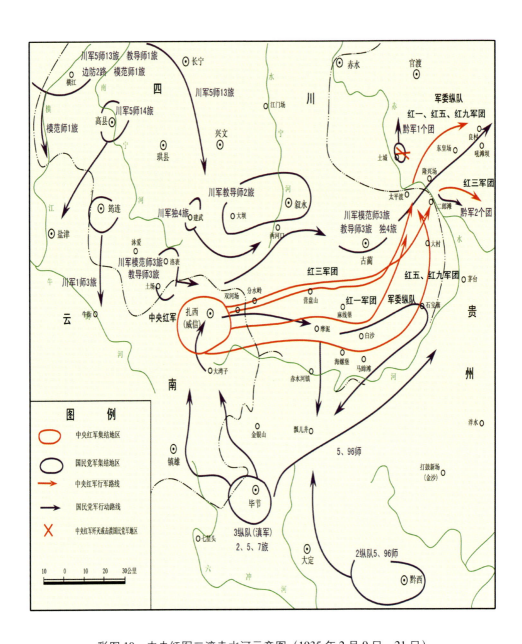

彩图 10　中央红军二渡赤水河示意图（1935 年 2 月 9 日—21 日）

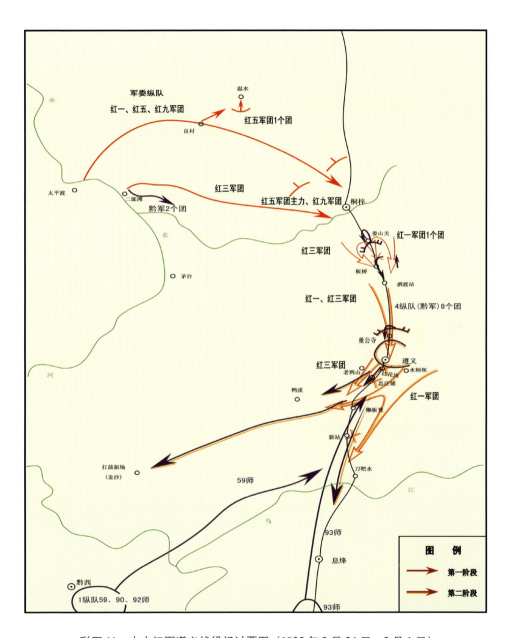

彩图 11 中央红军遵义战役经过要图 (1935 年 2 月 24 日—3 月 1 日)

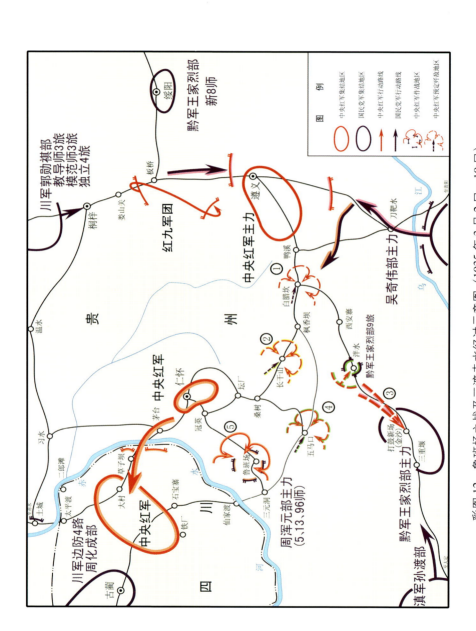

彩图 12　鲁班场之战及三渡赤水经过示意图（1935 年 3 月 2 日—19 日）

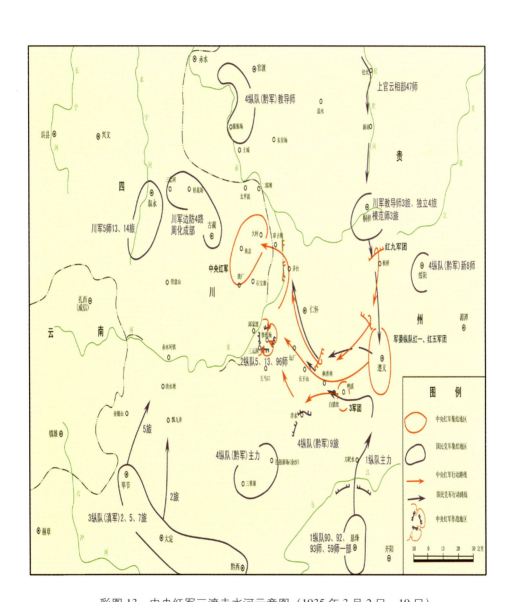

彩图 13　中央红军三渡赤水河示意图（1935 年 3 月 2 日—19 日）

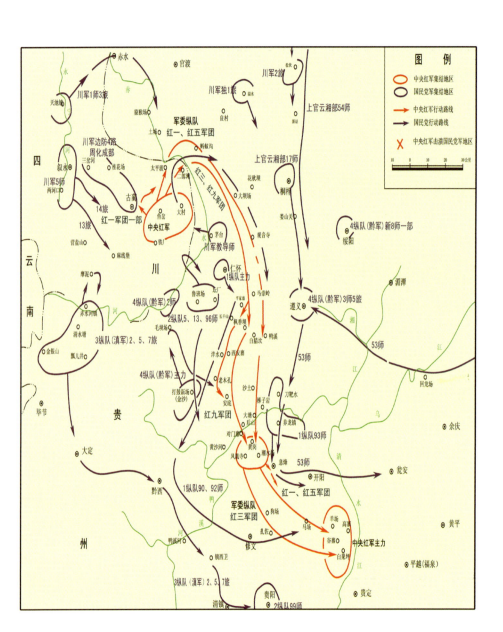

彩图 14　中央红军四渡赤水河、南渡乌江示意图（1935 年 3 月 20 日—4 月 5 日）

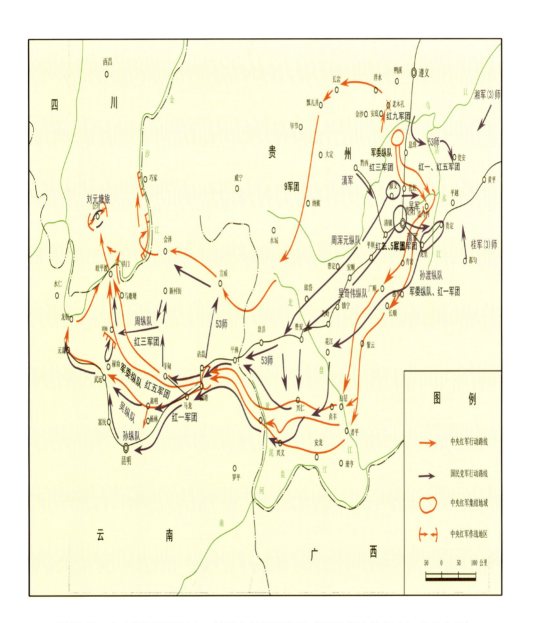

彩图 15　中央红军进军云南、抢渡金沙江示意图（1935 年 3 月 31 日—5 月 9 日）

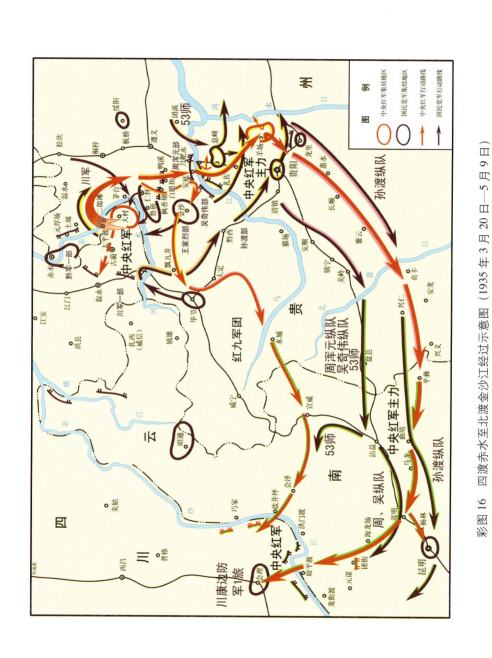

彩图 16　四渡赤水至北渡金沙江经过示意图（1935 年 3 月 20 日—5 月 9 日）

本书编委会

顾　问

杨胜群（原中共中央文献研究室常务副主任）

褚　银（中国人民解放军军事科学院研究员）

舒　健（中国人民解放军国防大学国家安全学院教授、军事思想
　　　与军事历史首席专家）

主　任

杨林兴（中共泸州市委书记）

余先河（中共泸州市委副书记、泸州市人民政府市长）

副主任

曹　斌（四川省水利厅党组成员、副厅长）

徐　利（中共泸州市委常委、宣传部部长）

米　亮（中共泸州市委常委、组织部部长、党校校长、四川长征
　　　干部学院泸州四渡赤水分院院长）

委　员

李春艳（中共泸州市委组织部副部长、市委党校常务副校长、四
　　　川长征干部学院泸州四渡赤水分院副院长）

钟华贵（泸州市人大常委会副秘书长）

邱　俊（中共泸州市委党史研究室原主任）

主　编

范承斌（中国人民解放军国防大学教授，战役学博士生导师）

廖元刚（中共泸州市委党校、四川长征干部学院泸州四渡赤水分院二级调研员、副教授）

副主编

钱代朝（陆军装甲兵学院副教授，战役学博士）

侯　平（军委某部工程师，战役学博士）

李莹莹（中共泸州市委党校副校长、四川长征干部学院泸州四渡赤水分院副院长、副教授）

编　委

张　煜（陆军某部工程师，战役学博士）

韩俊辉（陆军边海防学院讲师，战役学博士）

陈　琪（陆军指挥学院副教授，战役学博士）

姜宝春（中国人民解放军国防大学副教授，战役学博士）

周　琴（中共泸州市委党史研究室副主任、副教授）

舒　榕（中共泸州市委党校、四川长征干部学院泸州四渡赤水分院副教授）

任玉梅（中共泸州市委党校、四川长征干部学院泸州四渡赤水分院副教授）

许琪梅（中共泸州市委党校、四川长征干部学院泸州四渡赤水分院讲师）

序 言

杨胜群

    1935 年 1 月中旬召开的遵义会议，结束了"左"倾教条主义错误在中央的统治，事实上确立了毛泽东同志在党中央和红军的领导地位。遵义会议后，在新的中央领导的指挥下，中央红军展开机动灵活的运动战——四渡赤水，转战川黔滇边境广大地区，彻底粉碎了国民党企图围歼红军于川黔滇边境的计划。四渡赤水战役的胜利，不仅对于中央红军战略转移具有决定性的意义，而且对于实现遵义会议的伟大历史转折也具有非常重要的意义。

    泸州四渡赤水分院牵头策划并组织编纂的《用兵如神——"四渡赤水"战例研究》一书，是与国防大学专家团队合作完成的科研成果。该书对四渡赤水战役的决策和战例经过作了详细描述和深入解析，对毛泽东高超的战略决策能力和卓越的军事指挥艺术进行了系统的阐述，并对四渡赤水战役所蕴含的历史精神及现实意义作了概括。阅读这本书，不仅能帮助我们更好地了解中央红军四渡赤水战役这一重大历史事件，而且能使我们获得深刻的思想启迪。

遵义会议是我们党政治路线的历史转折，也是我们党思想路线的历史转折。我们党摆脱了"左"倾教条主义的思想束缚，开始了从实际出发、独立自主解决中国革命问题的新征程。以毛泽东为代表的党中央、中革军委，坚持实事求是，根据不断变化的实际情况，制定和采取正确的战略战术，指挥中央红军实行大范围的机动作战，以"走"保存实力，以"走"避免决战，避实就虚，声东击西，纵横穿插，积极寻找战机，有效地歼灭敌人，创造了中外战争史上的奇迹。四渡赤水战役的胜利，可以说是党的实事求是思想路线的胜利，是科学的思想路线与正确的军事路线相结合的典范！

四渡赤水战役历时三个多月，红军在泸州的古蔺、叙永境内转战达五十多天。红军纪律严明，所到之处秋毫无犯，开仓分粮分盐，铲霸除奸，扶危济困，为穷苦人民做了许多好事实事。人民群众切身感受到共产党是人民的救星，红军是工农的队伍。在党和红军感召下，古蔺就有800多人参军，走上革命的道路。红军转战古蔺、叙永期间，地方党组织配合红军打土豪、筹粮筹款、发动群众、宣传扩红，组织发动武装暴动，策应红军转移。泸州人民腾出自家房屋、宅院和商铺给红军住宿，贡献自家船只、门板、楼梯帮助红军搭建浮桥，收留、掩护和救治红军伤病员，为红军当向导、送情报、抬担架，为配合红军战略转移做出了积极的贡献。

当年红军长征转战经过的古蔺县、叙永县，因为自然条件艰苦、交通条件不便等，曾经是国家级贫困县。在党的坚强领导下，在广大干部群众的共同努力下，在社会各界的关心帮助下，这两个县于 2020 年实现脱贫摘帽。革命老区旧貌换新颜，老区人民脱贫奔小康。2020 年 7 月，中共泸州市委八届九次全会召开，审议通过《关于深入贯彻习近平总书记重要讲话精神 全面融入成渝地区双城经济圈建设的决定》。泸州这片红色热土，正在推进长江上游航运贸易中心、区域医药健康中心、跨行政区组团发展模式的融合发展示范区、优势特色产业集群发展区、内陆开放新高地、高品质生活宜居地建设，"中国酒城·醉美泸州"这座酿造幸福的城市正焕发出蓬勃生机。

让我们紧密地团结在以习近平同志为核心的党中央周围，高举中国特色社会主义伟大旗帜，坚决贯彻落实党中央决策部署，传承和弘扬伟大的长征精神，在新时代的长征路上接续奋斗！

2020 年 10 月 1 日

（本文作者为原中共中央文献研究室常务副主任，第十二届全国政协常委，中国延安精神研究会副会长，中国中共文献研究会副会长）

目 录

引 章
"左"倾错误，长征初期遇重创

1927年8月1日，南昌城头上的一声枪响，拉开了中国共产党独立领导武装斗争的序幕。短短数年，武装起义的星星之火便以燎原之势席卷神州大地，10多块革命根据地相继建立，红军队伍在战斗中不断发展壮大。其中，位于闽西赣南的中央革命根据地发展最为壮大。在毛泽东和朱德等的领导下，中央红军采取"诱敌深入"的作战方针，在1930年底至1931年9月不足一年的时间里，连续取得第一、二、三次反"围剿"的胜利。1931年11月7日，中华苏维埃共和国临时中央政府于江西瑞金成立，与国民党政府分庭抗礼。

第一节 路线错误，国门拒敌终失败

革命形势的一片大好，引起国民党蒋介石的警觉。国民党蒋介石在全国疯狂地对中国共产党实行白色恐怖政策的同时，不断加大对革命根据地的"围剿"力度，特别是中央革命根据地和中央红军早已被蒋介石视为眼中钉肉中刺，欲拔之而后快。1931年6月，蒋介石亲赴南昌任"围剿"军总司令，指挥对中央革命根据地的第三次"围剿"，失败后又调兵遣将，积极准备后续的"围剿"行动。

一、"左"倾错误路线上台得势

在日益严峻的形势面前，当时的中共中央主要负责人非但没有认识到问题的严重性，相反却被红军取得的胜利冲昏了头脑。1932年10月上旬，中共苏区中央局在江西宁都召开全体会议，史称"宁都会议"，讨论第四次反"围剿"的作战方针。在会上"左"倾错误路线执行者们无视敌强我弱的事实，以"积极进攻战略"取代毛泽东的"积极防御战略"，并排挤和剥夺了毛泽东对中央红军的领导权和指挥权。1933年1月19日，由于叛徒的出卖，中共中央无法在上海立足，被迫迁入中央苏区所在地瑞金，"左"倾路线执行者的势力更加强大。

1933年2月，中央红军率先向敌防守的核心据点南丰城发起进攻。因城防坚固，敌军凭险固守，红军首战不胜，大批敌军却蜂拥而至，战场形势十分不利。在前线指挥作战的朱德、周恩来等临机决断，放弃强攻硬打的战法，率领中央红军撤围南丰，实行战略后退，改用大兵团伏击战法，在黄陂、草台岗连打2个胜仗，歼灭敌人3个师，取得了第四次反"围剿"的胜利。而"左"倾路线执行者却无视这一胜利是中央红军及时采取正确的战略战术才获得的事实，仍然鼓吹以积极的进攻，夺取城市，占领一省，进而向全国发展胜利。这就为后来的失败埋下了祸根。

二、第五次反"围剿"以失败告终

一次又一次的失败，使蒋介石恼羞成怒，他竟置中华民族危亡于不顾，仍然坚持"攘外必先安内"的政策，调集 50 万大军，于 1933 年 9 月，对中央革命根据地发起第五次"围剿"。蒋介石为避免重蹈覆辙，一改"长驱直入、速战速决"的战法，采取持久战和"堡垒主义"的新战略，以经济封锁、军事压迫，来逐步压缩并摧毁中央革命根据地。

由于不懂军事，"左"倾路线执行者聘请共产国际派驻中国的情报员奥托·布劳恩（又名李德）为军事顾问，把中央红军的作战指挥权拱手让给这位曾在苏联伏龙芝军事学院就读过的德国人。李德彻底放弃了中央红军惯用的游击战和运动战。在战略上，强调全线出击的积极进攻思想；在战役战术上，采用以"堡垒对堡垒"的阵地战，实现拒敌之外的目的。

结果，黎川失守、广昌战役失利、建宁失守、连城失守、高虎脑战役失利……至 1934 年 9 月下旬，中央革命根据地越来越小，仅存兴国、宁都、石城、宁化、长汀、瑞金、会昌、雩都(今于都) 等县。战线离瑞金越来越近，中央红军已无在原地扭转战局、打破敌人第五次"围剿"的可能。

第二节　被迫长征，湘江战役遭重创

1934 年 9 月底，在作战接连失利、国民党军继续向中央革命根据地中心区域推进、形势极为被动的情况下，"左"倾错误路线执行者、中共中央领导人博古等，虽上报经共产国际同意，但却未经中央政治局讨论，即决定放弃中央革命根据地，准备转移到湘西与贺龙、萧克领导的红二、红六军团会合。10 月 10 日晚开始，中共中央、中革军委率领中央红军主力及中央、军委机关和直属部队共8.6万余人，（见表1）被迫从江西瑞金、雩都等地突围，踏上战略转移的漫漫征程，开始了长征。（见彩图1）

一、乘敌不意，顺利通过三道封锁线

10月17日，中央红军从江西雩都南渡雩都河（即贡水）。21日晚，按照中革军委的计划，借助与粤军陈济棠部的借路协议，中央红军从王母渡、新田之间，突破了国民党军第一道封锁线，至25日全部渡过信丰河。11月5日至8日，中央红军又在湖南汝城以南的天马山至广东城口之间顺利通过了国民党军第二道封锁线。

尽管中央红军采取了以红一、红三军团为左右前卫，红九、红八军团为左右边卫，中央纵队和军委纵队居中，红五军团为后卫的这种甬道式行军队形，并携带了大量物资器材，行军速度十分缓慢，但由于中央革命根据地良好的群众基础及中央红军对战略转移实行了较为严格的保密措施，蒋介石未能及时判断出中央红军战略转移的方向。当蒋介石终于明白过来时，中央红军已于11月13日至15日，在湖南郴县、良田、宜章和广东乐昌之间通过了国民党军第三道封锁线，继续西进。

二、行动迟缓，湘江战役损失惨重

11月25日，中央红军在湘南道县至江华段全部渡过潇水上游的沱水。回过神来的蒋介石，终于判明了中央红军去湘西会合红二、红六军团的企图，立即调集湘军、桂军及中央军等优势兵力，在湘江附近布设第四道封锁线，围追堵截中央红军。总体形势对红军极为不

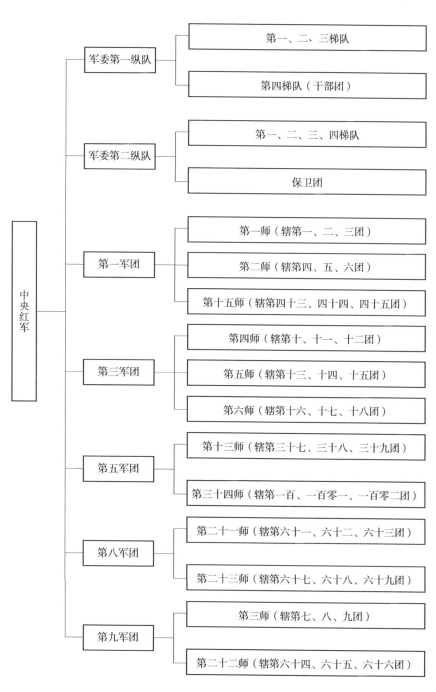

表 1　湘江战役前中央红军兵力编成表

利。不过，各路敌军之间矛盾重重，各有各的打算，行动步调不一。如果中央红军利用敌军矛盾，在敌口袋式包围圈尚未形成之前，迅速西渡湘江，突破敌人的重围还是有可能的。

11月25日17时，中革军委发布抢渡湘江的作战命令。突破敌第四道封锁线时，中央红军进行了前卫纵队的部署调整，红三军团奉命改为左前卫，红一军团奉命改为右前卫。27日晚，前卫左翼纵队红三军团和右翼纵队红一军团，已控制了界首至屏山渡之间30公里长的所有渡口和4处可以徒涉的浅滩。此时，中央军委纵队距最近的湘江渡河点只有80多公里，如果轻装急行军，一天即可赶到，迅速渡过湘江。可是，博古、李德等仍舍不得扔掉那些从苏区带出来的"坛坛罐罐"，所征用的5000人的辎重队依然以蠢笨的"大搬家"模式，在狭窄的山路上缓慢西行，每天只走20至30公里，致使我前队与后队相距达100公里，严重影响了全军的机动速度，使宝贵的时间白白丧失。而此时，敌中央军周浑元部于26日占领了湖南道县，湘、桂两省敌军在蒋介石的严令下分路反扑，桂系第十五军从恭城返回灌阳，在新圩以南展开，湘军刘建绪部已进至全州，形成了南北两面、一头一尾夹击我军的态势。长征中最惨烈的湘江之战不可避免。

11月27日夜开始，中央红军在湘江的新圩、光华铺、觉（脚）山铺等地同国民党军进行了殊死搏斗，付出了极为惨重的代价。

新圩阻击战，红三军团红五师全师3000多人，与敌激战至30日下午，损失达2000多人，师参谋长胡震牺牲，红十四团团长黄冕昌牺牲，红十四、红十五团政委负伤，所辖营连干部几乎全部非伤即亡。

光华铺阻击战，红三军团红四师与敌反复争夺，阵地几度失而复得。红十团团长沈述清和代理团长、师参谋长杜仲美在战斗中先后中弹身亡。军团长彭德怀亲自指挥作战，急令红四师另2个团及完成新圩阻击战任务的红五师余部增援光华铺，又连续打退了敌军数十次疯狂进攻。一直坚持到 12 月 1 日中午时分，中央、军委纵队安全过江后，才奉命撤离。

脚山铺阻击战，红一军团第二师第四团政委杨成武身负重伤，第五团政委易荡平牺牲。战斗期间，深入一线指挥作战的军团长林彪、政委聂荣臻等也突遭敌袭，差点被敌人包围。至 12 月 2 日，红一军团在完成了掩护党中央渡江的重任后，以伤亡过半的巨大损失撤出了战场。

至 12 月 1 日 17 时，中央机关和红军大部拼死渡过了湘江，突破了敌人第四道封锁线，粉碎了蒋介石围歼红军于湘江两岸的企图。但红军也遭受重大损失，担任后卫的红五军团第三十四师和红三军团第六师第十八团被阻于湘江以东，陷入敌人重围，全军覆没。红八军团第二十一师、第二十三师，红九军团的第二十二师也损失惨重。中央红军从长征开始时的 8.6 万余人锐减为 3 万余人，元气大伤。

第三节　转兵贵州，遵义会议现曙光

湘江战役后，已判明中央红军北去湘西会合红二、红六军团企图的蒋介石，不断调集重兵，在湘西的靖县、绥宁、城步、武冈一线地区构筑层层碉堡，又建立了一条新的封锁线，张网以待。

情绪低落的博古等并没有察觉到敌情的变化，仍执意"继续西进至通道以南及播扬所、长安堡地域"[1]，而后北向前往湘西北，与

① 《中国工农红军长征史料丛书》编审委员会编：《中国工农红军长征史料丛书·文献(1)》，解放军出版社 2016 年 8 月版，第 178 页。

红二、红六军团会合。在此危急关头，毛泽东极力反对去湘西北自投罗网，主张改道转向敌军兵力薄弱的贵州，以此挽救危局、争取主动。

中央红军，何去何从？由此而产生的矛盾和争论不断加剧。王稼祥、张闻天同意并支持毛泽东的主张，提议召开中共中央政治局会议，予以讨论。

一、三次会议，进军贵州终定论

（一）通道会议

12月11日，按照计划沿湘桂边界西进的中央红军先头部队红一军团第二师占领湖南省通道县城。12日，军委纵队到达芙蓉镇①。

12月12日，中共中央负责人在通道城（今县溪镇）恭城书院举行临时紧急会议，讨论战略行动方针问题，史称"通道会议"②。在会上，毛泽东力主放弃博古、李德坚持的同红二、红六军团会合的原定计划，西进贵州，避实就虚。经过争论，会议根据大多数人的意见，通过了西进贵州的主张。③但会议没有否定博古、李德与红二、红六军团会合的计划，只是改变了原定由通道北上湘西北的行军路线。

12月13日，中革军委命令中央红军"迅速脱离桂敌，西入贵州，

---

① 中共中央党史研究室第一研究部编：《红军长征史》，中共党史出版社2006年3月版，第70页。

② 中共中央文献研究室编，金冲及主编：《毛泽东传（1893—1949）》，中央文献出版社1996年8月版，第337页。

③ 中共中央文献研究室编，金冲及主编：《毛泽东传（1893—1949）》，中央文献出版社1996年8月版，第337页。

寻求机动，以便转入北上"①。14日，又命令红二、红六军团向湘西北发展，策应中央红军北上。

（二）黎平会议

12月15日，中央红军攻占贵州省黎平县城。17日，军委纵队进驻黎平。12月18日，中共中央在黎平县城德凤镇二郎坡胡荣顺店铺内召开了政治局会议，继续讨论中央红军战略行动方向问题，史称"黎平会议"。经过激烈的争论，会议接受毛泽东的意见，通过了根据毛泽东的发言写成的《中央政治局关于战略方针之决定》②，认为："过去在湘西创立新的苏维埃根据地的决定在目前已经是不可能的，并且是不适宜的。""新的根据地区应该是川黔边区地区，在最初应以遵义为中心之地区，在不利的条件下应该转移至遵义西北地区。"

另外，会议还决定到遵义地区开会，深入总结第五次反"围剿"斗争以来军事指挥上的经验教训。

在此期间，中革军委为充实作战部队，撤销了红八军团的建制，除营以上干部外，其余人员编入红五军团。同时，决定军委第一、第二纵队合并为军委纵队，刘伯承任中革军委参谋长兼军委纵队司令员，陈云任政治委员。另以干部团、保卫团为独立的作战部队，归军委纵队司令部直辖。③

（三）猴场会议

根据黎平会议的决定，朱德、周恩来命令中央红军兵分三路向以

---

① 中国工农红军第一方面军史编审委员会编：《中国工农红军第一方面军史》，解放军出版社1993年10月版，第509页。

② 中央档案馆编：《中共中央文件选集》第10册，中共中央党校出版社1991年3月版，第441—442页。

③ 军事科学院军事历史研究所编：《中国工农红军长征全史（一）中央红军征战记》，军事科学出版社2006年5月版，第47页。

遵义为中心的黔北进军。12 月 31 日，中央红军进抵乌江南岸，中共中央、中革军委到达猴场。

获悉中央红军西入贵州的信息后，大感意外的蒋介石，改变在湘西同红军决战的原定部署，命令中央军继续尾追红军；命令黔军王家烈部集中力量阻止中央红军西进贵阳。

1934 年 12 月 31 日晚至 1935 年 1 月 1 日凌晨，中共中央在贵州瓮安猴场召开政治局会议，史称"猴场会议"。会议再次否定了博古、李德等人坚持不过乌江，又要回头去和红二、红六军团会合的错误主张，重申了黎平会议的决定，通过了《中央政治局关于渡江后新的行动方针的决定》，指出："首先以遵义为中心的黔北地区，然后向川南发展，是目前最中心的任务。"同时，决定规定："关于作战方针，以及作战时间与地点的选择，军委必须在政治局会议上做报告。"① 这实际上取消了李德独断专行的军事指挥权。

二、抢渡乌江，进占遵义获休整

（一）抢渡乌江

1935 年 1 月 1 日，尾追中央红军的国民党中央军吴奇伟纵队 4 个师已进占施秉，周浑元纵队 4 个师已进占施洞口，正向新老黄平逼近，企图将红军歼灭于乌江以东和以南地区。中央红军决心在薛岳部尚未到达之际，兵分三路抢渡乌江，向遵义地区前进。

1 月 1 日，红一军团第一师第一团由龙溪到达回龙场渡口。在团

---

① 中央档案馆编：《中共中央文件选集》第 10 册，中共中央党校出版社 1991 年 3 月版，第 445—446 页。

长杨得志、政治委员黎林的指挥下，战士们克服两岸悬崖陡壁，在渡口下游水势较缓的地方用竹筏一个接一个地渡过乌江，驱逐并消灭了对岸守军，占领了滩头阵地，掩护后续部队渡江。至4日，红一军团主力及红九军团由此渡江完毕，残敌向湄潭方向溃退。

红一军团第二师第四团也于同日进至江界河渡口，团长耿飚、政治委员杨成武立即展开强渡和偷渡，但由于敌火力猛、水流急等原因，行动失败。仅有以毛振华连长为首的5名红军战士偷渡成功抵达北岸，但在南岸的大部队并不知道。2日拂晓，中革军委副参谋长张云逸赶到第四团，强调敌人已离我军不远，要求红四团必须迅速完成渡江任务，否则有背水作战的危险。红四团遵照军委指示，紧急动员，迅速绑扎了60多个竹筏，再次组织强渡。在先前偷渡过江的5名红军战士的接应下，红四团强行登岸成功，随后，又借助炮兵连长赵章成这位神炮手的神勇发挥，3发3中，打退国民党军的反扑，占领了渡口。工兵部队迅速架起浮桥。至3日，军委纵队和红五军团由此相继渡过乌江。

1月5日，红三军团由马场及其以西地区进至茶山关渡口，守敌闻讯回龙场、江界河渡口均已失守，不战而逃。6日，红三军团顺利渡过乌江，向遵义及老君关前进。

至此，中央红军全部渡过乌江。蒋介石围歼中央红军于乌江东岸与南岸的企图化为泡影。

（二）智取遵义城

抢渡乌江后，红一军团第二师第六团作为开路先锋，于1月5日晚进至距遵义45公里的团溪镇。6日，中央红军总参谋长刘伯承赶到团溪镇亲率红六团向遵义疾进。下午3时许，红六团以迅雷不及掩耳之势，攻占了距遵义15公里的外围据点深溪水，全歼守敌黔军1

个营，无一漏网。

为减少部队伤亡，刘伯承采纳了红六团团长朱水秋、政治委员王集成智取遵义城的建议，命令先头分队化装成黔军的溃兵，诈开遵义城门，其余部队随后跟进；如果诈城不成，则实行强攻，迅速夺取遵义城。

6日晚9时，红六团第一营营长曾宝堂率领先遣队伪装成黔军，并由10多名经过教育的俘虏带路，冒雨向遵义进发，经过2个多小时的急行军，顺利抵达遵义城南门下。带路俘虏用贵州本地话开始叫门，并准确回答了守城哨兵一连串的盘问。城楼上的哨兵没有发现任何破绽，于是打开城门放"自己人"进城。曾宝堂率部迅速冲了进去，俘虏了城楼上的所有哨兵，割断电话线。司号员吹响了冲锋号，红六团主力风驰电掣般地涌进城区，守军顿时惊恐万状，乱作一团，丢盔卸甲，狼狈地弃城而逃。

就这样，黔北重镇遵义城在1月7日凌晨，被智勇双全的中央红军顺利占领。9日，中央红军在遵义城举行了隆重的入城仪式，中共中央、中革军委率军委纵队大部队进驻遵义城。

（三）部队休整

进占遵义后，中央红军主力按照中革军委的命令，红一军团第二师推进到娄山关、桐梓地区，第一师集结在遵义东北至新街，第十五师集结在老蒲场；红三军团在遵义城以南的刀靶水、尚稽场、懒板凳（今南白镇）控制遵义通往贵阳的公路，扼守乌江北岸；红九军团驻扎在遵义东北的湄潭；红五军团在遵义东南的珠场；干部团驻在遵义城担负警卫任务。

从1月7日至16日遵义会议结束前夕，中央红军自长征以来，第一次获得了大约10天极为宝贵的休整时间。

三、遵义会议，挽救红军挽救党

1 月 15 日至 17 日，中共中央在遵义新城子尹路 80 号柏辉章公馆召开政治局扩大会议，史称"遵义会议"，主要议题是总结第五次反"围剿"以来的经验和教训。遵义会议，是我党我军历史上一次生死攸关的会议，是中国共产党第一次独立自主地解决中国革命问题的具有重要历史意义的会议。

（一）主副报告引出矛盾

会议由博古主持。首先，博古作了关于反对国民党军第五次"围剿"总结的主报告。他在报告中片面强调客观困难，把不能粉碎国民党军的第五次"围剿"原因，归结为帝国主义和国民党反动力量过于强大、白区革命运动和根据地周围的游击战争配合比较薄弱，而对自身军事指挥上的严重错误谈得很少。

接着，周恩来从军事上作了副报告。他实事求是地指出第五次反"围剿"失利的主要原因是军事领导的战略战术错误，并主动承担了领导责任，作了自我批评。同时，批评了博古、李德短促突击和拼消耗的错误。

事后，李德在《中国纪事》中对这次会议主要内容的概括："博古把重点放在客观因素上，周恩来则放在主观因素上。"[1]博古强调的是敌我力量悬殊，周恩来则检讨了最高"三人团"指挥的失当，还有自己的失当。此时的"三人团"是指在 1934 年 6 月，由李德、博古和周恩来组成的最高"三人团"，全权负责战略转移。

---

① ［德］奥托·布劳恩，李逵六等译：《中国纪事》，东方出版社 2004 年 3 月版，第121 页。

（二）正反报告激烈辩论

主副报告作完后，张闻天按照会前与毛泽东、王稼祥共同商量的意见，在会上作了反对"左"倾军事错误的报告，也被称作"反报告"。张闻天指出，博古的报告基本上是不正确的，因为没有认识到与不承认战略和战术上基本的错误。他系统地批评了博古、李德在军事指挥上的错误，主要批评了最高"三人团"在指挥红军反对敌人第五次反"围剿"中的错误表现。

第二天晚上会议开始后不久，毛泽东作了长达一个多小时的发言。毛泽东系统地批判了"左"倾军事路线所犯的错误，归纳起来，表现为三个阶段，其第一阶段是进攻中的冒险主义，第二阶段是防御中的保守主义，第三阶段是退却中的逃跑主义。毛泽东又用第一、二、三、四次反"围剿"胜利的事实，批驳了博古用敌强我弱的客观原因为第五次反"围剿"失败作辩护的错误观点；尖锐地批评李德不顾中国革命战争的特点，不能从中国革命战争的实际情况出发，实行的是错误的军事指挥。

毛泽东的发言，坚持实事求是，态度诚恳，观点鲜明，论据充分，分析透彻，鞭辟入里，大家感到谈出了问题的实质，获得了与会大多数同志的赞成与拥护。

王稼祥在毛泽东之后接着发言，王稼祥旗帜鲜明地支持毛泽东的意见，严厉批判了博古和李德在军事上的错误，坚决支持和拥护由毛泽东来指挥红军。

李卓然在会上也对博古、李德的错误进行了批判。朱德、刘少奇、李富春、聂荣臻等也先后发言，不同意博古的总结报告，支持毛泽东、张闻天、王稼祥的意见。长征途中，毛泽东主动接近张闻天、王稼祥，做他们的工作，统一了认识，为遵义会议的成功召开起到了重要作用。

尽管凯丰不同意毛泽东、张闻天、王稼祥的意见，强调失败的一些客观原因，博古没有完全彻底地承认自己的错误，李德也坚决不同意对他本人的批评，但通过激烈争辩，大家对第五次反"围剿"失败原因的分析越来越深刻和透彻，达成了一定的共识。

周恩来在发言中全力推举由毛泽东来领导红军的今后行动。他的倡议得到多数人的支持。①

（三）毛泽东进入中央决策层

由于军情紧迫，遵义会议匆匆结束，会议纪要没能归档留存下来。到目前为止，遵义会议的发言记录尚未被发现，人们所了解的会议情况（包括遵义会议召开的确切时间和参会人员）多是来自有关当事人的一些回忆。仅存的两个非常重要文件：一个是当时会议委托张闻天起草的《中央关于反对敌人五次"围剿"的总结的决议》，另一个是陈云的《遵义政治局扩大会议传达提纲》。这两份文件都是后来在转战途中，结合一些新情况拟就的，也非原始文本。可见，战争的残酷、战场情况的恶劣，并非我们现在所想象的和影视作品中所反映的那么潇洒从容。据陈云的《遵义政治局扩大会议传达提纲》中记录，遵义会议最后作了下列决定：

1. 毛泽东同志选为常委。

2. 指定洛甫同志起草决议，委托常委审查后，发到支部中去讨论。

3. 常委中再进行适当的分工。

4. 取消三人团，仍由最高军事首长朱周为军事指挥者，而

①　参见中共中央文献研究室编，金冲及主编：《周恩来传》上卷，中央文献出版社2008年2月版，第313—314页。

恩来同志是党内委托的对于指挥军事上下最后决心的负责者。①

邓小平曾指出："遵义会议以前，我们的党没有形成过一个成熟的党中央。""我们党的领导集体，是从遵义会议开始逐步形成的"，"任何一个领导集体都要有一个核心，没有核心的领导是靠不住的。第一代领导集体的核心是毛主席。"②

遵义会议及时结束"左"倾教条主义错误在党内军内的统治地位，事实上确立了毛泽东在党中央和红军的领导地位，在最危急关头挽救了党、挽救了红军、挽救了中国革命。遵义会议因此成为中国革命伟大的历史转折点。

---

① 中共中央党史资料征集委员会、中央档案馆编：《遵义会议文献》，人民出版社 2009 年 7 月版，第 44 页。

② 《邓小平文选》第三卷，人民出版社 1993 年 10 月版，第 309—310 页。

第一章
是走是留，帷幄筹划定决心

遵义会议总结了第五次反"围剿"失败的经验教训，纠正了"左"倾教条主义在军事上的错误，还对中央红军今后的任务和战略方针进行了研究。就在中央红军于遵义短暂的停留期间，蒋介石调整部署，调动各路军阀又对中央红军展开了新的围追堵截。面对四面八方蜂拥而至的各路敌兵，中央红军何去何从？中共中央、中革军委陷入了思考。

第一节　四面围堵，四十万敌趋若鹜

中央红军突破乌江、进占遵义城，使蒋介石大为震惊。为了阻止中央红军北进四川同红四方面军会合，或东出湖南同红二、红六军团会合，从而达成围歼中央红军于长江以南、乌江以北的川、黔、滇边境地区的目的，蒋介石凭借其巨大的军事优势，以湘鄂两省军阀部队各一部围攻红二、红六军团，川陕两省军阀部队各一部对付红四方面军的同时，调集其嫡系部队和川黔湘滇 4 省的兵力及广西、湖北军阀部队一部，共约 40 万人，从四面八方向遵义地区进攻包围。

一、众多国民党军参战力量

（一）蒋介石的中央军是"追剿"中央红军的主力。包括：

1.薛岳兵团吴奇伟部和周浑元部8个师①。共28个团②。其中，吴奇伟部辖第五十九师、第九十师、第九十二师、第九十三师，每师辖3个团，共12个团。周浑元部辖第五师（辖3个团）、第十三师（辖2旅6团）、第九十六师（辖3个团）、第九十九师（辖2旅4团），共16个团。1935年2月上旬，该两部分别编入以龙云为总司令、薛岳为前敌总指挥的"追剿"军第二路军第一、第二纵队，吴奇伟、周浑元分别任第一、第二纵队司令官。

2.以上官云相为总指挥的第一路军第四十七师、第五十四师，每师辖3旅6团，共12个团，由河南进入四川，参加"追剿"红军作战。

3.前期编入湘军序列、后期加入第二路军的第二十三师、第五十三师，每师辖2旅6团，共12个团，在湘黔边境堵截红军入湘。

（二）滇军龙云部参战兵力：第二旅（辖4个团）、第五旅（辖3个团）、第七旅（辖3个团）和独立第一团，共11个团，编为第二路

---

① 国民党《民国十九年陆军暂行编制表》规定，师编制分甲、乙、丙3种：甲种师辖步兵3旅，每旅2团，直属炮兵营1，含野（山）炮连3，每连炮4门，工兵营1，含工兵连3，辎重兵营1（含辎重兵连2）、骑兵连、通信兵连、特务连各1；乙种师辖步兵2旅，每旅3团，其余同甲种师；丙种师辖步兵2旅，每旅2团，直属队相对甲乙种师稍小，为炮兵营1、工兵营1（含工兵连2）、骑兵连、通信兵连、辎重兵连、特务连各1。

② 国民党军委会南昌行营1933年7月特定《陆军步兵师编制表》，专供担任"剿匪"的步兵师改编使用。针对红军实际编制较小、战术亦多采用游击作战的特点，"剿匪师"在团一级做了一定加强，扩大其独立作战能力。全团约1500人，编为步兵营3个，重机枪连、特务连、迫炮连、输送连各1个，通信排、卫生队及便衣侦探队各1个；营分步兵3连，连分3排，排分3班；每班士兵14名，每排附轻机枪1挺，属于第1班。

军第三纵队，由龙云的参谋长孙渡任司令官。

（三）被称为"双枪兵"的黔军王家烈部参战兵力：共有36个团，编为第二路军第四纵队，由王家烈任司令官，犹国才任副司令官。

（四）川军刘湘部参战兵力：共有4个师（辖8个旅）、3个独立旅和3个相当于旅的单位，另有1个机枪团和1个相当于团的警卫大队，共46个团，由"四川南岸剿匪"军总指挥潘文华指挥。其中，教导师辖第一、第二、第三旅，模范师辖第一、第三旅，第一师辖第三旅，第五师辖第十三、第十四旅；3个独立旅为：独立第一、第二、第四旅；3个相当旅的单位为：边防第二、第四路，忠（果）丰（都）石（柱）清乡联团。

（五）湘军何键为"追剿"军第一路军总司令。其第二纵队司令官李云杰，辖第十五师（湘军，辖3个旅6个团）、第二十三师（中央军，辖2个旅6个团），第三纵队司令官李韫珩，辖第五十三师（中央军，辖2个旅6个团）；第六十三师主力（湘军，辖2个旅4个团）。两纵队共22个团，前中期任东线防堵；后期参加追击，其中第二十三师和第六十三师主力编入第二路军第五纵队，第五十三师也被编入第二路军序列。

（六）桂系军阀李宗仁、白崇禧部廖磊第七军第十九、第二十四师（每师辖3个团，共6个团），在东南线防堵。

（七）湖北军阀徐源泉部第四十八师（辖3个旅6个团）、新编第三旅（辖2个团），共8个团，在乌江下游东北线防堵。

此外，还有黔、川、滇边境的各县民团等反动地方武装也参加了对中央红军的防堵和袭扰。

总计，中央军薛岳部28个团、上官云相部12个团，滇军11个团，川军46个团，黔军36个团，湘军22个团（内含中央军12个团），

鄂军 8 个团，桂军 6 个团，共 169 个团，对中央红军形成了巨大的兵力优势。（见表 2）

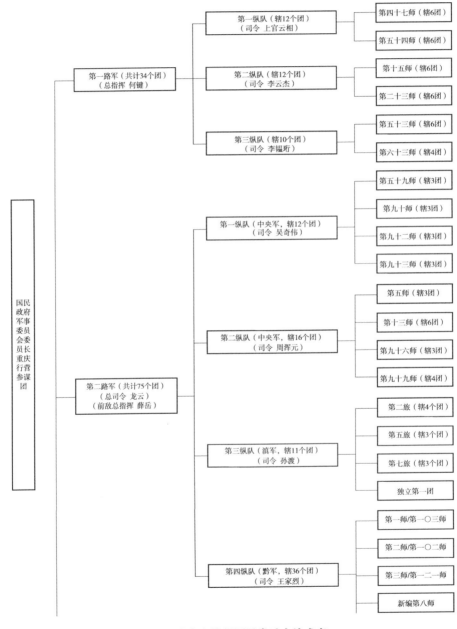

表 2　四渡赤水战役国民党兵力编成表

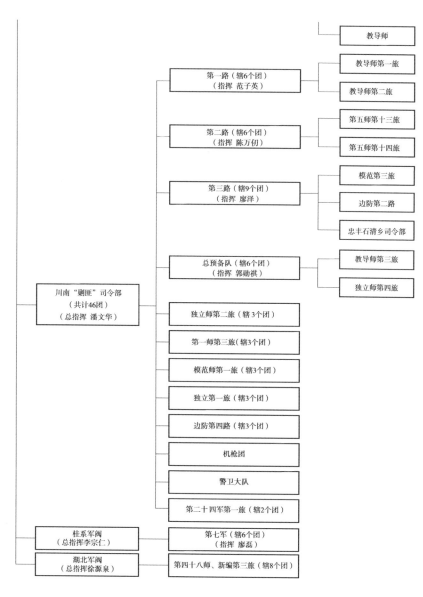

表 2　四渡赤水战役国民党兵力编成表（续）

二、铁桶般的围堵部署

1935 年 1 月 12 日，蒋介石任命贺国光为"军事委员会委员长行

第一章　是走是留，帷幄筹划定决心

营入川参谋团"团长，率团进驻重庆，协调各路国民党军对红军特别是对中央红军展开新的围攻行动。

贺国光1885年生于湖北蒲圻（湖北赤壁），初入四川陆军速成学堂，又入陆军大学第四期学习，曾与川军实力派刘湘、杨森等有同学之谊，是担任团长的不二人选。贺国光精明干练，深得蒋介石赏识，"围剿"红军期间任军事委员会委员长行营第一厅厅长，主持作战、情报、勤务等事宜。贺国光到川的任务，除围堵红军之外，最重要的是整理四川各军，统一中央军政命令。

1月19日，行营参谋团以蒋介石的名义，以"防匪东西突窜，并压迫于川江南岸聚歼之目的"，向各路军阀下达如下命令：

> 二、追剿军除第一兵团以一部围剿萧、贺，并派一部开驻酉、秀，固守乌江东岸，即与徐部连联外，其大部及第二兵团全部，并连合黔军，应于二月十五日以前渡过乌江，先行扫除湄潭、遵义之匪，而占领德江、凤江（冈）、湄潭、遵义、黔西之线，尔后追击行动愈速愈妙，使匪无喘息余地，尤须控置重兵于兵团左翼，俾得压迫该匪于川江南岸地区。

> 三、堵剿部队由川、滇军任之。川军对匪主力如犯重庆，则由南（川）与龙门场部队夹击之；如犯泸州，则由龙门场与泸州、纳溪部队夹击之；如向西窜，则第一步防堵于泸、叙、毕线，并于横江、老鹳滩及安边、叙府间金沙江下段，叙、泸大江一带，构成第二道防线。滇军应分住叙永、毕节线及老鹳滩、横江，衔接川军防堵。各该部，应于本月三十日以前，完成各地区碉（堡）工事及通信设备，严阵固守，以待追剿军赶到，连络川军机动部队夹击之。如被匪窜过其防地时，则立即蹑匪迫剿。

...... ①

至 1 月 17 日，国民党各路军阀部队具体的部署是：

在遵义东面，一直尾追中央红军的湖南军阀何键所部，内有 2 个师 4 个旅 12 个团属中央军。在川湘黔边境的酉阳、秀山、松桃、铜仁一线修筑堡垒，防止红军东进同红二、红六军团会合，并准备西渡乌江，参加"追剿"；黔军王家烈部 1 个师（犹国才兼任师长）在湄潭、凤冈、绥阳南部一线，准备向湄潭、凤冈、绥阳进攻。

在遵义南面，尾追中央红军由湘入黔的中央军薛岳兵团吴奇伟、周浑元两个纵队，在控制了贵阳、息烽、修文、清镇等地后继续北上，先头进至乌江南岸各重要城镇，准备北进向遵义推进；黔军王家烈部的何知重、柏辉章 2 个师北渡乌江、鸭池河，准备沿刀靶水、懒板凳、打鼓新场向遵义进攻。另，桂军廖磊部，进至黔南独山、都匀一带地区。

在遵义西面，位于云南一侧的滇军孙渡部，正准备向贵州的威宁、毕节前进，现已进至毕节以西地区。

在遵义北面，"川南剿总"潘文华部在泸州及其东西 400 多公里的长江沿线和南岸地区布防，严密封锁长江，并准备以攻势防御，全力阻拦中央红军北渡长江与红四方面军会合。其总预备队指挥"模范师"副师长郭勋祺率 3 个旅已进至川南的綦江、赶水地区，先头进抵贵州松坎以北地区。黔军蒋在珍部在正安及其以南防守，侯之担教导师余部分散驻守仁怀、土城、赤水、习水、温水等地。

此外，蒋系上官云相部，已由河南经湖北进到四川奉节、万县待

---

① 《中国工农红军长征史料丛书》编审委员会编：《中国工农红军长征史料丛书·参考资料（2）》，解放军出版社 2016 年 8 月版，第 24—25 页。

机，准备参加对中央红军作战；湖北军阀徐源泉部正向四川东南部的黔江、彭水前进。

国民党军对中央红军形成多层次、铁桶般围堵部署。

三、各怀鬼胎的各路军阀

蒋介石的"围剿"计划是：以169个团的兵力组成"追剿"部队、"堵剿"部队和预备队，先束缚中央红军于乌江西北地区，而后压迫并围歼中央红军于川江南岸地区。但是国民党军各路军阀都心有算盘、各怀鬼胎，难以形成步调一致的行动。

蒋介石中央军入黔，明面上是"追剿"红军，实际却暗含着借机图黔，进而渗入西南诸省、清除地方军阀的目的。对于这一点，蒋介石的侍从室主任、国民党中将晏道刚谈道："在政治上，蒋介石早已安下乘追堵红军的机会，完全掌握西南的一个双管齐下的阴谋……当红军于12月进入黔边时，蒋在南昌对陈布雷说：'川、黔、滇三省各自为政，共军入黔我们就可以跟进去，比我们专为图黔而用兵还好。川、滇为自救也不能不欢迎我们去，更无从借口阻止我们去，此乃政治上最好的机会。今后只要我们军事、政治、人事、经济调配适宜，必可造成统一局面。'"① 因此，蒋介石一方面拉拢、利用西南各省军阀的力量来防堵、打击中央红军，并借此削弱地方军阀的力量。另一方面，借跟踪"追剿"中央红军之机，派重兵进入有关各省，扫除异己，取而代之，以扩展自己的势力范围。

---

① 晏道刚：《追堵长征红军的部署及其失败》，见中共中央党史研究室：《红军长征纪实丛书·国民党围追堵截卷（1）》，中共党史出版社2016年10月版，第63页。

蒋介石的这种一石二鸟的伎俩，首先在贵州省得到了实现。薛岳率部"追剿"中央红军进入贵州后，迅速控制了省会贵阳，又驱使黔军在防堵中央红军时打头阵，借以削弱黔军的力量，进而逼迫贵州军阀王家烈下台，攫取了统治贵州的军政大权。所以广西军阀李宗仁说："共军西窜，未替蒋先生打下广西，却打下了一个贵州。"①

长途尾追中央红军的薛岳，也有自己的打算。在军阀林立的社会乱象中，薛岳深知："没有地盘便是没有根基，总须仰人鼻息。"②因此他盯上了贵州，想借入黔"剿共"这个千载难逢的良机成为贵州王。对此，薛岳的随从官李以劻就曾谈道："这一战役不同粤、桂、湘军与中央军联合作战时，薛岳被制于何键之下的情况。这次薛岳名义上虽受制于龙云（第二路军总司令），实际上却是薛岳独当一面，指挥作战。川、黔、滇三省参加这一战役的军队也都买薛岳的账。"③因此，"最愿意与红军打仗的薛岳，又变得最不愿意打仗了"④，而是热衷于在贵阳当新的"贵州王"。李以劻当时是国民党第六路军总司令部上校参谋，随薛岳任带兵官及幕僚10余年。

而各路地方军阀，对蒋介石一箭双雕的如意算盘，也都心知肚明。特别是薛岳鸠占鹊巢、抢占贵州，引起西南各省军阀的警觉，加深了他们和蒋介石之间的矛盾，并积极谋求对策。各路军阀既要防止中央红军进入其控制的地区，又要防止蒋介石的渗透和吞并；既不愿意红军在其地盘发展壮大，又不愿意与红军硬碰硬而消耗自己的实

①　李宗仁：《堵截红军，防蒋入桂》，见中共中央党史研究室：《红军长征纪实丛书·国民党围追堵截卷（1）》，中共党史出版社2016年10月版，第194页。

②　金一南：《苦难辉煌》，华艺出版社2008年12月版，第301页。

③　李以劻：《薛岳率军追堵红军的经过》，见中共中央党史研究室：《红军长征纪实丛书·国民党围追堵截卷（1）》，中共党史出版社2016年10月版，第123页。

④　金一南：《苦难辉煌》，华艺出版社2008年12月版，第301页。

力，让蒋介石渔翁得利。所以，各路军阀对于蒋介石的作战命令，常常见风使舵、阳奉阴违，对转移中的中央红军，则是红军入境、拼命堵截，红军出境、做样欢送；境内作战、以死相搏，境外作战、出工不出力。

广西军阀李宗仁、白崇禧，在中央红军进入贵州后，只派廖磊第七军两个师进入贵州境内的都匀，名为援黔，实为自保，既防中央红军也防中央军进入广西。所以，廖磊在贵州，始终是只防堵，不追击。

湖南军阀何键，虽然先后被任命为"围剿"西路军总司令、"追剿"军总司令、第一路军总司令，但对编入其序列的中央军，他却指挥不动，而他对蒋介石也是讨价还价。在湘江战役之后，他以"欲除朱毛，先除贺萧"为借口，多次拖延执行蒋介石的"追剿"命令，先只是派出少部兵力进入湘黔边境地区，以防堵中央红军东返，后来也只是把编入其序列的中央军和部分湘军调出去参加"追剿"，而湘军主力则一直留在湘黔边境地区。

四川军阀刘湘，为压服四川其他军阀，并对付红四方面军和势将入川的中央红军，他狐假虎威，与蒋介石狼狈为奸、相互利用。蒋介石任命刘湘为四川省政府主席，统揽四川军政大权；刘湘则打开四川大门，允许"委员长行营参谋团"和蒋介石本人相继进驻重庆。川南是刘湘赖以起家的地区。当中央红军欲北渡长江、威胁到他的根本利益时，他调集优势兵力对中央红军实施围追堵截。而当中央红军离开川南、折返黔北及进入云南时，他只以小部兵力进到黔北和川黔滇边境地区，大部分兵力则留在川南。

云南军阀龙云，认为防共与防中央军入滇同等重要，为了防止蒋介石故伎重演、图谋云南，可谓绞尽脑汁、费尽心机。两人钩心斗角，你来我往。蒋介石为使龙云出兵"追剿"中央红军，封他为"追剿"军第二路军总司令。龙云则与素不相能的王家烈密谋攻守同盟，只派滇军参谋长孙渡率11个团屯驻在黔西北的毕节地区，并不积极参加"追剿"，实际上是在把守云南东北大门。孙渡曾建议龙云："蒋介石这次追堵共军，实有一箭双雕之野心……如果共军进入云南，则中央军必跟踪而来，那就会使云南政局有发生变化的可能。因此，我们防堵共军，还是以出兵贵州为上策。在共军未进入云南以前，应尽最大努力去防堵，总以不使共军进入云南为最好……若共军已进入云南，为免除以后一切麻烦起见，只有追而不堵，将共军尽快赶走出境为最好。"①

而贵州作为西南重镇，地处枢纽，内部派系林立、纷争不断；外部军阀环列，蒋介石虎视眈眈，薛岳打着小九九，滇、桂、粤等地方军阀也对贵州垂涎不已。费尽千辛万苦才割据贵州的王家烈则回忆道："当时贵州内部，因争权夺利，混战了两年才告结束。名义上我是军长兼省主席，实际上犹国才割据盘江八属，侯之担割据赤水、仁怀、习水、绥阳等县，蒋在珍割据正安沿河各县。他们对我口头上表示拥护听命，实际上我并不能直接调动他们的部队……蒋介石对我不怀好意，我早已明白。自我主黔以来，尽管犹国才、蒋在珍同我为难，蒋介石并不调他们二人离开贵州……他早就想攫取贵州，以便控制西南各省。"②

由上可见，国民党军内部矛盾重重，各路军阀貌合神离、各怀鬼胎，既想通过"围剿"中央红军获取额外的利益，却又不想让中央红

---

① 谢本书：《龙云传》，云南人民出版社2011年2月版，第100页。

② 王家烈：《阻截中央红军长征过黔的回忆》，见中共中央党史研究室：《红军长征纪实丛书·国民党围追堵截卷（1）》，中共党史出版社2016年10月版，第264—265页。

第二节　知彼知己，北渡长江走为上

进占遵义后，中央红军面临的军事形势仍然十分严峻，如何摆脱国民党 40 万大军围追堵截，是遵义会议期间中共中央、中革军委重点思考的问题。1 月 16 日，黔军王家烈部在中央军薛岳的驱使下向刀靶水、螺蛳堰红三军团驻地发起了攻击，军情十万火急。正在参加遵义会议的彭德怀，立即退场赶回懒板凳指挥作战。面对敌人的新一轮围攻，中共中央、中革军委必须迅速做出决断、定下决心。而前提则是对敌情、我军情况和战场环境的综合判断。

一、强敌迫近、军情紧急，知敌乎？

从敌人的部署和行动来分析：敌企图集中中央军、黔军、川军、滇军及湘军等各路军阀部队共 169 个团，采取东西防堵、南北对进，以南为主、以北为辅，黔军在前、中央军在后的战法，夹击中央红军，达成围歼中央红军于遵义附近地区之目的。那么，敌人实现这一目的又有哪些有利条件和不利因素呢？

（一）国民党军的优势

一是国民党军数量众多，统军将领不凡。国民党各路兵力达 40 万，从数量上看是红军的十余倍。率领 10 万中央军入黔的薛岳在蒋军中绰号"老虎仔"，陈诚在薛岳就任第五次"围剿"作战北路军第六路军总指挥的军官大会上说"剿共有了薛伯陵，等于增加十万兵"①，可见此人非等闲之辈。

蒋介石在1934年10月电复薛岳追击红军的命令："第六路军以机动穷追为主，匪行即行，匪止即止，堵截另有布置。如侦察匪军有久盘之计，务即合围，毋容其再度生根。对朱、毛与贺龙合股之企图，务必随时洞察其奸，在战略上要经常注意，加以防范。"②从中央红军长征伊始，薛岳就遵照蒋介石的命令，开始了对红军的"机动穷追"，紧紧跟在红军队伍侧后，是中央红军最主要的作战对手。另外，中央红军的另一个主要对手是贵州军阀王家烈。王家烈是黔北桐梓人，对于他而言，是宁丢贵阳不丢遵义。因为丢失遵义就意味着失去黔北，失去了自己的根基。因此，中央红军在以遵义为中心的黔北活动，势必将会遇到曾经不愿意与红军打仗的王家烈的强力反制，这将给红军在黔北活动带来很大的困难。

二是国民党军装备先进，中央军还为"围剿"红军专门调整了"剿匪师"的编制。该编制针对红军编制较小、惯用游击战术的特点，取消了旅一级司令部，裁减了战术意义不大的炮兵，而在团一级和野战后勤方面给予了加强，扩大其独立作战能力。其步兵团编成为步兵3营，重机枪、特务、迫炮、输送各1个连，通信排、卫生队及便衣侦探队各1个；营连排为3—3制；每班士兵14名，每排附轻机枪1挺，属于第1班。③该编制非常适宜于对付装备劣势、人数较少的红军。

① 李以劻：《薛岳率军追堵红军的经过》，见中共中央党史研究室：《红军长征纪实丛书·国民党围追堵截卷（1）》，中共党史出版社2016年10月版，第107页。

② 李以劻：《薛岳率军追堵红军的经过》，见中共中央党史研究室：《红军长征纪实丛书·国民党围追堵截卷（1）》，中共党史出版社2016年10月版，第109页。

③ 参见陈默：《全面抗战前（1928—1937）国民党军队的编制演变》，《军事历史研究》2011年第3期。

三是有国民政府的倾力保障。在取得多次军阀混战的胜利后，蒋介石南京国民政府完成了对全国名义上的统治与管辖。虽然川、湘、滇、黔、桂等军阀依然林立，但在不违反自己割据利益的前提下，在军事上均接受蒋介石的指挥和调遣。全国的物资财力均可供国民党军集中调遣，特别是蒋介石的中央军还可直接从富庶的江浙地区保障"剿共"补给。

另外，在战场上，国民党军及当地民团基本控制着黔北地区的大小城镇和交通要道，并大量构筑碉堡，采取围追堵截的战法向红军层层压逼，态势上处于外线和主动的有利地位。

（二）国民党军弱点

一是从政治上看。国民党政府统治腐败，经济窘迫，财政拮据；屈膝媚外、消极抗日，欺压百姓、不得人心；军队内部官兵不平等，上下尖锐对立等。

二是从军事上看。尽管国民党军优势明显，但其各部心存异志、各怀鬼胎，表面上追击红军是头等重要之任务，实际对国民党各个派系来说，最主要的目标和对手皆是自己权力道路上的障碍。蒋介石、薛岳、王家烈、刘湘、龙云等皆是如此。他们中有人把红军当作敲门砖，有人把红军当作挡箭牌，但却没有人把红军当成主要的对手。在作战指挥上，由于派系林立、关系复杂，常常令出多门、混乱无序。如"追剿"军第二路军所辖吴奇伟、周浑元、孙渡、王家烈4个纵队，分属三派，又处于国民党政府军事委员会委员长蒋介石、第二路军总司令龙云、第二路军前敌总指挥薛岳的三重指挥之下，谁的命令都得听，但这些命令，又往往互相矛盾，无所适从。由此造成国民党军的指挥不统一，行动不协调。

这一切，限制和削弱了国民党军的总体力量和优势，中央红军利用矛盾各个击破，创造了战略转移的有利条件。

二、红军疲惫、出路在哪，能战乎？

面对在军事力量上占据了绝对优势的国民党军，仅剩3万余人的中央红军能顶得住敌人的围攻吗？（**见彩图2**）

（一）中央红军参战力量及配置

中央纵队又称军委纵队，位遵义城及周边地区，由军委第一、第二纵队合编而成，下辖第一梯队、第二梯队、第三梯队、干部团。红军总参谋长刘伯承兼司令员，政治委员陈云，叶剑英任副司令员。

红一军团，位桐梓、松坎地区，下辖第一师、第二师，每师3个团。其中，第一师辖第一、二、三团，第二师辖第四、五、六团，共6个团。林彪任军团长，政治委员聂荣臻，参谋长左权，政治部主任朱瑞。

红三军团，位懒板凳地区，辖第四师、第五师，每师2个团。其中，第四师辖第十、十一团，第五师辖第十二、十三团，另有一个军团直属的独立团，共5个团。军团直属独立团，是由湘江战役后第6师缩编组成，在扎西整编时取消。军团长彭德怀，政治委员杨尚昆，参谋长邓萍，政治部主任袁国平。

红五军团，位于珠场（也称猪场）地区，下辖第三十七、三十八、三十九团。军团长董振堂，政治委员李卓然，参谋长陈伯钧，政治部主任曾日三。

红九军团，位湄潭地区，下辖第七、八、九团，军团长罗炳辉，政治委员蔡树藩，参谋长郭天民，政治部主任黄火青。

中央红军在四渡赤水（扎西整编前）期间总兵力，加上干部团，共18个战斗团，3万余人。各军团均以一部兵力阻击敌人，掩护主力休整。

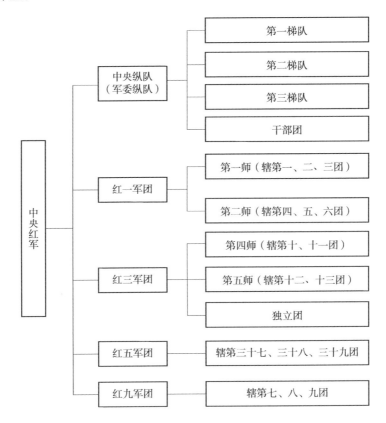

表3　四渡赤水战役中央红军兵力（扎西整编前）编成表

（二）红军的劣势

在长征初期受到严重挫折和损失的中央红军，身心异常疲惫，存在着很多的困难。

一是中央红军严重减员。由于"左"倾错误路线执行者在长征初期实行逃跑主义造成的危害，湘江战役后，中央红军锐减到3万多人。到达遵义地区后，经大力宣传扩红，动员了4000余人参加红军，中央红军人数基本维持在了 3 万余人，全部参战兵力不及国民党"追剿"军的十分之一，武器装备和物资供应也比国民党军差得多。

二是红军连续作战过于疲乏。第五次反"围剿"作战，中央红军连续打了一年多，部队已十分疲劳；长征后，又连续行军作战3个月，才到达遵义地区。期间，虽然争取到几次短暂的休整，但绝大部分时间都是处于极度紧张的行军作战中，且胜仗不多，士气不高。加之给养条件差，指战员体力消耗很大，病员日益增多，严重影响中央红军战斗力。

三是红军在黔北地区无根据地依托。依托根据地、得到根据地人民群众的有力支援，是红军战胜敌人的法宝。而此次中央红军所处的黔北地区长期以来都是国民党统治区，缺乏群众工作基础，在给养供应、兵员补充、伤病员治疗和安置，以及侦察情报、交通联络等方面，都存在着极大的困难。虽然中央红军分出很大力量去做这些方面的工作，但也难以取得像过去依托根据地作战时的效果。

（三）红军的优势

尽管中央红军在军事力量上处于绝对劣势，当前态势也极为不利。但是，中央红军也拥有自己的优势，通过主观努力，还是有可能获得生存机会的。

一是中央红军的基本力量仍然保持。这是一支在中国共产党领导下，经过长期战争锻炼和考验，具有高度的政治觉悟、严明的组织纪律和对党对革命的无限忠诚的坚定力量，是内部团结一致、英勇善战、能吃苦耐劳的革命骨干队伍。它是人民的子弟兵，能得到人民的拥护和支持，有克服任何困难险阻、战胜任何强大敌人的革命精神。

二是毛泽东重回党和军队领导层。遵义会议上，毛泽东被增选为政治局常委，协助周恩来指挥红军作战。尽管最高军事首长仍是朱德和周恩来，"恩来同志是党内委托的对于指挥军事上下最后决心的负责者"①，但遵义会议已初步确立了毛泽东在中共中央和中央红军的领导地位。这是处于危难关头的中央红军得以继续生存和取得胜利的根本保证，也是几经挫折的中国革命从此不断走向胜利的关键。

三是有兄弟红军在战略上的配合。如红四方面军在川陕根据地，红二、红六军团在湘鄂川黔根据地，红二十五军在鄂豫陕根据地，红二十六、红二十七军在陕甘边和陕北根据地，留在南方8省的红军和游击队，正在各自地区同国民党军作战，牵制了国民党的大量军队，部分减轻了蒋介石对中央红军的压力。

另外，还有全国革命形势的呼应。在国民党政府的黑暗统治下，全国人民的革命斗争此起彼伏，从未停止。特别是随着日本对华侵略的日益扩大，全国反对内战、一致抗日的呼声高涨。这也间接地给予中央红军以有力的支援。

三、地域狭窄、环境恶劣，能存乎？

进入贵州，这里是被称作"天无三日晴，地无三尺平，人无三分银"的贫瘠之地，中央红军能在黔北站住脚跟生存下去吗？能发展建立新的根据地吗？

（一）自然环境对红军利弊参半

中央红军地处川滇黔三省交界地域，东靠大娄山，西有赤水河，

---

① 《遵义政治局扩大会议传达提纲》，见《建党以来重要文献选编》第十二册，中央文献出版社2011年6月版，第120页。

北有长江，南临乌江。这个地区重峦叠嶂，道路崎岖，河川纵横，水深流急。除了贵阳经遵义至四川重庆的大道可通行人力车和畜力车，有的路段可通汽车外，其余多为羊肠小道，且多隘口。加之时值雨雾较多的季节，道路泥泞不堪，步行很困难，人马常滑倒。

这些地形、道路、气候等地理条件给敌我双方都带来许多困难，相比较而言，对国民党军影响更多、更大。而山区森林茂密，还有利于中央红军隐蔽机动。

（二）经济落后、贫瘠匮乏

这个地区的经济落后，人烟稀少。川南种粮较多，而贵州和云南东北部则种鸦片较多，居民常常靠运出鸦片去换回粮食。百姓生活十分贫困，常年处于饥饿之中，衣不蔽体的现象也较普遍，住房少而简陋。在这个地区行军打仗，找不到粮食而挨饿及露营野外也是常事。剥削阶级的苛捐杂税和军阀连年混战带来的苦难，使本来就贫瘠匮乏的黔北地区的民众更加贫困潦倒。

（三）民族情况复杂

该地区汉族和少数民族混居。主要的少数民族有：苗族、布依族、彝族、侗族、水族、壮族、哈尼族、回族、纳西族等。各民族之间风俗习惯不同，有些民族语言不通，长期隔阂。这些少数民族，长期遭到汉族地主和反动政府的欺压，对汉人怀有恶感，对国民党军始终持敌视态度；初遇中央红军时也心存疑虑，不合作，甚至还进行武装袭扰。经过中央红军耐心的宣传和切实执行民族政策，大多数少数民族能转而同情和支援中央红军。

通过对战场的自然、经济环境和民族情况的综合分析，中革军委认为，一是遵义一带地形不好，北有长江，东、南有乌江，西有横江和横断山，地域狭窄，不利于红军大规模机动作战。二是当地地贫民稀，群众工作基础薄弱，群众普遍吸食鸦片，难以扩红，又处于敌人重兵包围之中，中央红军在此求发展比较困难。因此，以遵义为中心的黔北地区并不是建立根据地的理想地域。

四、不留黔北，向哪走？

北渡长江去川西。在遵义会议上，其实会议的第一个议题是根据刘伯承、聂荣臻的提议，审查与决定黎平会议所决定的"新的根据地应该是川黔边地区，在最初应以遵义为中心之地区"是否合适的问题。这是一个迫在眉睫的战略方向选择问题。

刘伯承，1892 年 12 月出生于四川省开县（现重庆市开州区）。早年在川军任职，对四川的敌情、地形比较熟悉。1926 年 5 月加入中国共产党，同年 12 月，与杨闇公、朱德等发动泸（州）顺（庆）起义，任国民革命军川军各路总指挥。聂荣臻，1899 年 12 月出生于四川省江津县（现重庆市江津区）。1919 年离开家乡赴法勤工俭学。

熟悉四川情况的刘伯承、聂荣臻认为，"四川条件要比贵州好得多"，理由有三："一是有第四方面军在川陕根据地做接应；二是那里人稠物丰，利于红军活动和发展；三是四川交通闭塞，当地军阀向来排外，蒋介石想往里大量调兵不易。"① 故向军委建议：北渡长江入川，在成都西南或西北建立新的根据地。

鉴于"四川在政治上、军事上（与四方面军的更好的配合，背靠

---

① 《当代中国人物传记》丛书编辑部编：《刘伯承传》，当代中国出版社 1992 年 11 月版，第 112 页。

西康一个空无敌人的区域)、经济上都比黔北好"①，会议采纳了刘伯承和聂荣臻的建议，放弃黎平会议确定的以黔北为中心创建根据地的计划，决定中央红军北渡长江，同红四方面军会合，在川西或川西北创建根据地。会后，"北渡长江"的具体方案由刘伯承负责拟定。

针对敌人利用长江、乌江天险抑留中央红军，以重兵寻求与红军决战的企图，中革军委把尽快摆脱敌人、争取主动作为下一阶段战役的主要目标，把向更有利的地区转移，以求得中央红军的生存和发展作为选定进军方向与确定作战方针的基本点，定下了"在活动于川、陕革命根据地的红四方面军配合下，乘敌合围尚未形成之际，于宜宾、泸州之间北渡长江，进入四川西北部与红四方面军会合，开创川西或川西北新的革命根据地"的决心。（见彩图3）

中央红军当下的战役任务就是北渡长江入川，以此突出重围、保存军力、待机破敌、再图发展。

1月20日，中革军委发布的《关于渡江的作战计划》："由黔北地域经过川南渡江后转入新的地域，协同四方面军，由四川西北方面实行总的反攻……并争取四川赤化。"②

为实行上述基本方针，我野战军目前初步任务应是：

1. 由松坎、桐梓、遵义地域迅速转移到赤水、土城及其附近地域，渡过赤水，夺取蓝田坝、大渡（口）、江安之线的各渡河点，以便迅速渡江。

2. 消灭和驱逐阻我前进之黔敌与川敌，尽力迟滞和脱离尾追与侧

① 《遵义政治局扩大会议传达提纲》，见《建党以来重要文献选编》第十二册，中央文献出版社2011年6月版，第114页。

② 中央档案馆编：《关于渡江的作战计划》，见《中共中央文件选集》第10册，中共中央党校出版社1991年3月版，第476—480页。

击之敌。

3.在尾追之敌紧追我后，而我渡赤水与渡长江发生极大困难，不能迅速渡河时，则应集结兵力突击尾追之敌，消灭其一部或多部。

4.在沿长江为川敌所阻，不得渡江时，我野战军应暂留于上川南地域进行战斗，并准备渡过金沙江，从叙州上游渡河。

23时，朱德区分各军团行动部署如下：

1.红一军团为右纵队，从松坎地域出发，沿温水（22号）、习水（24号）、百簏厂（27号）向赤水前进，迷惑和抑留綦江、合江之敌，驱逐和消灭温水、习水黔敌，迅速夺取赤水、纳溪渡口；

2.红五、九军团及军委纵队为中央纵队，分别由绥阳、泗渡站、高坪出发，经温水、良村、东皇场（24号）、土城、猿猴（抗战胜利后改名元厚镇，位于土城以北，赤水河东岸，背靠大山面对赤水河，是赤水河重要渡口）、旺隆场（27号）、赤水向纳溪前进，迟滞和脱离可能的追敌，驱逐官店、东皇场、土城之敌，迅速夺取赤水并掩护右纵队左侧后方；

3.红三军团为左纵队，从懒板凳、遵义出发，经回龙场（23号）、土城（25号），进至土城、猿猴地域，准备渡河以后进至江安，脱离尾追和侧击之敌，并准备必要时与尾追和截击之敌作战。

各路红军在夺取土城、赤水县城后，在宜宾和泸州之间的纳溪、大渡口、江安等地北渡长江。

同时，中革军委明确了在实施计划中的战术要点和政治工作要求，核心内容是：在北上渡江入川战役中，各路纵队要秘密急行军以夺取先机；须有充分的战斗准备，坚决消灭阻我之敌，夺取要隘和渡河点；对尾追或侧击之敌，应使用少数得力部队进行运动防御，掩护主力迅速脱离；当必须与尾追或侧击之敌进行战斗时，应集中主力以进攻作战予以歼灭；夺取控制长江各渡河点是实施渡江作战计划之最后关键；总政治部应对部队进行最高度战斗动员。①

在明确战役部署和战术要点后，中革军委对中央红军渡江入川可能出现的有利和不利情况进行了预想，并拟制了处置方案。

在中央红军进占遵义地区时，活动于湘鄂川黔边地区的红二、红六军团，已结束了湘西攻势，正从桃源、常德地区回师大庸、桑植，准备粉碎敌人的"围剿"。川陕苏区的红四方面军正集结在仪陇地区，准备发动广（元）昭（化）战役。为配合中央红军这一战略行动，中共中央电令红二、红六军团，应向川东地域发展，造成深入川东之势，钳制和分散蒋敌围攻兵力，配合赤化四川；电令红四方面军在中央红军渡江之先，应向重庆方向积极行动，吸引重庆川敌之主力于自己方面，掩护中央红军顺利渡江。待中央红军渡江后，则转向苍溪至南部之嘉陵江西岸反攻，密切配合其与川敌决战，以打通横贯川西北的联系。②

第三节　本章分析与启示

长征以来，由于敌我力量悬殊，中央红军在国民党中央军及各路军阀的围追堵截下被迫多次改变转移方向。在遵义会议上，中共中央、中革军委改变黎平会议所确立的在黔北建立根据地的决议，确定北渡长江进入成都以西或西北的战略方针，并据此拟制了决心方案和

① 参见中央档案馆编：《关于渡江的作战计划》，见《中共中央文件选集》第10册，中共中央党校出版社1991年3月版，第476—480页。

② 参见中央档案馆编：《关于渡江的作战计划》，见《中共中央文件选集》第10册，中共中央党校出版社1991年3月版，第476—480页。

行动计划。在国民党军四面围堵欲歼中央红军于黔北和中央红军欲突出重围、北渡长江的碰撞中，国民党军与中央红军的决心部署各有利弊。

一、对国民党军围堵部署的评估

蒋介石调集 169 个团共计 40 万人的大军企图"围剿"3 万多中央红军于黔北地区，从理论上讲，应该是不成问题的。

（一）国民党军围堵部署的优长

针对集结在遵义地区的中央红军，国民党军构筑了东有湘军、南有桂军、西有滇军、北有川军的外层围堵圈，而且在东面的湘军、北面的川军围堵方向都有中央军力量的加强；内层堵截则由在贵州境内的中央军吴奇伟、周浑元部在南，川军一部在北，黔军各部散布其中组成。形成了东西防堵、南北挤压，以南为主、以北为辅、南北对进的作战布势，企图一举"剿灭"中央红军于黔北地区。总的看，国民党军的围堵部署是合理的。简单归纳为：一是纵深梯次，有内外双层包围圈，尤其是南北方向国民党军重兵集结，中央红军难逃围堵；二是攻防兼备，东西防、南北攻，逐步压缩包围圈，尤其是北面的川军前出部署于川南、黔北，占据长江以南要点要域，并以攻助守，阻击红军；三是重点突出、目的明确，东西方向以东防中央红军与红二、红六军团会合为主，南北方向以南攻为主、北堵配合，阻止中央红军北上渡江与红四方面军会合，然后，抑留中央红军于黔北地区予以歼灭。

（二）国民党军围堵部署的缺陷

1.兵力优势巨大，但没有全部力量用于"围剿"作战。40 万打 3 万，从整体力量对比上，国民党军占据了绝对的优势，但直接压迫中央红军的力量却并不大且不及时。如中央军薛岳部进抵贵阳后，主力集结于乌江以南，没有及时北渡乌江尾追红军；东面的湘军、西面的滇军守着湘黔边界徘徊观望。只有北面的川军因担心红军入川，积极地布防长江防线，但只前出了部分主力入黔阻击红军，而不是追击、消灭红军。而黔军虽分布四周，但却抱着"红军离黔出走，黔军赶着相送"的心态，攻势并不猛烈，盼着中央红军赶紧离开黔北。所以，中央红军北渡长江的压力主要来自川军，因为5万川军也是不小的力量。

2."东西围堵、南北夹攻"战法合理，但以黔军作为主攻力量失当。蒋介石"围剿"红军的具体战法可以归纳为"东西围堵、南北夹攻"，即湘军主要在遵义以东沿乌江及湘黔边界布防，西面滇军主要在滇黔边界横江一线对红军进行围堵，川军沿长江一线布防，中央军及黔军主力在乌江沿线展开，南北对进"剿灭"红军，其中以南面的中央军和黔军主力共计10个师为"追剿"中央红军的主要力量。如果这10个师的兵力集中向北"追剿"，那么中央红军在东西受阻、北面受压的情况下，处境必定极为不利，甚至相当危险。但是国民党军内部的矛盾与不和使战法的功效大大降低。一是在兵力运用上，以黔军打头阵失策。黔军王家烈既无力也无心同红军作战，只想着赶走红军，夺回遵义、桐梓等发家地栖身；而薛岳鸠占鹊巢入主贵阳后，本就想一石二鸟、借刀杀人。所以，王家烈愿意替中央军打这个头阵，薛岳何乐而不为？但恰恰是黔军这支双枪弱旅打头阵，让中央红军几乎没有后顾之忧，从容地撤出遵义，按计划北上开进执行渡江入川的计划。二是部署空隙较大，对要点要域控制不够。黔北地区重峦叠嶂，道路崎岖，河川纵横，并不利于红军机动作战，但除川军注重了控制入川通道的要点要域外，分散在黔北的王家烈部本着送客出黔的目的，基本没有对中央红军北上通道的要点予以有效控制，特别是轻易地放弃了对赤水河两岸重要城镇和渡口的控制。所以，在狭小的黔北地区依然留下了不少空隙，使得中央红军有了在赤水河东西两岸机动的机会。三是攻防脱节，重视防守，进攻不力。湘、滇两军停止于湘黔、滇黔边境布防，没有进一步实施东西对进进攻；川军也是战役上以防守为主、战术上以攻助守，并没有由堵截转入进攻的作战方案和计划。

3.进攻发起时间偏晚、攻击行动迟缓。当1月17日中央军周浑元的第五师渡过乌江进至刀靶水、螺蛳堰，拟协同黔军王家烈部向遵义发起进攻时，中央红军已从容撤离。敌作战发起时间已严重滞后。而黔军1月16日的攻击带有试探性质，非但没有实质性的突破，相反暴露了企图。

另外，最根本的一点是，蒋介石的目的是既灭共又图黔，进而谋川、滇。这样，国民党军各部心有旁骛，合力"剿共"有二心、不专一、不到位。所以，看似铁桶一般的围堵夹攻，由于各路国民党军各怀鬼胎，阳奉阴违，观望摇摆，而留下了不少破绽。

二、对红军北上入川决策部署的评估

由于当时的贵州是比较贫穷落后的地区，素有"天无三日晴、地无三尺平、人无三分银"之称。加之，黔北地区地域相对狭窄、人口少而少数民族多，缺乏群众工作基础，不是理想的建立根据地地域。因此，遵义会议改变黎平会议提出的以遵义为中心建立川黔边根据地的设想，确定了红军北上渡江入川的战略方针，并据此定下了渡江作战决心，制定了渡江作战计划。

（一）红军北上入川决策部署的合理之处

1.北上入川是红军求生存求发展的必由之路，战略目的和方向正确。去川西北建立根据地的理由有三：一是四川人口稠密、经济发达，具备建立根据地的经济条件；二是有红四方面军川陕根据地的接应；三是四川与外界的交通不便，地理位置和地形条件好。加之川军排外，中央军入川也不易，红军入川后，可以利用矛盾与敌周旋；即使待不住，也可以继续向陕甘方向转移，回旋余地大。总之，在四川建立根据地的条件要比贵州好得多。于是遵义会议在讨论战略发展方向时，提出"鉴于四川在政治上、军事上、经济上都比黔北好"，决定改变黎平会议的决定，北渡长江入川，与红四方面军会合，在川西北建立新的革命根据地。应该说，这是红军为了求生存求发展而进行的一次再转移，其目的和方向无疑是正确的。

2.作战部署和目标选择中规中矩，基本合情合理。中央红军北渡长江作战的部署是：红军第一主力红一军团作为开路先锋，负责打通北渡长江的通道；第二主力红三军团殿后，负责阻击尾追或侧击之敌；红五、红九军团居中作为预备队。这个方案，依红军现有兵力看，合情合理；在战法上，也是偷袭、急袭、伏击、反击以及正面攻击、翼侧迂回等，中规中矩。

3.战略策应助力决策部署的实现。作为周恩来军事上主要帮助者的毛泽东，曾一针见血地指出：川军防守在长江一线，红军要北上突破长江防线入川，须要有两支友军的配合，一是红四方面军要在嘉陵江一线发起战役；二是红二、红六军团须派部队出湘西在川东南向川敌进攻，以便牵制川军分兵抵御，从而确保中央红军北渡长江顺利进行。

（二）红军北上入川决心计划的不足之处

1.企图暴露、缺乏突然性。国民党军对红军企图已大致掌握，这是红军决心方案的一条致命的弱点。当中央红军在遵义会议期间研究下一步转移方向之时，国民党各路军阀也一直在猜度红军下一步的动向。据 1 月中旬薛岳、龙云、陈诚、刘湘来往电文所述：

中央军薛岳揣度"中央红军行动有三种可能：一是通过赤水趁刘湘的兵力尚未集结之前情况下，由赤水直趋长江边，从泸州、叙永地区，渡过长江，另辟川西南战场，策应川北红军，或继续北上与红四方面军张国焘、徐向前部主力会师；二是仍渡赤水向川滇边穿越大凉山西上，绕道滇北经西康间道入松（潘）、懋（功），支援红四方面军，背靠康藏建立根据地，赤化西川，然后进图西北；三是进入川康不易，入滇另辟战场，而多民族地区也不易发展，取后仍是回转在乌江以北、长江以南地区，东与红军贺龙、萧克部会合，此策就红军言虽可暂安于一时，但出路不大"。①

薛岳的上司陈诚则认为"红军图川与红四方面军会合，回湘与贺龙会合，在战略上是必然的腹案；就目前言，川滇地接边陲，蒋介石早有决策不足为虑，最应注意者是东行，因东行与贺、萧会合，'追剿'比较困难，影响也较大"。②

滇军军阀龙云则认为"红军多江西客籍，除朱德、罗炳辉在滇军做过事外，余多不熟地方民情；云南民情较悍且有组织，地接边陲，想在此生根不易；此次如入滇，过路是上策，想久据是

---

① 李以劻：《薛岳率军追堵红军的经过》，见中共中央党史研究室：《红军长征纪实丛书·国民党围追堵截卷（1）》，中共党史出版社 2016 年 10 月版，第 130 页。

② 李以劻：《薛岳率军追堵红军的经过》，见中共中央党史研究室：《红军长征纪实丛书·国民党围追堵截卷（1）》，中共党史出版社 2016 年 10 月版，第 131 页。

下策"。①

朱德，1886年12月出生于四川省仪陇县。早年在滇军任职，1917年7月以旅长身份在四川参加护法战争，1922年8月赴德国并加入中国共产党，与滇军、川军许多将领熟识。罗炳辉，1897年12月出生于云南省彝良县。早年在滇军任职，参加过讨袁护国战争、东征和北伐战争，1929年7月加入中国共产党。

而四川军阀刘湘认为红军必入川与张、徐红四方面军会合，以再下川南渡江，胜算最大；因朱德、刘伯承、聂荣臻是四川人，对川军有关系，尤以刘伯承过去在泸州很熟，此次既入黔北，不会再回湘，如要与贺龙合股就不会入贵州。②中央红军企图被敌判明，仅这一点，胜算就已减去一半。

2.敌情掌握不清、不全、不准。尤其是对于川军情况的掌握不清楚、不全面、不准确是决心部署的第二个不足。北上渡江入川首先要面对的就是盘踞四川多年、极力阻止中央红军入川的军阀刘湘布下的重重长江防线。对于纵横穿梭周旋于各种势力的夹缝之中、从军阀混战中熬出来的刘湘而言，他虽然始终认为防蒋胜于防共，但中央红军一旦入川必然会导致中央军趁乱而至。所以，刘湘生怕红军取道泸州、宜宾渡过长江，号召全军官兵抱必死决心，奋勇阻截。③

对于当时川军的防御部署，川军将领郭勋祺的陆军大学同班同学

① 李以劻：《薛岳率军追堵红军的经过》，见中共中央党史研究室：《红军长征纪实丛书·国民党围追堵截卷（1）》，中共党史出版社2016年10月版，第130页。
② 参见李以劻：《薛岳率军追堵红军的经过》，见中共中央党史研究室：《红军长征纪实丛书·国民党围追堵截卷（1）》，中共党史出版社2016年10月版，第130—131页。
③ 参见金一南：《苦难辉煌》，华艺出版社2008年12月版，第305—308页。

李以劻谈道：刘湘认为红军进攻方向必然是赤水、古蔺，取捷径北渡长江，到川北与红四方面军会合，或重新在川康边建立根据地，赤化全川。所以，刘湘一面在川南长江沿岸构筑江防工事及据点，一面在泸州以南的叙永地区扼要构成封锁线，进行堵击，同时用火急电报调进抵川黔边温水附近的郭勋祺、廖泽、潘佐各旅，向赤水追堵截击。①

而这些敌情，中央红军均缺乏掌握，更谈不上研究应对之策了。

3. 对红四方面军和红二、红六军团的战略策应，依赖性强，而直接作用有多大，不托底、没把握。战役决心方案建立在此上面有点悬。当时，红四方面军距离尚远，且正在举行广（元）昭（化）战役，意欲积极配合，无奈鞭长莫及；虽然红二、红六军团派出了一支部队，但兵力太少，也没起到分散川军兵力的作用。其实这一点，川军想得很清楚，也早已制定了北守南拒应对之策。在川北，由唐式遵率 5 万部队与邓锡侯、田颂尧合作堵住红四方面军南下。在川南，调集川军主力布防于宜宾至江津的长江南岸，以潘文华为总指挥，阻止红军过江。战略策应能否奏效，实在不好说。

现如今，我们以胜利者的姿态，常常津津乐道于毛泽东的指挥若定和潇洒自如，而不经意间忽略了中央红军所处的极为艰难困苦的绝境。在当时的情形下，中央红军能突出重围，真是奇迹出现。因此，研究四渡赤水战役战例，坚持唯物主义历史观是非常重要和必要的。

---

① 参见李以劻：《薛岳率军追堵红军的经过》，见中共中央党史研究室：《红军长征纪实丛书·国民党围追堵截卷（1）》，中共党史出版社 2016 年 10 月版，第 134 页。

三、定下作战决心应重点把握的几点问题

作战决心是行动的基础，决心正确与否直接影响甚至决定着行动的成败。决心的内容包括：作战目的、主要作战方向、作战部署、作战方法、作战阶段划分和作战发起时间等内容。在定下作战决心的过程中，需要重点把握以下问题。

（一）前提在于明确当前的任务

任务是定下决心的起点，定下决心就是定下完成任务的想法，落实决心就是完成任务的过程，实现决心就是完成任务的标志。所以，明确任务是定下决心的第一步，在决心中通常转化或细化为作战目的。大的战略任务通常也可以分解为若干个战役目的逐步实现完成。如遵义会议后，中央红军的战略任务是渡江入川。这一任务一经明确，决心就必须围绕完成这一任务来确定。即红一、红九军团开辟通道，红三、红五军团击退追敌。这两个目的达到，渡江入川任务就基本完成。

（二）关键在于掌握敌情、判断情况

分析敌情、判明威胁、科学预测战局发展趋势，是定下作战决心的关键。由于战争是敌对双方"消灭敌人、保存自己"的对抗活动，战场上的敌情往往披着一层战争迷雾的面纱，战役指挥员只有用全面、联系、发展的观点分析研究，才能揭开战争迷雾，透过现象看到本质。

首先，要从敌战略利益、战略目标、战略动向等方面判明敌作战企图和主要作战方向。中央红军入川，中央军也将尾随而入，从这个角度上来讲，刘湘绝对不会轻易放红军入川，从而严重影响刘湘在四川的割据。而阻击红军由黔北入川的方向，无外乎綦江、泸州、宜宾

三个方向，綦江方向敌人最强。其次，要从敌我主动与被动、有利与不利、优势与劣势的对比中判明敌能力。川军装备优良、训练有素、作战经验相当丰富。绝对不是像1933年2月至6月间红四方面军挫败川军田颂尧部的三路围攻后，苏区中央局机关报《斗争》描述的那样，川军"全部瓦解""战斗力全无"；更不像一手步枪、一手烟枪的黔军"双枪兵"，内部矛盾重重，四分五裂，官兵吸食鸦片，纪律涣散，只会打家劫舍，奸淫妇女，击之如秋风扫落叶。再次，还要从战场情况动态演变的征兆和端倪中预见敌人的作战布势、战法和可能行动。要重点从可能性、危害性两个方面判明最可能威胁和最严重威胁，得出准确的判断结论，为定下决心提供可靠依据。不能认为红四方面军已在川北牵制了部分川军，就想当然地认为川军不可能及时地以优势兵力在沿岸各处封锁长江，我渡江无忧。

中央红军掌握敌情不明、不全、不细，导致了对川敌作战决心和作战能力的低估，更导致形成了不甚符合实际情况的判断结论，最终导致中央红军仓促定下了北上渡江入川的决心，这使得北上渡江作战从战役筹划伊始便注定是一场不容易取胜的硬仗。

情况判断的重点是判断敌情，但对战场自然情况（特别是地形）、社会情况也是不能忽视的。未来战争还要考虑网电、太空。再把我方自己的情况加上去，形成一个综合的情况判断结论，为定下决心提供依据。

（三）核心在于选准主要作战方向

主要作战方向的选择事关作战全局，它是作战的"纲"。进攻作战要选择敌人防御薄弱的方向，防御作战则要与敌人的主要进攻方向针锋相对。

在中央红军北上渡江入川作战中，主要渡江方向和地域的选择关乎整个作战的成败。虽然从遵义向北经松坎、綦江就可以北渡长江，但长江重庆段是敌重兵驻防的方向，且渡江后不易向川西北发展；而如果从宜宾附近渡江，则路途过远，且江水湍急不利于渡江。于是，中央红军选择了从江面宽阔、水流相对平缓、路程也较近的泸州至宜宾段进行渡江。可以说，中央红军选择的主要作战方向是易于实现北上渡江的作战目的；渡江后，易于向川西北发展；同时渡江难度较低，路途较近，易于保持中央红军的作战能力。同时为了达成突然性，中央红军还计划派出红一军团和红九军团一部兵力，向綦江和绥阳以东佯动，以扰乱敌人视听，隐蔽我渡江企图。

然而，川军在长江沿岸驻防多年，对当地环境非常熟悉；也大致判明或猜中了中央红军渡江的企图和可能的行动。中央红军企图达成的突然性在客观上已经没有可能。而且川军实力雄厚，不仅在长江沿岸配置重兵防守，还将商船改装成兵舰，加强了川军在长江中的机动巡逻、兵力快速机动、火力快速支援的能力。可以说中央红军拟定的主要作战方向面对的依然是川军重兵防守的长江防线。

（四）成功在于确定有效的战法

战法就是作战的方法。战法具有对抗性，所以确定战法的依据包括敌我作战目的和方向，敌我双方作战能力、作战特点和具体战场环境，等等。其基本思路是围绕主要作战行动，寻求体系对抗中的各种不对称的作战方法，来对比分析，最终确定基本战法和具体打法。北上渡江入川是中央红军的作战目的，着眼该目的，中革军委确定了"隐蔽抢占先机、重点夺取要隘渡口、相机歼灭尾追之敌"的基本战法。从整体上讲，该战法是一个比较符合当时敌情、我情以及战场环境的，但这一战法把突破长江天险的基点放在出敌不意争取渡河先机上，就显得过于理想化了。中央红军战略转移方向已大致为国民党军掌握，主要渡江区域已被川军重点布防，前进的道路上已有川军占据重要城镇。

对于仅剩三万余人的中央红军而言，长距离的战略转移本就已经人困马乏，疲惫不堪，在没有切实掌握敌情，充分调动敌人使其露出破绽之前，切不可轻易定下与敌硬拼的决心。

定下决心部署的内容很多，要求也很高，但基本的逻辑思路是清晰明确的。正如毛泽东所指出的："指挥员的正确的部署来源于正确的决心，正确的决心来源于正确的判断，正确的判断来源于周到的和必要的侦察，和对于各种侦察材料的联贯起来的思索。指挥员使用一切可能的和必要的侦察手段，将侦察得来的敌方情况的各种材料加以去粗取精、去伪存真、由此及彼、由表及里的思索，然后将自己方面的情况加上去，研究双方的对比和相互的关系，因而构成判断，定下决心，作出计划——这是军事家在作出每一个战略、战役或战斗的计划之前的一个整个的认识情况的过程。"①

---

① 《毛泽东选集》第一卷，人民出版社 1991 年第 2 版，第 179—180 页。

第二章
土城受挫，一渡赤水另寻机

1935 年 1 月 17 日，在定下北渡长江入川的决心后，中革军委电令各军团向遵义西北方向移动。19 日，中共中央、中革军委率中央红军离开遵义地区，兵分三路向川南方向开进。20 日，朱德总司令下达《渡江作战计划》，预定夺取土城、赤水县城后，向西北方向前进，在泸州上游的纳溪、江安等地北渡长江。土城位于赤水河中游，距习水县城 28 公里，是习水到赤水的中心接点，是黔中腹地西出川南的交通要道。赤水县地处川黔交界赤水河畔，东南部山大坡陡，西北部河谷开阔，有公路通往附近川黔各县，是北上入川的要地。

而此时，蒋介石对中央红军的新的"围剿"也已发动，其"委员长行营参谋团"已在重庆协调和指挥各"围剿"军的行动。四川军阀刘湘成立的以潘文华为总指挥的"四川南岸剿匪总指挥部"（以下简称"川南剿总"），已加强了长江沿岸的防御，并调集精锐南下进入贵州，对中央红军进行防堵。

敌我双方在黔北的激烈碰撞已不可避免。

第一节　北上入川，意外被阻赤水城

红一军团为中央红军右纵队，按计划由松坎出发，向北牵制綦江、合江之敌，向南侦察警戒并歼灭温水之敌，然后经温水、习水向赤水疾进。

1月22日，黔军教导师侯之担一部2000人弃守温水，逃向赤水，红一军团进占温水；23日，摆脱尾追而至的川军后，进占图书坝、东皇殿；24日，红一军团在西进途中，击溃黔军教导师第一旅刘翰吾3个团象征性的抵抗，轻取土城。逃敌向赤水城方向退去。随后，红一军团兵锋北向、直指赤水城，但恰恰在这个时候川军闻风而至。

1月25日，红一军团主力向赤水城疾进，红二师在猿猴北侧渡口西渡赤水河，经丙安、风溪两镇向复兴场前进，红一师则在赤水河东岸与红二师夹河推进，当日晚进占旺隆场。此时敌情也已发生剧烈的变化，川军第二十一军第五师师长陈万仞率该师及教导师第一旅章安平部已进占赤水城，并继续向南推进；模范师副师长兼教导第三旅旅长郭勋祺所率的3个旅，即教导师第三旅（郭勋祺兼任旅长，又称郭勋祺旅或郭旅）、模范师第三旅（旅长廖泽，又称廖泽旅或廖旅）、独立第四旅（旅长潘佐，又称潘佐旅或潘旅），则由綦江南下，在中央红军主力身后猛追，迅速向战场靠拢的川军已取代黔军，成为与中央红军对抗的主要力量。

郭勋祺，字翼之，1895年出生于四川省华阳县。1915年投效川军潘文华部，因作战勇敢，由文书逐级递升至团长。1921年随潘文华投靠刘湘，深受刘湘的器重，不久即升任第7旅旅长，成为刘湘手下的一员得力干将。郭勋祺虽对刘湘忠心无二，但其思想进步，同情共产党，与川籍共产党人杨闇公（杨尚昆的哥哥）、刘伯承、陈毅等都有很深的交往。

中央红军和川军的战斗在赤水城打响。（见彩图4）

一、激战黄陂洞

在赤水河东岸北上的红一师，25日晚占领旺隆场后，立即派出侦察队前出侦察敌情。当获悉当地镇长正在奉县长之命抓挑夫给赤水守军送铺草的情报后，红一师师长李聚奎当即决定，以部分兵力伪装成送铺草的老百姓混入赤水城，主力在后跟进，然后里应外合，袭占赤水城。

1月26日晨，化装成老百姓的红三团一连2个排，在排长马荣生带领下，挑着铺草向赤水县城前进。当走到距离赤水县城以东12公里的黄陂洞、重盘山附近的癞子湾时，遭川军章安平旅的岗哨盘查。由于红军官兵大多是江西籍，口音引起了敌岗哨怀疑。眼看身份就要暴露，马荣生立即下令抄家伙动手，红军战士迅速取出隐藏的武器向川军哨兵开火，从而拉开了黄陂洞遭遇战的序幕。

黄陂洞地区是一个葫芦形的地形，该处守敌是川军章安平旅第一团。战斗打响后，川敌立即依托道路左侧构筑的堡垒工事，以机枪火力掩护川军主力抢占道路右侧的有利地形，将红军压制在狭窄的谷内通道之中。尽管红三团不断发起猛攻，但因地形不利而难以取得进展，后面跟进的红一师主力又因为地形限制无法展开。

为了摆脱不利局面，红三团以一部兵力利用密林掩护向敌左翼由前卫连据守的重盘山阵地迂回攻击，夺占了重盘山东侧高地。针对红军行动，川军随即以右侧的章旅第一团主力增援其左侧重盘山前卫连。川军一团主力与左翼前卫连相配合，利用重盘山高地上原有的碉堡工事，以机枪和炮兵火力向占据重盘山东侧高地的红军猛烈射击。经激战，双方形成对峙。

时过中午，川军章安平旅主力第三团和旅直属迫击炮营全部开到重盘山西侧的密林中，然后以迫击炮火力为掩护向红军右侧背发动攻击，企图迫使红军在不利的地形下决战。这时，川军达凤岗旅（即川军第二十一军第五师第十三旅，旅长达凤岗，又称达凤岗旅或达旅）黄团赶来增援，川军集中兵力向黄陂洞正面的红军发起猛攻，红军顽强抗击，打退敌十多次冲锋，双方发生多次白刃格斗，形成拉锯战的局面。为打破僵局，红一师试图采取"正面牵制、翼侧迂回攻击"的战法，以少数兵力正面牵制敌人，主力绕到敌军阵地后方发动攻击。但是，经过一再侦察，要么是悬崖峭壁一样的山地，要么是被敌火力严密封锁的道路，红军找不到一条可迂回的通道。此时，红军发现赤水城通往黄陂洞的道路上尘土飞扬，敌军的增援部队又在源源不断地赶来。傍晚，为避免被动，红一师被迫撤出战斗，退守旺隆场。至此，黄陂洞战斗结束，红一师牺牲 300 人，攻占赤水城的意图未能实现。

1 月 27 日清晨，红一军团主力奉命返回猿猴场集结，红一师奉命在旺隆场至猿猴场之间阻击川军。

二、鏖战复兴场

当红一师在黄陂洞与川军激战的同时，红二师也开始与川军展开正面激烈的战斗。

1 月 25 日，红二师于土城、葫市之间的陛诏渡口搭设浮桥渡过赤水河，当晚宿营于赤水河西岸的丙安。26 日，红二师于风溪口北渡赤水河继续向赤水城方向前进，接近距赤水县城东南12公里的复兴场。而此时前进速度更快的川军达凤岗旅已经越过赤水城、占领了复兴场，并控制了复兴场周围的几个高地。面对此情况，红军没有贸然行动。

当晚，红一军团指挥部到达丙安，在得知红一师在黄陂洞方向遭遇川军阻击后，军团长林彪命令红二师攻取复兴场，进而向赤水城推进，包抄赤水守敌。如若进展顺利，即可威胁红一师当面之敌的侧后，迫使敌收缩阵地，进而减轻红一师方面的压力。然后，再由红二师和红一师两路夹击，协力夺占赤水城。

1月27日清晨，红二师率先发起攻击，抢占了复兴场附近的百岩背、袁家田、红岩寺等高地，与川军展开激战。行动积极的川军达凤岗旅何团随即向红军据守的百岩背高地发动反攻，但被红军的机枪火力击退。红二师乘胜发起追击，将川军击退到水合背、叫花营一带，川军被迫躲进碉堡工事负隅顽抗。

复兴场地形低洼，四周三面环山一面临河。由于川军先期占据了复兴场周围的有利地形，红军处于仰攻敌军坚固工事的不利境地，在缺乏重武器火力支援的情况下，红军无法扩大战果。随着时间的推移，胶着的战场态势开始转向对红军不利。此时，在黄陂洞与红一师交战的川军章安平旅第三团又抄小路赶来增援，攻击红二师翼侧，配合达旅何团正面抗击红军；红二师腹背受敌，伤亡较大，故撤出复兴场、退守红岩寺。战至中午，鉴于川军占据地形和兵力的巨大优势，且红一师已退至旺隆场，红军继续作战已无任何意义，于是林彪命令红二师撤出战斗。川敌达凤岗旅何团随即对后撤红军展开追击，红军遭尾追之敌纠缠，无法摆脱。情急之下，红一军团急调1个团增援，击退敌军，稳住局面。入夜，红二师大部从风溪口南渡赤水河，集结于丙安、猿猴场附近；一部经鹿池、龙蟠洞、马鹿坝转移至猿猴场。至此，复兴场战斗结束，红二师也未能完成夺占赤水县城的任务，中央红军泸州上游北渡长江的计划已难实现。

三、箭滩遭遇战

红九军团为中央纵队，一同编入中央纵队的还有红五军团及军委纵队。作为中央纵队的前卫，红九军团按计划由绥阳出发，经官店袭击习水、土城之敌，然后向赤水前进。

在红一军团与川军在赤水县城东南的黄陂洞、复兴场激战之时，中革军委命令红九军团归入右纵队，暂由红一军团指挥，配合红一军团夺取赤水城，然后经习水县城官渡（该地位于赤水河的最大支流习水河下游，习水县城旧址）方向北上，向四川省合江县城发起进攻，进而向泸州方向迂回，与红一军团形成对泸州围攻之势，加快北上渡江的行动步伐。

1月25日，红九军团从东皇场取道太平场、长嵌沟向官渡方向推进。在距离官渡10多公里的程寨，红九军团以迂回战术，击溃当地驻守民团的阻拦，并于当日17时攻占官渡。当地民团退守长沙镇。

26日，红九军团按计划从官渡出发，沿习水河边大道向合江前进，行进至位于箭滩场附近名叫"仙人脚印"的狭长河谷地带时，与从长沙镇赶来的川军徐国暄支队以及民团残部遭遇。红九军团依托河谷的有利地形组织防御，连续击退敌军数十次反复冲击。战斗持续一个白天，敌我双方攻击均未奏效、形成胶着。此时，川军廖泽旅一部由习水赶来增援，企图切断红九军团后路。在此情况下，红九军团只得逐次撤出战斗并向官渡退却。

当晚，中革军委电令红九军团放弃北上合江，向红一军团靠拢。随即，红九军团放弃官渡向西南方向转移。因为当时天黑雨大，川军在进占官渡之后，未敢对红九军团实施追击。

至27日晨，红九军团经五里坎、鸡飞岩、二郎坝到达葫市，同红一师会合。随后，红九军团担任川风坳警戒任务，以阻击从复兴场尾追而来的川军，保障红军主力实施青杠坡战斗。红九军团充分利用川风坳两侧山岭高耸的有利地形，严密控制了其间的一条狭窄的石板路，迫使川军未敢贸然进攻，顺利完成了任务。

第二节　土城战役，主力受挫青杠坡

红三军团为左纵队，按计划由懒板凳出发，迅速摆脱尾追和侧击之敌，向土城前进。红五军团作为中央纵队的后卫，按计划在军委纵队的侧后跟进。1月23日，由于红一军团未按军委规定路线机动，致中央红军右纵队与中央纵队拥挤在东皇场、图书坝、木栏坝、梅溪同一条路线上，队伍长达90公里，致行军迟缓。

一、梅溪阻击战

梅溪位于桐梓通往土城正东面东皇场的必经之路上，因旁边有一条流入习水河的溪流而得名。这里悬崖高耸，溪流在几十米深的谷底流淌，其上只有一座不到2米宽的石板桥可以通行，桥两端连着通往山垭口的石板路。

1月24日，红五军团进至吼滩与川军郭勋祺教导师第三旅先头相遇。川军郭勋祺旅立即以一部兵力沿大路抢占梅溪右岸的九岩坝，主力则分别抄山路抢占吼滩、响洞子。从九岩坝至响洞子长约 2.5 公里的阵线上，川军与红五军团隔梅溪对峙。为了保障中央纵队的顺利机动，红五军团军团长董振堂决心以前卫部队利用先期占领了的火石丫、沙湾一带高地，构筑工事抗击川军的进攻。为了封锁梅溪上唯一的石板桥，红五军团还选出了 30 多名优秀射手以突出的岩石为阵地，组织机枪火力封锁石板桥，以卡住川军进攻的唯一道路。25 日，战斗打响，川军步兵在密集的炮兵火力支援下向红军阵地发起冲击，企图一举突破石板桥阵地。但狭窄的桥面，限制了敌人的行动，川军兵力虽多却无法展开，结果完全成了对岸红军的靶子，伤亡惨重，进攻受挫。

郭勋祺随即决心抽调响洞子一个团增援九岩坝，以增强该方向上的突击力量，力争迅速突破红军阵地。红五军团则抓住战机，趁敌部署调整之际，立即组织在火石丫的部队发起反冲击，打了敌人一个措手不及。慌乱之下，川军纷纷后撤、退守良村场。在发现红军没有尾追后，川军又返回响洞子一带，以火力向红军阵地射击，不再前进一步。与此同时，中央纵队在红五军团的有力掩护下通过梅溪，继续向东皇场前进。红五军团前卫部队在完成阻击任务后，于当日晚上撤出战斗。

26 日，红五军团主力在木栏坝、三元场同连日追击而来的川军郭勋祺旅激战，且战且退至枫村坝、石羔嘴一带高地，会合后卫团，同追敌对峙，直至 27 日上午。

作为土城之战的揭幕战，红五军团在梅溪给追击之敌以一定的打击，保障了中央纵队的行动。但在同温水追来的川军郭勋祺旅接触的3 天多时间里，红五军团对川军情况掌握甚少，连当面之敌的真实番号也未查清。其他军团也是如此。截至 26 日，除军委纵队和红三军团未经战斗到达土城和回龙场地域外，其他军团都受到了川军的堵击或追击，但对川军的企图和行动仍不清晰，中革军委在致各军团的电报中，也仍判断"进击梅溪之敌恐系川敌廖泽所部，其目的似在尾击、截击我军，并监视我军行动"。①

二、血战青杠坡

1月26日，中革军委和红军总部刚刚到达土城，川军模范师副师长郭勋祺即亲率2个旅，即郭勋祺旅和潘佐旅所部，后面还跟有一个旅，尾追而来。

面对红一、红九军团北上赤水城受阻，尾敌紧迫的情况，中革军委认为，如不击破川军潘文华部的堵截，红军将无法前进；而要想北渡长江，必须首先消除后顾之忧。于是决定抓住追敌突出冒进且兵力不多、薛岳兵团主力尚在乌江南岸、黔军侯之担部新败的有利时机，以红一、红九军团各一部阻击由赤水、习水南进之敌，集中主力在土城以东的青杠坡伏击围歼郭勋祺部先头4个团，红军后来从俘获的川军士兵处得知，原来情报有误，川军郭勋祺部不是4个团6000多人，而是6个团1万多人。进而摆脱被敌尾追的被动局面，为下一步顺利北渡长江创造条件。（见彩图5）

青杠坡，位于土城东北约3公里处，是东皇场到土城必经之地，其山势陡峭、山峦起伏，是土城的天然屏障。其主峰白马山与莲花山相对，形成一个葫芦状，寒棚坳、猫猫岩、凤凰嘴、营棚顶、猴子垭、老鸦山、石羔嘴、尖山子等山峰犬牙交错，地势险要。

---

① 李夫克：《力挽狂澜》，国防大学出版社1993年12月版，第32页。

1月27日5时30分，中革军委致各军团电称："我野战军主力拟于二十八日晨消灭由木栏坝来追之敌约四团于凤村坝、石羔咀（嘴）地带，对于鳛水、赤水方向之敌则钳制之。"[1]并据此规定了中央红军的行动部署：（1）红五军团以得力之一个团继续吸引当前之敌到枫村坝、石羔嘴地带，最后顽强扼守青杠坡及其以北山地；主力则在该团掩护下，先行秘密转移到石羔嘴西南隐蔽集结，准备突击。（2）红三军团的第四师前进到鼎新坝隐蔽集结，准备迂回该敌的左侧背，断敌退路；第五师转移到新场、黑山地域，准备协同红五军团主力突击该敌的右侧背。（3）红一军团以第一师在旺隆场至猿猴之间迟滞由赤水县城来攻之敌，直至29日为止；军团直属队和第二师集结至猿猴地域，准备28日参加战斗。（4）红九军团应尽量利用鸡飞岩阻滞由习水方向的来敌，直至29日止。执行任务时最好吸引敌人到旺隆场去。此次战斗，红三、红五军团和第二师的战场指挥，由红三军团军团长彭德怀、政治委员杨尚昆负责。

27日下午2时，红五军团向被诱至营棚顶附近的川军郭勋祺旅唐映华团（八团）发起进攻，将该敌击退到寒棚坳山顶。与此同时，红三军团一部由凤凰嘴抄袭该敌后路。郭勋祺则待后续兵力（七团，团长袁治）到达，向红军发起反扑，双方展开激战。红五军团和红三军团因地形不利，退回原阵地。下午6时，川军潘佐旅赶到，与郭勋祺旅合力进击，当晚抢占和控制了土城以东5公里左右的寒棚坳、猫猫岩、凤凰嘴、营棚顶等高地。红军则控制土城以东约2公里的尖山子、石羔嘴、老鸦山、猴子垭等高地。双方形成对峙。（**见彩图6-1**）

---

[1] 《中国工农红军长征史料丛书》编审委员会编：《中国工农红军长征史料丛书·文献（2）》，解放军出版社2016年8月版，第41页注释。

27日20时40分，彭德怀、杨尚昆下达作战命令："（一）川敌约4团，其主力由三元坝、枫村坝尾我五军团追迫，本（27）日14时已占领青岗（杠）坡及石羔咀（嘴）东南端与我对峙中，其一部截断凤凰咀（嘴），与我十一团对峙中。（二）我第四师主力集结于鼎新场，其一部与敌在凤凰咀（嘴）对峙；五师主力集结新场附近，一部占领该地南端高地对峙。五军团主力在石羔咀（嘴）、水石坝地域，吸引当面之敌。（三）我野战军明（28）晨有首先坚决消灭该敌之任务。各兵团部署如下：1.三军团第五师主力于明（28）晨5时由黑山、青岗（杠）坡向敌之右侧突击，一部由1005高地向石羔咀（嘴）以东高地突击；第四师应以小部钳制凤凰咀（嘴）之敌，主力由鼎新场北端向青岗（杠）坡敌背迅速猛烈突击。2.五军团附三军团教导营，于现阵地协同三军团，向石羔咀（嘴）以东及青岗（杠）坡突击，并应以一部向敌外翼包围。本晚应以不大过1连占领石羔咀（嘴）西南端制高点，并巩固之（即老鸦山）。3.教导团为第二梯队，明（28）日4时以前控制于新场东南端，相机参加突击。4.军团炮兵营、教导团炮兵连统归匡、罗指挥，于28日5时以前在新场南端高地放列，山炮排留水石坝。（四）军团指挥阵地在新场南端高地。与各兵团用电话联络，以旗语、徒步为辅助联络。"① **（见彩图6-2）**

28日拂晓，红三、红五军团主力按照上述命令从北、西、南三个方向，向被诱至土城东北青杠坡之敌郭勋祺部发起猛攻。首先，红五军团附红三军团教导营，接着，红三军团主力，猛攻营棚顶郭勋祺旅唐映华团（八团）阵地，并以一部抄袭永安寺郭勋祺旅袁治团（七团）阵地。双方展开激战。面对我军的攻击，川军毫不退缩，依托占

---

① 李夫克：《力挽狂澜》，国防大学出版社1993年12月版，第35—36页。

领的营棚顶有利地形，对我军实施反击，将我军压制在葫芦形隘口内。上午8时，川军廖泽旅（模范师第三旅）两个团从习水赶到青杠坡，随即与潘佐独四旅一起，在炮火掩护下，沿猫猫岩、尖山子一带高地向土城方向攻击前进，红五军团坚守阵地顽强抗击。在战场的右翼，红三军团同郭勋祺旅为争夺营棚顶、永安寺一带高地，双方展开了激烈的白刃战。永安寺位于营棚顶后凹陷地带的中央，为郭勋祺的指挥所。川军占据了永安寺两侧的山地，组织严密火力封锁了阵前道路，使得红军连攻3个多小时都未能取得突破。战至中午12时敌我双方僵持不下、呈对峙状态。12时半，潘佐独四旅利用居高临下的有利地形再次发起进攻，突破了红五军团的阵地，向土城进逼，形势十分严峻。在此紧急关头，毛泽东急令干部团（红军干部团是红军大学、特科学校和两所步兵学校合并组成的，学员都是从战斗部队选拔上来的班、排、连长及政工人员，军事素质好，作战经验丰富，是一支过硬的力量，这也是红军的老底子）前去增援，并令北上的红一军团红二师火速回援。朱德总司令也亲赴前线加强指挥、鼓舞士气。毛泽东紧紧地握着朱德的双手，动情地说："桃花潭水深千尺，不及革命战友情。老总，保重。"

干部团，顾名思义，其成员都是由红军各级干部组成的，军政素质过硬、战斗力极强。由于长征途中战斗减员大，许多建制单位是干部多战士少，为充实战斗单位，中央红军将多余的干部编入干部团。因此，干部团的战士都是红军连排级干部，陈赓为团长、宋任穷为政委。这是革命的种子，不到万不得已是不会用于第一线作战的。

在陈赓的率领下，干部团从北面的漏风垭向尖山子勇猛冲杀，干净利落地打退了川军的进攻，夺回了尖山子的中段高地，稳住了战局。正在白马山上指挥作战的毛泽东目睹了干部团的作战经过，兴奋地对身边人员称赞道："陈赓行，可以当军长。"①

午后2时，红二师从猿猴赶到水石坝，随即与干部团、红五军团一起，连续反击，将川军压了下去。川军潘佐独四旅、廖泽第三旅遭重创后，退守猫猫岩一带阵地。接着中央红军又一次发起全面攻击，左翼红五军团和干部团等以一部分兵力向猫猫岩之敌展开猛攻，主力则从猫猫岩南侧突击，横跨营棚顶山后凹陷地带，直插青杠坡郭勋祺的指挥部永安寺；右翼红三军团由青杠坡以南向郭勋祺旅正面攻击，另以一部迂回凤凰嘴，包抄川军后路，战斗甚为激烈。廖泽第三旅和潘佐独四旅在猫猫岩一带依托阵地拼死进行抵抗；郭勋祺教导三旅唐映华团（八团）在红三、红五军团主力的进攻下，大部被歼于营棚顶山后的凹陷地带和永安寺附近地区。郭勋祺亲率第九团的精锐部队前来救援，双方反复冲杀，伤亡均很大。曾任军委副主席、国防大学第一任校长，时任红十团第三营营长的张震也在战斗中负了伤。（见彩图6-3）

经一天激战，我军虽予敌以重大杀伤，但未能全歼该敌。双方互有攻守、僵持不下。当晚，双方休战、各自严阵以待。

经28日作战，川军兵力之多之强远超预想，而且，郭勋祺的后援还在源源不断地赶到，位于赤水以南旺隆场地区的川军2个旅也从西北向红军侧后攻击。面对背水且受川敌两面夹击的不利形势，毛泽东在临时召开的中共中央、中革军委会议上分析指出："土城不能打了。一是地形不利于我们，河流多；二是敌人的援军已快要赶到，敌人的兵力都集中到这里来了；三是这一仗若再打下去，就是一场消耗

---

① 中共中央文献研究室编，金冲及主编：《毛泽东传（1893—1949）》，中央文献出版社1996年8月版，第346页。

战，会使我军损失太大。"①中革军委一致同意毛泽东的意见，认为目前由赤水城北上渡长江已不可能，再战不利，遂当机立断决定立即撤出战斗。

29 日 3 时，中革军委致电各军团："(一) 昨二十八日与我军对战之敌为川敌郭勋祺旅三个团、潘佐旅三个团，廖旅则已至习水，穆旅尚未到，有向郭、潘两旅靠近可能。赤水方向之章旅昨日进到离葫芦脑五里处。达旅则进迫丙滩，范子英旅又由叙永开古蔺讯，刘旅则由泸州开大石母。(二) 我野战军拟于今二十九日拂晓前脱离接触之敌，西渡赤水河向古蔺南部西进。"②这个紧急情况下的临时决定，竟成为永载世界战争史册的"四渡赤水"之战的开始。

第三节　摆脱川军，寻机西渡赤水河

赤水河是长江右岸较大一级支流，古称赤虺河，发源于云南省昭通市镇雄县北山岭，在四川泸州的合江县城东汇入长江。赤水河地处川、滇、黔三省接壤地带，川盐出省，滇黔煤铁入川，以往皆依靠赤水河水运。赤水河长 460 余千米（其中四川省内及界河 245 千米），流域面积 20440 平方千米（其中四川省内 5924 平方千米），地跨云南省昭通市，贵州省毕节市、遵义市和四川省泸州市，域内重要的城镇有贵州省遵义市的仁怀、桐梓、习水、赤水四县（市），以及四川省泸州市的叙永、古蔺和合江三县。赤水河河水奔腾湍急，两岸峻峰挺

---

①　龚一、刘红编：《毛泽东传奇》第三卷，中共中央党校出版社 2013 年 10 月版，第 81 页。

②　《朱德选集》，人民出版社 1983 年 8 月版，第 20 页。

立，路险难行，是一道天然屏障。

控制赤水河渡口是红军北渡长江入川的关键，而红军早在1月26日之前，就已从黔军手中夺取了土城及以北的赤水河浑溪口渡口和猿猴渡口。

一、巧夺猿猴渡口

猿猴场位于赤水河东岸，土城以北约17公里处，背靠大山面对赤水河，是赤水河上一个重要的渡口，更是中央红军北上渡江作战的关键枢纽。

早在1月25日，红一军团第二师第五团第二营抵达猿猴场，驻守在河对岸渡口的黔军2个连，正在构筑工事准备阻止红军过河。天黑以后，红军虚张声势、佯装渡河，使得对岸的黔军如惊弓之鸟惶恐不安。但闹腾了大半宿，红军却始终没有真正发动进攻，神经紧绷的黔军也就放松了警惕。而就在这时，一贯善于连续作战的红军开始了渡河行动。26日凌晨1时，红二营突击队130名红军指战员从渡口悄然泅渡过河，偷袭对岸疲惫不堪、疏于防备的黔军。黔军被打得措手不及，只好落荒而逃。红军突击队员赶走守敌后，立即将被黔军控制在赤水河西岸的渡船划回东岸，红二营主力迅速过河，控制了整个渡口。

从此，猿猴渡口就掌握在了红军手中，成为土城战役失利之后红一、红九军团紧急西渡赤水河的重要通道。

二、紧急架设浮桥

中央红军西渡赤水河，是在战斗失利、敌情威胁严重、时间非常紧迫的情况下进行的。当时渡河的形势与任务是这样的：红一、红九军团位于猿猴场附近，可由红一军团负责在猿猴渡口组织渡河；中央（军委）纵队和红三、红五军团则就近在土城附近渡河。数万人的部队要迅速渡河，没有浮桥是难以想象的，而要在一夜之间架起能供数万部队通过的浮桥则是一个极其艰难的任务。因此，中共中央和中革军委决定由周恩来亲自负责领导渡河的准备和指挥工作。

当时，在猿猴，由控制渡口的红一军团负责架桥；在土城，中央红军已控制了一座由国民党地方政府搭设的浮桥，该浮桥位于土城下游的浑溪口，在黔军侯之担部撤退时遭到了部分的破坏，红军只需维修和加固即可使用。但仅有这座浮桥还不够，仍需再架一座浮桥。这样，中央红军架桥的任务是新架 2 座、加固 1 座。

周恩来立即召集各军团的工兵连干部开会，紧急部署架桥任务，命令工兵连到赤水河沿岸收集船只和购买架桥器材，自己亲自带人到河畔勘察架桥点，并选定在土城西南不远处的河滩蔡家沱（即土城上游）架桥。各军团工兵连奉命开始突击架桥。

这是焦虑、紧张和疲劳的一夜，彻夜未眠的周恩来 3 次亲临河边检查和鼓动，又 3 次派人查看架桥进展。红军工兵部队在当地群众热情支援下，全力以赴，工程进展顺利。29 日拂晓前，猿猴场、浑溪口、蔡家沱 3 座浮桥架设、加固任务胜利完成。

三、一渡赤水河

1 月 29 日凌晨 3 时，中革军委主席、红军总司令朱德发布《关于我军西渡赤水河的命令》，并对行军序列作出规定：

  1.一军团、九军团，军委二、三梯队，干部团上干队统归林指挥，为右纵队，由猿猴渡河，渡河后可取道黄泥硬转向古蔺以南前进，并自定警戒之设置。但九军团在川风坳向赤水方向的警戒，须二十九日晚始行撤收。

2.军委直属队（第一梯队）、干部团及五师为中央纵队，五师仍归彭、杨指挥，由土城下游浮桥过河，取道角子头、三角塘、头场坝前进，从撤动时由四、五两师共派出相当兵力为掩护队，以掩护中央纵队、左纵队的行进，并须至迟今日十二时渡过赤水河。

3.五军团、三军团直属队及第四师为左纵队，统归彭、杨指挥，由土城上游浮桥渡河，取道头场坝向太平渡前进，从撤动时即由第四师派出一营为掩护队。①

为迅速摆脱追敌，红军再次轻装，将笨重的物资、机器统统抛进赤水河中。这是自中央革命根据地出发以来，中央红军被迫第二次大轻装。当时，红三军团有一门连湘江封锁线都闯过来的山炮，也被迫投入河里。

1月29日中午前，中央红军全部通过浮桥，到达赤水河西岸的四川境内，随即烧毁浮桥，阻断了敌军的尾追，把大批的敌军抛在赤水河东岸。渡河后，中央红军向川黔交通要冲的古蔺、叙永地区前进，准备伺机执行渡江的另一个方案，即快速通过川滇黔地区，从宜宾上游北渡长江，或西渡金沙江入川。（见彩图7）

1月30日，郭勋祺率部进占土城。至此，土城战役结束。土城战役红军虽击溃川军1个旅，毙伤敌3000余人，但红军自身损失也到

① 《中国工农红军长征史料丛书》编审委员会编：《中国工农红军长征史料丛书·文献(2)》，解放军出版社2016年8月版，第44—45页。

4000余人。关于土城战役红军伤亡有多种版本：建在青杠坡战斗遗址的"红军烈士纪念碑"碑文称中央红军在青杠坡一战"伤亡三千多人"；潘文华1月29日电报刘湘：此役计毙匪二千余；刘湘1月31日电报蒋介石：郭指挥……伤亡及俘虏匪官兵约三四千人，逃散深山者千余，获胜利品极多。郭勋祺因"鏖战有功"，被擢升为川军模范师师长。

第四节　本章分析与启示

遵义会议后，重回中央决策层的毛泽东率领中央红军按计划离开遵义，准备从泸州和宜宾间北渡长江，执行在成都以西或西北建立根据地、进而赤化全四川的战略任务。不承想出师不利、首战不胜，战略战役目的一时难以实现。当时思想还没有转过弯来的博古对此还发出了"看起来，狭隘经验论者指挥也不成"①的牢骚。那么问题出在哪呢？其经验教训都有哪些呢？

一、赤水城不克的原因分析

作为北渡长江右路纵队的红一军团在轻取土城后，兵分两路夹赤水河北进欲取赤水城，但先后在黄陂洞、复兴场遭遇闻风而至的川军，经激战未能击退敌人，退守旺隆场、猿猴场一线；配合红一军团行动的红九军团在进至箭滩场时，也遭到川军的阻击，前进受阻，退

---

① 中共中央文献研究室编，金冲及主编：《毛泽东传（1893—1949）》，中央文献出版社1996年8月版，第346页。

守官渡。三路红军开局不顺，均未完成《渡江作战计划》中明确的夺取赤水城的任务，其主要的原因有以下几点。

（一）川军先期到达，以逸待劳

在中央红军离开遵义向北进发时，其北渡长江入川的意图就已明明白白地暴露在敌人的眼前。而欲坚决阻止红军入川的刘湘，已在长江防线布下重兵，并沿着由黔北入川的每一条通道上均前推兵力，阻击红军。所以，当红一军团向赤水城前进时，川军第二十一军第五师师长陈万仞率该师以及教导师第一旅（章安平旅）已先于红一军团进占赤水城，且章安平旅的前卫部队已前出至黄陂洞地区，第五师第十三旅（达凤岗旅）的两个团则前出至复兴场地区。这与原本以为赤水城只有少量川军和若干黔军溃兵的判断相去甚远，可以说红一军团未战已失先机。同样的情况也发生在红九军团的箭滩方向。川军先到一步，养精蓄锐，以逸待劳，占尽天时。

（二）川军占据要点，控制要道

赤水河两岸层峦叠嶂、道路崎岖，而作为主要战场的黄陂洞、复兴场、箭滩场地形则是典型的山地。山地作战的焦点就是夺占要点、控制通道。由于敌先于我军到达，所以有利地形大多被敌控制，并构筑了防御工事。如黄陂洞遭遇战斗一打响，川军立即以机枪连占领预先构筑的阵地，以火力掩护章安平旅一团抢占道路右翼高地。同时川军还充分利用黄陂洞地区的葫芦口地形，运用两翼火力控制要道，将红三团死死封在狭窄正面。而在复兴场战斗中，川军达凤岗旅同样是在率先占领复兴场后，针对复兴场地形低洼，周围三面是山一面是河的特点，控制了复兴场周围的几个高地，迫使红军始终处于仰攻敌坚固工事的不利境地。由此可见，川军在作战中，率先控制高地、通道等要点要道，占尽地利。

（三）川军兵力优势、战斗力强

在向赤水城攻击前进的作战中，红一军团第一、二师当面之敌是川军陈万仞的第五师第十三、十四旅和教导一旅章安平部，川军在总体兵力上占据了优势。如在黄陂洞战斗中，川军先后投入了章安平旅一团、三团以及达凤岗旅的一个团，而正面红军仅有红一师第三团，红一师的后续兵力由于地形的原因难以展开、无法参战，可以说当面兵力川军 3∶1 于红军。又如在复兴场战斗中，得到了章安平旅 1 个团增援的川军达凤岗旅的实力也是超过红二师的。在箭滩方向川军的实力也不弱于红九军团。而且，川军的武器装备和部队满编数均强于长途跋涉连续作战的红军，特别是重火器也就是在火力优势方面，川军明显强于红军。更为重要的是，川军训练有素，战斗力远远强于黔军，比中央军只强不弱。战争是物质的较量，"强胜弱败"是战役作战的基本规律，不占优势的中央红军在战场上很难战胜比自己强大的敌人。

（四）川军指挥灵活，战法运用得当

在与红军的战斗中，川军的指挥比较灵活，攻防结合、以攻助守、翼侧攻击、火力运用等战法运用也显得比较得当，看得出有着比较丰富的作战经验。如在黄陂洞战斗中，红军多次组织力量采用翼侧迂回战法与川军争夺高地要点，而川军章安平旅一团团长彭选高则指挥川军利用已占有利地形在左右两翼交替反扑、以攻为守，与红三团反复拉锯，打得很有章法；章安平还灵活运用了迫击炮集火射击、翼侧穿插袭击等战法使得红军屡受打击。更为重要的是，在黄陂洞和复兴场两场战斗中，川军还能做到兵力互有支援，配合作战，形成在局部战场区域的短暂动态兵力优势，最终赢得了这两场战斗。在箭滩场方向也是如此，红九军团在正面与川军徐国暄支队以及民团作战时，

侧后却遭到廖泽旅一部兵力的袭击，红九军团腹背受敌，只能被迫撤出战斗。

孙子兵法《计篇》中说："攻其无备，出其不意。此兵家之胜，不可先传也。"[1] 中央红军夺取赤水城却是意图暴露、敌有备而来，川军以优势的兵力、坚定的决心和坚决的行动，先机抢占了有利地形，挡住了红军北上的通道。红一军团和红九军团实在无力搬开这块绊脚石。

未来战争战役，随着武器装备的长足发展，争夺要点、要道已由过去的地面力量为主，发展为使用空地联合力量的兵力与火力的立体夺控。夺控的手段发展了，但夺控要点、要道的难度并没有降低，反而因其要点、要道重要性的增强而变得更大，指挥员切不可掉以轻心。

而要实现夺控要点、要道的作战目的，突然性、优势兵力和活用战法等上述问题，依然是指挥员必须关注的重要方面。对于进攻方而言，首先要强调出敌不意，力争保持进攻的突然性。同时，要集中优势兵力，灵活运用正面攻击、翼侧迂回等战法，在敌防御薄弱的方向或地域实施主要进攻。对于防御方而言，则要与敌针锋相对，尽可能地占领有利地形，以逸待劳。同时，要坚守要点，攻防结合，以攻助守，等等。

二、土城战役受挫的教训与启示

土城战役的失利有着极其深刻的教训与启示，毛泽东在扎西会议

---

[1] 中国人民解放军总参谋部军训和兵种部编：《孙子兵法军官读本》，解放军出版社2005年12月版，第12页。

上曾指出"这是一场拉锯战、消耗战。我们没有歼灭川敌，反而受到了很大损失，不合算，也可以说是一个败仗"①。主要教训有三："一、敌情没有摸准，原来以为四个团，实际是六个团，而且还有后续部队；二、轻敌，对刘湘的模范师的战斗力估计太低了；三、分散了兵力，不该让一军团北上。我们要吸取这一仗的教训，今后力戒之!"②毛泽东从这三个环环相扣的问题上，总结了土城之战的教训，是非常客观而中肯的。

（一）情报不准是导致红军土城失利主要原因

主观指导符合战场客观实际是作战指挥的基本规律。而情报获取和分析是战争战役指导者认识战场客观实际的主要途径和方法。情报准确与否至关重要。在青杠坡战斗中，我军根据截获敌军的电报分析认为，在我侧后追击的郭勋祺部的兵力为 2 个旅所属的 4 个团，为6000 余人。故我定下了首先集中红三、红五军团击退尾追之敌，然后北上渡江的决心。然而，红军掌握的川军兵力情况并不准确。实际上，当时我军当面的川军就有 2 个旅 6 个团兵力，包括郭勋祺旅 3 个团、潘佐旅 3 个团，随后参战的廖泽旅有 2 个团兵力用于土城方向，后面还跟进川军 1 个旅。4 个团变成了 8 个团。敌人多出了 1 倍，仗没法打。虽然我军后来干部团、红二师相继投入战斗，但川军同样有后续部队源源不断到达战场，战斗只能进入胶着状态，歼灭敌军、甩掉尾巴的可能性已不复存在。

据当年在军委总部任作战参谋的孔石泉回忆："我们在土城那一

---

① 中国工农红军长征史料丛书编审委员会编：《中国工农红军长征史料丛书·回忆史料 (2)》，解放军出版社 2016 年 8 月版，第 61 页。

② 中共中央文献研究室编，金冲及主编：《毛泽东传（1893—1949）》，中央文献出版社 1996 年 8 月版，第 346—347 页。

仗没有打好，因为对敌人估计不足。敌人的发报我们收到了，但把'旅'翻译成了'团'，因此估计敌人是两个团的兵力。如果知道是旅就不会打的。以后伤亡很大，不能不走了，是我们自己撤退的，只打了个击溃战。"①

对于此事，美国作家哈里森·索尔兹伯里在《长征——前所未闻的故事》一书中有过这样的评价："毛和他的部下意识到他们正在进行一场危险的战斗。敌人并不是不堪一击的黔军，而是驻守宜宾的川军总司令刘湘手下的精锐部队，前线指挥官是外号叫'熊猫'的郭勋祺。敌人的兵力也不是他们原来所想的两个团，而是两个旅即四个团。不仅如此，激战当中，又出现了更多的川军，总数增至八个团，至少一万人，而且训练有素，纪律严明，指挥有方。毛因失算使红军遇上了长征中最关键的一次战斗。他得到的情报错得不能再错了。"②"旅"和"团"一字之差的情报失误，让毛泽东痛心疾首，刻骨铭心，但从来都不墨守成规的他迅速从不利战局中寻找有利因素，急令红一军团红二师火速返回增援，以求变被动为主动。

差之毫厘，谬以千里，情报错、判断错、决心错，尽管红军勇猛顽强作战，但不可能实现作战目的了。

而与红军掌握情报不准相反的是，川军不仅对红军的作战企图判断准确，而且还掌握了红军青杠坡战斗的作战命令。据郭勋祺的副官胡秉章回忆，其部队在向土城方向追击红军时，他本人居然在路边捡到了一份红军诱歼郭勋祺部的油印作战命令，其中有红军详细的作战计划。据此，郭勋祺进行了有针对性的部署，结果使我军陷入苦战。

---

① 转引自谢浩：《毛泽东眼中的四次"败仗"》，《党史博采》（上），2022 年第 12 期。
② ［美］哈里森·索尔兹伯里著，过家鼎、程镇球、张援远译：《长征——前所未闻的故事》，解放军出版社 1986 年 5 月版，第 173 页。

虽然胡老先生回忆的真实性还有待印证，但从情报的角度来说，敌我双方对情报掌握得准确与否对战局的影响是巨大的。①

（二）轻视川军致使红军啃到硬骨头、磕了牙，损失惨重

青杠坡战斗中，中央红军之所以决心用 2 个军团歼灭川军郭勋祺部，主要还是对川军的情况特别是对川军的编制、装备和战斗力掌握不全、不准、不细。由于长年同国民党军中央军作战，红军对国民党军的战斗力形成了基本的印象，装备优良、士气低落、野战能力差。所以，红军官兵在同国民党军作战时有着较大的心理优势，特别是中央红军进入贵州后，战斗力极差的黔军"双枪兵"更是不堪一击，使得中央红军对于川军的战斗力也产生了一定程度的轻视。认为川军比黔军强、比中央军弱或与中央军差不多，不会比中央军强。而中央红军所不知晓的是，从连年战火中一路拼杀出来的川军悍将，是迷恋烟灯鸦片的黔军"双枪兵"远远不可比肩的，与中央军比一点也不逊色。1912—1933 年，四川境内发生了 470 多次军阀混战，刘湘的部队几乎都参与其中，积累了丰富的作战经验。且其部队装备较好，非常重视训练，各级均有军官训练团或教导队，使得部队官兵的素质要高于其他军阀部队。当时郭勋祺部每一个步兵连都装备 6—9 挺轻机枪，步兵排则有重庆兵工厂制造的汤姆逊冲锋枪和小口径迫击炮班，甚至还将优秀射手集中起来组成狙击班。这些均是红军战前所不了解的。当时中央红军主要指挥员周恩来认为川军的战斗力应该不会比黔军高多少。曾经在川军摸爬滚打多年的总参谋长刘伯承也承认已离开川军多年，也不清楚刘湘部现在战力

---

① 胡秉章：《川军郭勋祺部在川黔滇边阻击红军长征经过》，见《成都文史资料选辑》第 5 辑，1983 年 12 月，第 47 页。

怎样。① 不知敌而导致轻敌，使红军与川军一交手就碰上了硬骨头、磕了牙，一战下来，我军歼敌 3000 人，自损 4000 人，得不偿失，陷入了被动。教训是深刻的。

正如毛泽东后来指出的"在战略上我们要藐视一切敌人，在战术上我们要重视一切敌人"②，既要有战胜敌人的信心和勇气，也要有战胜敌人的策略和方法。重视敌人而不是轻视敌人，对任何战争特别是信息化战争都具有重要的指导意义。

（三）分散兵力导致拳头不硬，没有集中优势力量打歼灭战

作为土城战役关键之战的青杠坡战斗，我军由于轻敌，在兵力部署方面也没有集中优势兵力攻其一点再及其余，而是分散了兵力。当时，由于我军对敌人兵力判断有误，我军的决心部署是红三、红五军团在土城击退郭勋祺的尾追，同时，红一、红九军团北上去夺取赤水城。结果形成了两个作战方向，相互之间又缺乏联系和支援，造成我方本来就不占优势的兵力被分散开来，未能贯彻集中优势兵力运动歼敌的思想，最终把青杠坡之战打成了"夹生饭"。如果当时中央红军能够集中兵力，以部分兵力阻击赤水城方向之敌可能的增援，以主力在青杠坡打击尾追之敌郭勋祺部，那么吃掉敌人还是可能的，甚至是有把握的。

另外，青杠坡战斗之所以失利，除了没有集中优势兵力，在歼敌目标上也选择不当，没有先打弱敌和孤立之敌，而是选择了强敌郭勋祺硬碰硬。当然这也是情报不灵和轻敌原因所致。郭勋祺部恰恰是川军中装备较好、作战能力较强的"劲旅"。作战中，如果我军先集中兵力打潘佐旅，然后再打郭勋祺旅，可能胜面要更大一点。

① 窦超：《"四渡赤水"缘由：长征中的土城战役》，《轻兵器》2017 年第 9 期。
② 中共中央文献研究室编：《毛泽东文集》第 7 卷，人民出版社 1999 年 6 月版，第 328 页。

《孙子兵法·虚实篇》中说道:"我专为一,敌分为十,是以十攻其一也,则我众而敌寡。能以众击寡者,则吾之所与战者,约矣……夫兵形象水,水之形,避高而趋下;兵之形,避实而击虚。"① 军事理论家若米尼也认为:一切战略战术,最切实可行的办法,应该是选取最薄弱的敌人。这与孙子兵法中的"以众击寡、避实击虚、乘敌之隙"的谋略思想是不谋而合的。

集中力量"拣弱敌打"的目标选取理论,不仅在以兵力为主的时代是最合理、最有效的目标选择方法,而且在以火力、以信息力为主的时代,也同样具有极为重要的地位作用。

三、涉渡江河应注意把握的问题

赤水河是长江的支流,也是中央红军在四渡赤水战役中频繁利用的一道天然屏障,中央红军转战赤水河两岸,使河流屏障变为红军避被动争主动的便利条件。每过一次赤水河,红军便摆脱了被动;每过一次赤水河,红军便迎来了胜利。赤水河,无愧这个"赤"字,她是红军河、是中央红军的胜利河。那么,中央红军在涉渡赤水河时,都有哪些丰富的经验呢?

(一) 注重渡口的利用和选择

在漫长的历史长河中,河流早已与人类生产生活紧密地连为一体。千百年来,人们对河流的特点规律也都基本认识和把握,那些便于涉渡的地方大多设有渡口,以便于两岸百姓的政治、经济、文化与

---

① 中国人民解放军总参谋部军训和兵种部编:《孙子兵法军官读本》,解放军出版社2005年12月版,第94—95页。

社会活动等的展开。这些渡口如猿猴渡口、土城的浑溪口，无疑是中央红军的首选，可以直接使用。但若时间紧迫，渡口不够用，那就必须再选择河流两岸有利地形作为新的渡口了。如土城蔡家沱渡口，就是周恩来带着工兵亲自选定的。在无敌情威胁的情况下，渡口的选择是一个技术活、专业活，是工程保障的重要内容，通常应选择水流平缓、河面不宽、两岸有道路便于通过的地点作为架桥点。而在有敌情威胁的情况下，渡口选择又是一个战术活，要出敌不意选择在敌防御薄弱、便于航渡和上岸或便于架桥、便于展开、便于发展的地段。在对岸，要选择有利地形，做好阻击敌人反扑的准备；在我岸也要预留阻击兵力，占领我岸渡口附近有利地形，防敌追击部队对渡口的冲击；等等。

（二）注重加强涉渡江河的工程保障

涉渡江河的方法，通常有徒涉、船渡、桥渡三种。这里不谈徒涉，船渡和桥渡则需要船只和架设浮桥。由于浮桥通行能力较强，通常是涉渡江河的首选方法。中央红军在一渡赤水中主要采取了架设浮桥的方法保障红军渡河。土城战役失利被迫一渡赤水时，周恩来负责组织工兵在土城附近的蔡家沱渡口架起浮桥，并修复了浑溪口渡口一座黔军撤退已破坏的浮桥，而红一军团工兵连则在猿猴场的沙陀、川主庙架起了浮桥，共计3座浮桥保障了中央红军一渡赤水河。在架设浮桥的工程保障中，红军注重收集架设浮桥所需要的船只、木板、竹竿、绳索等器材，并严格群众纪律，砍的老百姓的每一根竹子都要付钱。而且，在架设浮桥过程中，周恩来亲自带队指挥架桥，体现了对涉渡江河工程保障工作的高度重视。而以运动战为主的红军，拥有一支管用过硬的工程保障队伍，是圆满完成架设轻便浮桥任务的重要保证。正是中央红军工兵部队作风过硬、技术过硬，才在保障红军主力历次渡河行动中，不辱使命，确保了中央红军涉渡江河以及作战行动的顺利实施。

（三）要率先抢占渡口，夺控两岸桥头堡

1月20日，中革军委发布《渡江作战计划》。这一计划认为"夺取和控制长江各渡河点，为实施此计划之最后关键"。因此，要求红军抢占赤水、土城，在其附近地域渡过赤水，以迅猛的攻势歼灭敌突前的有生力量；然后利用敌人惊慌失措或调整部署之机，夺取长江上的蓝田坝、大渡、江安之线的各渡河点，快速渡河。《渡江作战计划》中还明确"我先遣兵团应以秘密迅速勇敢坚决的行动……夺取沿河船只，以便能以得力部队迅速渡河，占领和控制两岸各渡河点，掩护船渡"。这些要求虽然未能实现在北渡长江的作战行动中，但作为涉渡的基本要求和方法，同样适用于红军抢占赤水河渡口的作战行动中。如中央红军率先抢占了重要渡口猿猴场并注重控制了两岸桥头堡，为红军一渡赤水开辟了重要通道；再如，中央红军在土城涉渡时，运用兵力在青杠坡一带实施佯攻，掩护渡口地域的安全，确保中革军委和部队顺利渡过了赤水河。在此之前，中央红军在抢占有敌军驻守渡口时还总结了综合运用伪装敌军"诈渡"，火力掩护"强渡"，趁夜摸黑"偷渡"三种涉渡江河的方法，取得了较好的作战效果。

（四）部队涉渡江河要指挥有序、轻装简从

中央红军在四渡赤水战役中的涉渡江河作战都是时效性极高的机动作战，时间紧迫；主要依靠临时搜集的渡船和架设的浮桥，通行能力有限，渡河部队多，涉渡江河的指挥就显得特别重要。一渡赤水时，中共中央决定由陈云负责渡河指挥，明确各部队渡河集结地域、渡河点及顺序、警戒设置、掩护兵力及渡河后的行进路线，保障了各部队快速有序渡河。为了确保川军不利用浮桥追赶，中革军委在一渡赤水的行军部署中还明确由红一、红三军团后卫对浮桥进行破坏焚毁，以迟滞敌军追击，为红军转移争取宝贵的时间。

与此同时，在渡河过程中，要求各部队轻装简从，起到了很好、很关键的作用。尽管红军广大指战员对长征出发时，因"中央和军委纵队像大搬家的样子，把印刷票子和宣传品的机器，以及印就的宣传品、纸张和兵工机器等'坛坛罐罐'都带上了，队伍庞大"①，使红军在湘江之战付出了惨重的代价而痛心疾首；尽管遵义会议提出"红军的行动需要有高度的机动性"，并提出应实行轻装、充实连队；但是由于组织上、军事指挥上的转换尚未完成，这种庞大臃肿的"大搬家式"的情况在一渡赤水前尚未根本改变，部队仍携带着大量"包袱"。一渡赤水时，情况十分紧急，陈云命令各部队丢弃一切影响部队渡河的坛坛罐罐，轻装过河。就连红三军团唯一的一门参加过湘江之战的山炮也被忍痛丢进了赤水河，大大加快了红军通过浮桥的速度，减小了阻击部队的伤亡，为转移争取了时间。

可以说，这些涉渡江河的经验，过去是，现在是，将来也是我们的宝贵财富。

未来作战，江河上的桥梁将是敌战时打击破坏的重点，一旦桥梁被毁，必将影响我军的作战行动。因此，在平时我们要重视并加强部队的涉渡江河作战训练，要使各级指战员认识到：高效的工程保障是涉渡江河的必要条件；选择和抢占渡口或便于架设浮桥或船渡的江河地段，并在两岸建立稳固的桥头堡，是涉渡江河的基本方法；实施坚强有力的渡河指挥，是确保部队安全顺利通过的可靠保证。

---

① 聂荣臻：《红一方面军的长征》，《学习与研究》1986 年第 11 期。

第三章
叙永受阻，转兵扎西整旗鼓

赤水受阻、土城受挫，导致中央红军被迫西渡赤水转向古蔺、叙永方向机动，准备执行第二套方案，即从宜宾上游渡江入川。但此时蒋介石已令刘湘加强对长江的封锁，并加紧调集川、黔、滇军和中央军薛岳兵团进行围追堵截，极力阻止中央红军北渡长江，并企图"围歼"中央红军于川南地区。

遵义会议关于中央红军渡江入川、建立川西北根据地的战略方针，与川军力拒红军入川的作战指导迎头相撞。中央红军还有实现北渡长江的可能吗？中央红军怎样才能避免陷入国民党军的重重包围之中呢？

第一节　失去先机，红军叙永再受挫

中央红军被迫西渡赤水河，最初并没有放弃北渡长江的意图，而是想先向南再转而向西，绕道古蔺、叙永，在宜宾附近寻机渡江。然而，四川军阀刘湘察觉到红军始终向长江方向机动、大有入川与红四方面军会合的趋势后，便下定决心与红军硬拼，坚决阻止红军渡江入川。于是，刘湘令"川南剿总"潘文华，在西起横江、东至古蔺一线，调集重兵切断通往长江南岸的要道、隘口，严密封锁红军的前进方向。

一、中央红军"孤军"奋战

红军主力分三路西渡赤水河后，迅速向川南边区的古蔺黄荆官山老林地区前进。刘湘急电潘文华令入黔各部火速回援叙永、古蔺，并电令入黔增援的刘兆藜旅、周成虎警卫大队立即回撤至叙永、古蔺地区的桂花场、登子场一线防堵。同时，抽调仍在江岸设防、尚未进入黔北的陈万仞师袁如骏旅（袁如骏：川军第五师第十四旅旅长）和魏楷部（魏楷：川军边防第四路司令。其第二团被抽出编为别动队，队长顾家辉）等，由集结地分别驰赴叙永共同防御。

原本按中革军委的《关于渡江的作战计划》设想，在中央红军北上渡江之时，红二、红六军团应向川东南进攻，"造成深入川东行动，威胁敌人长江下游水路交通的有利条件，钳制和分散蒋敌新的围攻兵力，而配合我野战军及四方面军来争取四川赤化"[1]；红四方面军"在我野战军渡江之先，应向重庆方向积极行动，吸引重庆川敌之主力于自己方面，以便野战军顺利渡江"。[2]

当获悉红四方面军此时正在举行广（元）昭（化）战役，相隔较

---

① 《中国工农红军长征史料丛书》编审委员会编：《中国工农红军长征史料丛书·文献（2）》，解放军出版社 2016 年 8 月版，第 37—38 页。

② 《中国工农红军长征史料丛书》编审委员会编：《中国工农红军长征史料丛书·文献（2）》，解放军出版社 2016 年 8 月版，第 38 页。

第三章　叙永受阻，转兵扎西整旗鼓

远，难以完成该战略配合任务的情况后，中革军委即于1月22日再次致电红四方面军，指出"因我军入川，刘湘已无对你们进攻可能，你们若进攻刘敌，亦少胜利把握，与我军配合作战距离较远，苏区发展方向亦较不利……故你们宜迅速集结部队完成进攻准备，于最近时期，实行向嘉陵江以西进攻。至兵力部署及攻击目标，宜以一部向营山之线为辅助方向，而以苍溪、阆中、南部之线为主要方向"。① 即在嘉陵江一线发起战役，以牵制川军。

然而，就在川军回师向南协力围堵中央红军的紧要关头，红四方面军和张国焘由于种种原因，特别是嘉陵江"江阔水深，有重兵防守"，未能从全局和大局出发坚决执行中共中央政治局、中革军委的电报指示，未能率红四方面军主力进一步南下以吸引并牵制川军，反而北攻陕南，客观上致使川南敌军无后顾之忧，得以集中全力堵击中央红军北进，此时张国焘"不顾大局、保存实力"的想法和做法是十分明显的。而红二、红六军团因兵力较少，在川东活动的牵制作用有限。

至此可见，中革军委设想的在红四方面军和红二、红六军团紧密的战役配合而不是战略配合下的中央红军北渡长江入川行动计划，在一开始便成了中央红军的"孤军"作战。

二、红一军团艰难穿越黄荆老林

一波未平一波又起。红一军团军团长林彪因不认同军委"先进至

---

① 中共中央文献研究室、中央档案馆编：《建党以来重要文献选编》（第十二册），中央文献出版社2011年5月版，第33页。

古蔺以南，然后再寻机渡江"的计划，以绕道太多、补给困难，以及为避开川军范子英部的迎面截击为由，并未执行中革军委1935年1月29日3时"渡河后可取道黄泥硬转向古蔺以南前进"①之电令，未经请示批准，径自率领右纵队从贵州猿猴的沙沱、川主庙、风溪口渡过赤水河后，经马鹿坝、莲花山进入川黔交界的四川古蔺县北部人烟稀少的黄荆原始森林。

1月30日，右纵队为了和敌人抢时间、争速度，在军团长林彪的带领下，从店子坝分两路行军：其中红一师经石笋坪和得胜坝抵达龙爪坝进行宿营；红二师则经杨四岩、落脚包、楠木桥、坛子坳到达桃子坝。此时，农历新年将近，天上纷纷扬扬地飘着鹅毛般的大雪，天气异常寒冷。由于国民党的反动宣传，"'红毛贼'来了要打家劫舍，还要共产共妻"，地主老财收拾起值钱家当跑了，不明真相的一些穷人百姓也进山去躲藏，不敢出来。然而，红军战士始终自觉执行群众纪律，渴了就在树梢上抓把雪来解渴，饿了就用木叶水煮点树皮或野菜来充饥，天黑了就在大树下蜷缩着身体休息。没有一人去惊扰当地百姓，也没有人擅自闯入百姓家里取暖休息吃东西。

在这渺无人烟的深山密林里，红军部队持续不断地过了两天三夜，前面的队伍走了，后面的队伍又上来了。这样，周而复始地使得地上铺设的稻草或玉米秆被一拨又一拨的红军战士睡凹了下去。红军离开时，在店子坝、胡家山、桃子坝等地的大树上还写下了"打土豪，杀贪官，为了穷人把身翻！"等标语；并刻上路标"下走贵州风溪口，

---

① 《中国工农红军长征史料丛书》编审委员会编：《中国工农红军长征史料丛书·文献(2)》，解放军出版社2016年8月版，第44页。

上走四川桃子坝"，以引导行军方向。

一进入黄荆老林，军团长林彪就发现"山高路陡、粮食缺乏、群众均少"。本来人口就十分稀少，要想找到粮食就更加困难。1月30日傍晚，军团部在龙爪坝终于有了一点休息时间。于是，军团长林彪于18时给军委去电，汇报其行军情况："两日行军放弃小路爬高山，宿营地粮食均少，群众亦跑光，部队是露营，吃粥亦不得饱。"①

虽然在转移时已经扔掉了许多坛坛罐罐，但由于伤病员等非战斗人员众多，加之饿着肚子行军，同时还要应对国民党军队和地方武装可能的袭击，右纵队的行进速度非常缓慢。接下来还要翻越虎头山、望乡台等这些断崖险道，这将给右纵队的行进速度带来很大的影响。19时，林彪第二次给军委去电："如此行进，绕道太多，请改变行进路线，不向古蔺以南行进而经古蔺向永宁前进。"② 由叙永直奔宜宾方向。

21时30分林彪又再次发电向军委报告："二师今晚均在张家山山上宿营，该处只数家（户）人家，粮食亦困难。由猿猴到张家山到马路坝，道路岐极，运动困难，马匹多跌死。"③ 这一天的接连3封电报，林彪向军委汇报了行军困难、粮食奇缺和人马困乏等困难情况。

中革军委收到此电后，连复两电，先令："右纵队全部停止待

---

① 周朝举主编：《红军黔滇驰骋史料总汇》（中集），军事科学出版社1990年2月版，第530页。

② 周朝举主编：《红军黔滇驰骋史料总汇》（中集），军事科学出版社1990年2月版，第530页。

③ 周朝举主编：《红军黔滇驰骋史料总汇》（中集），军事科学出版社1990年2月版，第531页。

命。"后鉴于此已既成事实，再按原计划向南行进，则右纵队极有可能遭到正从古蔺东南掉头向东北行进的川军范子英部的截击。故中革军委于1月31日1时又再次电复林彪"同意右纵队改道向西转移，但应在31日全部通过该地区（古蔺以北的40里处）"。①

1月31日，林彪率右纵队改道西行。红二师从黄荆桃子坝出发，经柑子坳、黄金坝进入了桂花乡的杨四坳，再经大河坝、青石坡、大兴寺抵达桂花场地域。红一师则经两河口、陈家岩、新街坪、手扒窝（今倒马坎）抵达了香楠坝。

桂花场手扒窝，山高路险，森林茂密，沟壑纵横，道路崎岖。时值数九寒天，冰封雪盖，在这冰雪的莽莽林海中，人走上去后就不能再倒退，如一旦路滑绊倒则必死无疑。因为这险峻山路只有四五十公分宽，用眼往上看是不着边际的天空，往下瞧则为深不见底的万丈深渊。红一师行军从手扒窝通过时，由于道路的崎岖，加之冰雪铺地，红军战士行进十分地谨慎和小心，但还是有马匹不慎坠入这悬崖绝壁而亡。于是，红军便找来当地百姓，请他们为其牵马过这险道手扒窝。这样，红军的马匹和辎重才顺利地通过了这绝壁险山，为行军争取了时间。

当天，各路人马因路滑坡陡，直至深夜才到达宿营地。因红军马匹过手扒窝摔崖而亡，后来当地人便将手扒窝改名为"倒马坎"。由此可见，当时红军穿越黄荆老林道路的艰难崎岖。但红军战士凭借坚定的革命信念，战胜了寒冷的冰天雪地，征服了黄荆老林的艰难道路。

---

① 周朝举主编：《红军黔滇驰骋史料总汇》（中集），军事科学出版社1990年2月版，第538页。

三、红二师叙永受挫

一直作为自长征以来的开路先锋，军团长林彪仍在对一渡赤水前未能拿下赤水城而耿耿于怀。叙永是红军再次寻机北上渡江的必经之地，林彪决心赶在川军加强防守前迅速拿下叙永，扳回一局，为中央红军北渡长江抢立头功。但林彪却低估了川军防止红军入川的决心。

（一）叙永城下久攻不克

2月1日21时，林彪分别致电中革军委和红二师，"永宁有敌1个营，正扼城守备"，决定"明（2）日，二师及军团直属队之5个连应袭取永宁城"。①

永宁即叙永，地处四川盆地与云贵高原过渡地带的中低山区。东与古蔺，南与贵州毕节，西南与云南威信，西北与兴文、泸州纳溪区，东北与合江、贵州赤水相邻，是川南重要枢纽，北上渡江的必经之地。四川省叙永县，为川南通往滇、黔的交通咽喉，自古为兵家必争之地。

叙永县城四面环山，永宁河从城中穿过，将县城分为东西两城。叙永东城城垣低矮、多为土筑，俗称土城，东城城外连接小丘；叙永西城城垣较高、多为石建，俗称石城，西城城垣坚固、城外地形开阔，易守难攻。（见彩图8）

川军对此地防御非常重视，早在1月上旬中央红军第一次进占遵义后，刘湘就任命川军二十一军教导师第二旅参谋长先智渊为叙永县县长，率第二旅1个营和叙永县民团驻防叙永。后又增派川军教导师第一旅1个团协防。川军针对叙永县城的地形特征，在叙永县城及周

---

① 李夫克主编：《力挽狂澜》，国防大学出版社1993年12月版，第43页。

边大量修筑城防工事，不仅在城内设置了火炮阵地、掩体和障碍，还在城外的要隘要道筑有大批碉堡，配置了侧防火力，挖掘了护城壕，并在离城几十里处部署了侦察警戒和阻击分队，做足了阻击红军的各项准备。

2日凌晨，红一军团第二师和军团直属队由三岔河出发，沿途驱逐当地民团的干扰，于10时左右到达叙永城郊，立即兵分两路对东、西两城实施包围。正午，红二师发起总攻。红军从望城坡炮轰城内敌军防御阵地，击中东城公园、下桥灯杆、县政府大门和城内的守敌团部、畲照南家楼上等处；从挖断山、流沙岩、起凤寺等地用轻重机枪封锁城中河面上的两座桥，截断东西两城敌军的交通联络。接着，各攻城部队在火力的掩护下，分别组织许多小组，架着云梯强攻登城。与此同时，红军发起政治攻势，向城内敌军宣传共产党和红军的政策，动员敌军放下武器，勿为军阀卖命。但敌军极为顽固，凭借坚固城垣工事顽抗，以马刀、刺刀、钩镰枪、石灰罐等，对登城红军进行拼死抵抗。红军多次组织冲锋，奋力登城，均遭敌军火力压制未果。经过大半天激战，红二师虽然占领了城西和城东敌部分阵地，切断两城之敌的联系，但因城墙工事坚固，川军顽强抵抗，并驱赶城内百姓为其阻挡枪弹，终未能突入城内。久攻不克之下，红二师改变战术，集中力量攻击距离东城老东门不远的黑泥湾。

（二）黑泥湾激战难有进展

黑泥湾，地势较低、起伏平缓，利于进攻。然而，川军守敌先智渊判断红军将会以东城为主要进攻方向，便将其作为叙永城防的重要屏障来布防，在距离城墙十多丈远的丘包上修筑了高过叙永城垣的三层碉堡，碉堡只有射击孔，人员必须从叙永城老东门内城垣的暗洞经过隧道方能进入碉堡。

黑泥湾战斗尤为激烈。当红军从姑娘坟发起冲锋，隐蔽于黑泥湾碉堡附近的红军战士炸开了堡外暗道，对敌堡进行猛攻。守堡敌军在红军猛攻下不支，弃堡从暗道里逃遁入城。红军占领碉楼后向敌军扫射，毙伤敌军 90 余人，并依附暗壕向城墙脚下洞口进攻。

守敌营长刘光耀得知碉堡失守，急令真武山炮兵向占领黑泥湾碉楼的红军轰击，同时令第一连连长范永隆组织反击，夺回碉堡，并以数挺机枪严密封锁洞口。不过，敌炮弹没能击中碉堡，却多数落在仓坝街一带，炸毁多幢民房，炸死大批无辜民众。而反扑的一个连被红军包围，几乎被消灭殆尽。剩下的残兵败将顺着暗道向城里跑，结果被敌营长设在暗道洞口的数挺机枪打了个正着。

敌人随后又调来"精锐连"增援，并勒令城内盐商交纳 800 银元，以每人 20 银圆的犒赏，在精锐连中招募敢死队员 20 人，人人配备二十响驳壳枪、手榴弹和马刀，跳下城墙，号叫着向红军占领的碉楼扑来，妄图夺回碉楼。碉楼上的红军战士沉着应战，瞄准射击，击毙其中 12 人，其余 8 人抱头逃窜。敌反击再次被击退。无奈之下，川军用火、石块和稀泥封住地道口，阻止并逼迫红军退出地道。红军无法进一步扩大战果。

由于城墙坚固，守敌众多，红二师攻城未克。入夜，城内守敌强迫众多老百姓，手持檐灯、马灯、巴巴灯笼等照明灯具，站在城墙上作为他们的"挡箭牌"，并在城墙上通夜大声喊叫，为其壮胆。红二师指战员见状，为避免无辜群众伤亡，只得暂时停止使用重武器，将叙永县城团团包围。翌日，红军攻城部队继续向城内守敌发起攻击，牵制敌军，以掩护右纵队的其他部队经过叙永一线西进。

（三）三岔河遭遇且战且走

"川南剿总"潘文华在获悉红军猛攻叙永城后，即调集大量兵力向叙永附近地域集结，并以刘兆藜、章安平、达凤岗3个旅和周成虎警卫大队（相当于1个团）直扑叙永城郊，企图对红军攻城部队进行"截剿"。

而就在红二师围攻叙永的同一天（2月2日），红一师按军团部署进至距三岔河4公里的火烧岩时，与川军刘兆藜旅遭遇。火烧岩全长5公里，分为大、小火烧岩，岩上有一石寨，地形险要。川军据守石寨、居高临下同红军激战达2小时，互有伤亡。久攻不下的红军改变战术，采取正面佯攻、翼侧迂回攻击的战法，经猴子岩爬上大火烧岩，终于攻占了火烧岩制高点，将敌击退，打通了行军通道，继续向黄坭嘴、大坝方向前进。且战且走的红三团因大雾弥漫难辨方向，一度与主力失去联系。

红一军团出师不利，一时间造成了全局的被动。2月2日18时林彪致电中革军委说："二师袭永宁未奏效。三岔河今日发现敌情"，"我一师主力被截断，敌明日有夹击我一、九军团及二、三梯队之可能。"①

"川南剿总"潘文华2月2日向刘湘报告，从敌军方面描述了叙永和三岔河战斗情况：

> 2月2日，我章旅周团奉命防守叙永城，以刘营附第一营之刘连及剿匪义勇第一大队，防守东城，龚营附剿匪义勇第二大队，固守西城，苏营（缺刘连）为预备队，位置于西城上下桥附近。午前10时，赤匪约3000余人由三岔河、落窝两路来犯，即在东城外真武山一带，与我前哨连接触。该团长即亲赴珍珠山指挥，并收容东城外之居民，约经40余分钟之久，始

---

① 周朝举主编：《红军黔滇驰骋史料总汇》（中集），军事科学出版社1990年2月版，第543页。

悉数入城，乃令前哨连逐渐退回，并令守城部队，各就指定地区，进入阵地。此时真武山、营盘山大部赤匪，居高临下，向我猛攻，我官兵则沉着应战，将匪击退。午后2时，匪数百人，各执手枪、马刀直冲北门前方碉堡，一面用竹梯十数架，蜂拥扑城，我官兵死力抵抗，势甚危急，乃将预备队张连加入，奋勇激战，卒将匪击退，一部由上游渡河，向西城南门坡红梁子高地移动。傍晚即向我龚营进攻。该匪不怕牺牲，用木梯奋勇登城，前仆后继，我官兵极力抵抗，并增加预备一连，各以刀矛、手榴弹猛烈还击，匪势稍杀，仍退回红梁子南门坡之线，各部即就原姿势彻夜。

同日，我刘旅在三岔河附近，与约千余之匪接触，当以王团向匪进攻，激战2小时，匪被抄袭，伤亡约200余，其势不支，分向叙永城、桂花场溃窜。①

（四）叙永城外苦战撤离

2月3日中午，川军周成虎警卫大队、章安平旅一部相继赶到叙永城西郊，在叙永城内守军的配合下，向围城的红军发起进攻。红二师以寡敌众，两面受敌，陷入苦战。下午，章安平旅1个团赶到叙永城东北郊，加入同红二师的激战之中。

"川南剿总"潘文华2月3日午后4时电令郭勋祺：

　　一、犯叙之匪，今晨仍继续攻城，我朱团周大队驰援，刻正与攻城之匪，激战于西门外。

　　二、范指挥回援叙永，午刻到箭竹坪，据称匪之另一股数千人，先头已到猫儿关、双井一带。

---

① 周朝举主编：《红军黔滇驰骋史料总汇》（中集），军事科学出版社1990年2月版，第546页。

三、贵指挥即率所部，星夜相机截击猫儿关、双井之匪，万勿延迟为要。①

2月3日午后6时，潘文华又下达速解叙永之围命令：

一、叙永城现被3000余之匪围困，匪首朱德亲自督攻。我周团刻正尽力与匪交战中。

二、各该旅务速前进，向匪追击，遇匪后卫，立予摧破，切勿坚持，致受牵制。碎匪残余在此时机，辛勿失之。

三、破匪解围后，须急切剿，勿任窜入南六为要。此令。

章旅长安平

达旅长凤岗

刘旅长兆藜

总指挥　潘文华②

面对川军守敌的顽抗、增援之敌源源不断蜂拥而至，形势对红军极为不利。黄昏后，红二师奉命撤离叙永城郊，向大坝方向转移。途中遭川军截击，红二师被截为两段，失去联系。

"川南剿总"潘文华向刘湘报告："3日拂晓，匪以全力四面围攻叙城，赖官兵誓死抗战，匪终不逞，我苏营乘势由下桥出击，与匪肉搏十余次，匪部伤亡甚大，乃将碉楼夺回。正午12时，我援叙之章旅朱团，到达叙永东北尖山子附近，即向红岩之匪进攻。同时章旅彭团，由头圹协同警卫周大队展开于老龙岩、五角山，向红梁子、龙头山之匪进攻。守城之周团，亦令龚营由小西门出击。匪经我夹击，受

① 周朝举主编：《红军黔滇驰骋史料总汇》（中集），军事科学出版社1990年2月版，第549页。

② 周朝举主编：《红军黔滇驰骋史料总汇》（中集），军事科学出版社1990年2月版，第550页。

创颇重，激战到午后 5 时，围城之匪遂纷纷溃退，朱团即占领红岩，周团占领滥田坝，龚营即占领打枪坝阵地，匪即向沙包树、大坝方面逃窜。"①

2 月 3 日 22 时，中革军委致电各军团首长和张云逸："估计三岔河之敌似系刘旅，明日有联合范旅分向两河口、君山铺、站底继续截击我军的可能。""我野战军为迅速脱离当前之敌并集结全力行动，特改定分水岭、水潦、水田寨、扎西为总的行动目标。"②红一军团主力西进金鹅池。红九军团及军委二、三梯队、干部团向两河口、分水岭前进。红三军团经海坝，向黄坭嘴方向前进。军委纵队从摩尼出发经东瓦沟、阿里普进抵石厢子宿营。

（五）漏风垭阻击挫敌锐气

红一军团第二师攻打叙永县城时，为了阻击从泸州方向来援的敌军，曾派出一个团在城西北的漏风垭、豆腐石和双桥子一带警戒，以掩护右纵队行动。2 月 4 日，该团主力奉命开赴大坝，向云南扎西地区集结，留下 1 个连坚守漏风垭，阻击追敌，以掩护围城部队撤退。中午时分，该连与追来的川军周成虎警卫大队展开了激战。

漏风垭，位于叙永县城西郊。敌军周成虎警卫大队以第三营为先锋队，经老龙岩、五谷山一带，扑向漏风垭红军阵地。敌军气焰嚣张，急于求成，很远距离即向红军阵地开枪开炮。红军战士冒着枪林弹雨沉着应战，待敌军进入有效射程，奋起反击。激战 1 小时，敌第三营死伤过半，未能前进半步。

---

① 周朝举主编：《红军黔滇驰骋史料总汇》(中集)，军事科学出版社 1990 年 2 月版，第 551 页。

② 周朝举主编：《红军黔滇驰骋史料总汇》(中集)，军事科学出版社 1990 年 2 月版，第 547 页。

周成虎派第一营兵力增援，占领猫儿梁，攻至滥田坝哨楼的制高点山麓。敌军摆开阵势，用迫击炮猛轰红梁子、杉树坡一带，以火力压制红军。城里守敌龚营闻讯，亦出兵小西门夹击漏风垭红军部队。虽敌众我寡，但红军战士临危不惧，英勇奋战，与敌军在滥田坝哨楼一带展开了拉锯战。

完成掩护任务后，留在漏风垭附近的红军阻击连队于下午5时边打边撤，经十二湾、金鹅池向大坝方向转移。红一师及红一军团军团部于红二师撤出叙永城郊的同时，亦经红梁子、金鹅池等地向大坝前进。

漏风垭阻击战，粉碎了敌人前后夹击红军的阴谋，完成了掩护红军大部队转移任务，并给敌军周成虎大队造成重大损失，狠狠打击了刘湘川军的嚣张气焰。

漏风垭阻击战中牺牲了15名红军战士，后被当地群众安葬在松林、榨板田等处。1989年，当地政府和群众筹集资金，在漏风垭战斗遗址修建了红军烈士墓，以供群众祭拜红军烈士。

至此，刘湘在叙永地区"截剿"中央红军的图谋破产，而中革军委在叙永西南地区集中全部中央红军、然后北渡长江的计划也告落空。

四、又战天堂坝

自2月4日，中央红军各部按军委命令开始向分水岭、水田寨、扎西等方向前进。奉命掩护右纵队的红三军团从摩泥出发，经营盘山、站底、海坝到达黄坭嘴；5日进至烂坝沟、万家岭、菜坝一带；6日从烂坝沟、菜坝出发，先头部队进至天堂坝时，遭遇川军范子英旅第六团，经战斗将该敌击溃。这是中央红军一渡赤水以来的第一个胜仗。具体情况如下：

撤出攻打叙永县城战斗的红二师一部，于2月6日上午途经两河口行至天堂坝时，发现尾追红军的川军教导师第二旅范子英部第六团陈洪畴部，当即决定伏击该敌，甩掉尾巴。

天堂坝位于叙永县城西南约50公里处，山高林密，红军战士立即埋伏于丛林之中的黑豆地附近。当川敌先头部队进入伏击圈时，红军突然开火，毙伤敌一部，余敌退至老熊沟。心高气傲的敌团长陈洪畴当即命令随后跟进的团主力进行反击，被红军击退后，又重新组织力量兵分三路，从棕榜上、岩口上、猫儿埂大田等地向红军阵地发起猛烈进攻，红二师一部三面受敌，被迫撤出战斗，经铁炉坝向大坝方向撤退。（见彩图9）

从烂坝沟出发的红三军团第五师前卫团，听到枪声后，立即兵分三路从水井沟赶来增援，仅用半个小时，于上午9时许赶到天堂坝，向正欲尾追红军的川军陈洪畴部翼侧发起攻击。双方旋即在长达5公里的山谷地带展开了激烈战斗。建功心切的陈洪畴仗着兵强马壮，组织力量从两翼迂回并夺占了红军临时阵地，逐步夺取了战场主动。就此时，红五师主力在彭雪枫、钟赤兵率领下及时赶到，同样对敌来了个两翼迂回反包围。实施前后夹击的红军指战员，克服连日行军的疲劳，一部直插龙胆沟、碗厂一线敌人侧背，突破敌人防线，冲上猫儿埂；一部击溃敌军，攻占了生基岭高地，激战至下午3时，反复冲锋十余次，将该敌击溃。孤立无援、伤亡惨重的陈洪畴率少数部众向堰坪方向撤退，逃回两河口。

得胜后，红三军团并不恋战，在川军廖泽旅龚团追来之前，迅速撤出战斗，继续西行。7日，主力进至云南威信的大湾子、凤阳一带。

一部进抵云南威信天蓬，并于营上坪之拗田击溃川军范子英旅第五团范子远部及当地民团。

中央红军在西进途中，除红一军团分别在毛坝、大坝遭敌袭击，于7日进至罗亥和长官司地区外，其他各部进展较为顺利。红五军团进至水田寨；红九军团和军委第二、三梯队进至双合场；军委纵队途经石厢子、花房子、石坎子，进至大河滩。

五、中央红军暂缓北渡长江

在向西转移的途中，中共中央、中革军委一直在试探渡金沙江的可能。但鉴于敌人加强了泸州上游长江段的防御，并以重兵猬集川南围堵红军，企图抑留中央红军于川、黔边境进行决战的新情况，红军从川南的泸州或宜宾上游北渡长江或西渡金沙江已无可能，此时若继续执行原定计划，要冒背水与敌决战的风险。为了争取主动，避免陷入国民党军合围的险境，2月7日，中共中央决定暂缓执行北渡长江计划，改取"以川滇黔边境为发展地区，以战斗的胜利来开展局面，并争取由黔西向东的有利发展"。①按照中共中央的决定，中革军委当机立断于19时致电各军团，正式决定停止执行《关于渡江的作战计划》。至此川滇黔取代了川西北，基本改变了遵义会议确定的北上入川战略方向。

中央红军突然折向川黔滇边境的扎西地区后，国民党军顿时失去"追剿"目标，情况不明，不敢轻举妄动，只好严令各部"坚工严阵，

---

① 《中国工农红军长征史料丛书》编审委员会编：《中国工农红军长征史料丛书·文献(2)》，解放军出版社2016年8月版，第49页。

勿稍勿延"①。这样红军便赢得了一段从容休整的时间。

而四川军阀刘湘企图在叙永地区"截剿"红军的黄粱美梦也彻底破灭，恼羞成怒的刘湘为推卸责任，把罪名推到旅长刘兆藜身上，说他"动作迟缓"，导致没能歼灭共军，当即给予"撤职"，令其"戴罪立功"。②

第二节　改道扎西，重新分工再整编

中共中央、中革军委在向扎西集结途中，2月3日至4日在四川叙永石厢子，5日由石厢子出发，至云南水田寨花房子，6日由花房子出发，至石坎子，7日从石坎子进驻大河滩，8日由大河滩至院子，9日至10日在扎西镇，一路连续召开会议。③因为扎西是红军集结的地区，是会议结束的地点，又是威信县城，所以统称这一系列的会议为"扎西会议"。后来许多老革命老红军的回忆和专家学者的论文中，都采用这一提法。

近年来随着研究的深入，又有一些新的观点和成果面世。四川学者经考证研究认为：1935年2月3日，毛泽东、周恩来、朱德等率领中央纵队从摩尼，经安基屯、东瓦沟、阿里普，到达有"鸡鸣三省"之称的四川省泸州市叙永县石厢子，在石厢子召开了"鸡鸣三省"石

---

① 周朝举主编：《红军黔滇驰骋史料总汇》（中集），军事科学出版社1990年2月版，第598页。

② 周朝举主编：《红军黔滇驰骋史料总汇》（中集），军事科学出版社1990年2月版，第559页。

③ 参见余伯流：《"博洛交接"的关键是周恩来石厢子谈话》，《苏区研究》2016年第2期。

厢子会议。以下采用的是四川学者研究的最新成果。

一、"鸡鸣三省"石厢子会议，洛甫换下博古

中央红军到达石厢子后，根据安排，红军总部驻石厢子万寿宫，毛泽东住在老乡肖有恩家里，电台设在老乡刘春和、刘会元、陈文中家里；中华苏维埃银行设在老乡袁继武、彭海家里；没收征收委员会设在老乡王连山家里；苏维埃纸币兑换处设在五圣宫。

由于遵义会议后，再由博古担任党的最高领导已不适宜，2月3日晚至5日凌晨，在一个被称作"鸡鸣三省"①的地方，召开中共中央政治局常委会。会议根据遵义会议精神，中央政治局常委进行了分工，决定博古（秦邦宪）交出党中央的最高领导权，由洛甫（张闻天）接替博古负中央总的责任；以毛泽东为周恩来在军事指挥上的帮助者；博古任总政治部代理主任。周恩来后来回忆道："从土城战斗渡了赤水河。我们赶快转到三省交界即四川、贵州、云南交界地方，有个庄子名字很特别，叫'鸡鸣三省'，鸡一叫三省都听到。就在那个地方，洛甫才做了书记，换下了博古。"②

由张闻天而不是毛泽东取代秦邦宪负党的总的责任，是当时中共中央睿智之举，它既维护了党的团结和稳定，又保证了毛泽东专注军事和指挥作战，实际上确立了毛泽东在党内和军内的领导地位，这就为党和红军在其后方针政策、行动方法上的一连串的转变奠定了基础。

---

① 关于"鸡鸣三省"具体在哪里，学术界多有讨论，一采取"水田寨"，二采"石厢子"。经四川省学者考证，认定为石厢子，本文采取"石厢子"说。

② 中共中央党史资料征集委员会、中央档案馆编：《遵义会议文献》，人民出版社2009年7月版，第73—74页。

会议在张闻天的主持下，中央政治局、中革军委还讨论和研究了另外 2 个议题：一是中央红军的行动方针，部署红军作战略转移，从而摆脱敌人重兵的围追堵截；二是中央苏区今后的行动方针等问题，为中央苏区以后的斗争指明方向。"鸡鸣三省"石厢子会议是遵义会议的延续，具有承前启后的历史性作用，历史意义非同凡响。

2 月 4 日是农历正月初一，红军召开群众大会，将没收的当地两大土豪彭正楷和周世成的粮食、衣服等分给了汉、彝、苗各族群众。红军还把团总吴联山家的肥猪宰杀了，与当地群众一起聚餐，共度新年。同时，红军根据群众要求逮捕并处决了民愤极大的税卡员肖宝之。此举深得汉、彝、苗各族群众的称赞。

2 月 5 日，中共中央书记处给项英和中央分局发出"万万火急"电①，相继又给红二、红六军团，红四方面军发出电示，重新开始实施对中央苏区和湘鄂川黔革命根据地的领导，并对全国革命有关问题做了部署。后又在给"中央分局各同志"电文中，对全国的白区工作做了部署。这一系列的指示和部署，改变了如项英来电②所指出的"中央与军委自出动以来，无指示、无回电、也不对全国部署总方针"的被动局面，恢复了党中央对全国革命斗争的领导。

2 月 8 日，中共中央书记处会议通过了张闻天起草的遵义会议提纲，即《中共中央关于反对敌人五次"围剿"的总结的决议》③，为向全体红军指战员传达遵义会议精神做准备。

---

① 参见中共中央文献研究室、中央档案馆编：《建党以来重要文献选编》第十二册，中央文献出版社 2011 年 5 月版，第 46 页。

② 参见中共中央文献研究室、中央档案馆编：《建党以来重要文献选编》第十二册，中央文献出版社 2011 年 5 月版，第 45 页。

③ 参见中共中央文献研究室、中央档案馆编：《建党以来重要文献选编》第十二册，中央文献出版社 2011 年 5 月版，第 49 页。

二、扎西会议，部队精简整编

2月9日，张闻天在扎西主持召开了中央政治局会议。会议研究了暂缓渡江后的战略方针和中央红军精简缩编的问题。为了便于红军在川黔边机动作战，会议决定彻底放弃"大搬家式的"行动方式，缩编轻装、充实战斗连队，提高部队的机动性和战斗力。2月10日，中革军委发出《关于各军团缩编的命令》，命令规定：一、三军团均取消师部的组织，各以新颁布团的编制表编足四个团；五军团将现有的三个团依新颁布的编制编为两个团；九军团将现有人数（军团部在内）以五分之三的人数依新编制编为一个团，并入五军团为其第三个团，其余五分之二的人数编入三军团。①

但由于川、滇两路敌军逼近，情况紧迫，致使这次整编未能完全落实。除红三军团撤销了第四、第五两个师的师一级机构，缩编为第十、十一、十二、十三团4个团外，其他各军团在组织上均未变动。

在整编中，中革军委将在扎西等地扩军的3000余人补充到各军团，使连队的战斗力得到加强。同时，干部层层下放，许多师团干部降职使用，分配到下一级任职，加强了团、营级的领导和指挥能力；机关和后勤人员加以精减，充实到战斗连队；影响部队行动的辎重也一概甩掉。这次整编，中央红军在遵义会议精神的鼓舞下，轻装上阵，使中央红军的机动性、战斗力大为提高，为红军下一步更加艰苦卓绝的行军和作战做好了准备。

---

① 《中国工农红军长征史料丛书》编审委员会编：《中国工农红军长征史料丛书·文献（2）》，解放军出版社2016年8月版，第50页。

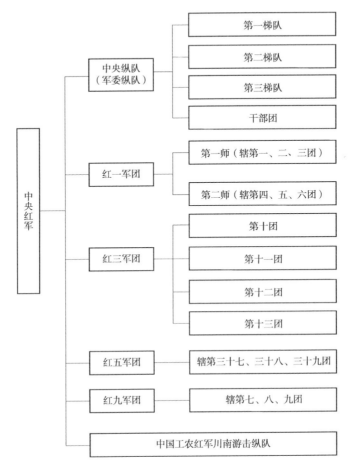

表4 扎西整编后四渡赤水战役中央红军兵力编成表

三、趁敌之隙，再图黔北

在得知中央红军已进入扎西地区之后，蒋介石急忙重新调整作战计划，命令第六纵队川军郭勋祺部，由扎西东北和西北方向红军攻击；第一纵队中央军吴奇伟部，第二纵队中央军周浑元部，由扎西东面和东南方向红军攻击；第三纵队滇军孙渡部，由扎西西南方向红军攻击；第四纵队黔军王家烈部作为预备队，在第一、二纵队后面跟进。

蒋介石对这一"分进合击"的"围剿"部署十分得意，眼瞅着其消灭中央红军和排除异己的"一箭双雕"的目的就要实现了。

2月9日，面对当前敌军分进合击、四面包围的严峻形势，毛泽东在中共中央于扎西镇召开的政治局扩大会议上就军事问题作了报告。毛泽东首先总结了土城战役失利的教训；接着透彻地分析了红军目前的实力和处境，以及中央军和地方军阀之间的矛盾；然后重点阐述了红军今后的进军方向和战略目标。毛泽东针对"红军向哪个方向突围、准备转移到何处去"这一大家关切的重要问题，胸有成竹地说："我军作战路线是服从于红军的作战方向的，这个方向受了限制，就应转移到另一个方向去。转移到哪里去？转移到黔北去。为什么？因为我军的北上，已经造成敌人的过失，那就是敌人的主力和注意力都调到川南一线来了，黔北比较空虚。我们应该利用敌人的过失，寻找有利的战机，集中优势兵力，发扬我军运动战的特长，去主动地消灭敌人。"①

至于能不能突出重围，毛泽东继续分析道："我们来到三省交界的山顶上，把国民党也带到山下来了，国民党敢不敢上山？他们是不敢的，他们上山吃什么？他们一定要在山脚下等我们。这样，有人就担心，我们能不能冲出去？其实，这是不必要的顾虑。山连山，他们哪里守得住，我们只要一个晚上，就可以冲出去，出去了还不让敌人知道。"②

<hr>

① 胡锦昌、赵焱森、叶健君主编：《长征中的毛泽东及三人军事指挥小组》，天地出版社2017年6月版，第163—164页。

② 胡锦昌、赵焱森、叶健君主编：《长征中的毛泽东及三人军事指挥小组》，天地出版社2017年6月版，第164页。

会议根据毛泽东的意见，决定放弃在川黔滇边境建立根据地的计划，趁敌主力被我吸引到川南之机，回师东向，东渡赤水河，向比较空虚的黔北出击，争取在黔北建立新的革命根据地。借此确定了中央红军新的战略行动方针。新的战略行动方针的确定，对避免中央红军钻入敌军预设的口袋，扭转红军的被动局面，跳出敌人对扎西地区的"围剿"有着极为重要的意义。

会议同时还讨论通过了《遵义会议决议》（即《中共中央关于反对敌人五次"围剿"的总结的决议》），发布了《中央政治局扩大会议总结粉碎五次"围剿"战争中经验教训决议大纲》（下文简称《决议大纲》），并决定在中央红军中传达贯彻。

2月10日，中共中央总负责人张闻天在扎西召开军委纵队营科以上干部会议，传达遵义会议决议。随后，毛泽东、张闻天、陈云等又分别到中央红军各部队传达贯彻，并将《决议大纲》电告中央苏区分局和红二、红六军团及红四方面军。遵义会议决议的传达贯彻，对于总结和吸取第五次反"围剿"的经验教训，明辨大是大非，统一全党思想，巩固红军、振奋精神、战胜敌人起了重大作用。

四、川南游击纵队的斗争历程

在中央红军一渡赤水转战川南之际，叙永特区游击队派张友德与红军取得了联系。2月4日，红三军团军团长彭德怀在黄坭嘴附近的田中五龙山四化榜，接见了游击队负责人，并派红五师十四团总支书记何宗舟、原遵义革委会成员周济带领数十名红军骨干及50支步枪、6挺重机枪，留游击队工作，扩充了叙永特区游击队。

（一）川南游击纵队的成立

2月9日，中共中央在扎西召开扩大会议。根据扎西会议关于创建川滇黔边区新的根据地的决定，中共中央和中革军委抽调干部成立中共川南特委和中国工农红军川南游击纵队。在中央直接领导下，中共川南特委负责领导红军川南游击纵队以及长江以南、金沙江以东、乌江以北一个区域的地方工作，开展游击战争，掩护中央红军战略转移。

2月10日，军委在扎西总部驻地，召开留下组建游击纵队的100多名干部的会议，周恩来到会给干部们讲了当前国际国内外形势和当前的情况："我们目前有许多困难，蒋介石还在打内战，要消灭我们，我们一定要冲出去。我们机关庞大，包袱很重，不适合于作战。因此，中央决定，机关要精简，伤病员要安置，部队要轻装。并决定抽调你们在这里成立一支游击队。一是把群众组织起来，扩大革命武装，打击牵制敌人，配合中央红军北上；二是安置和保护好伤病员，使他们安心养好伤后，再回部队杀敌；三是发动群众，打倒土豪劣绅，推翻反动政权，解除老百姓的痛苦，建立革命根据地。大家要服从中央的决定，高兴地在这里战斗，坚持斗争，直到革命的胜利。"[1] 周恩来还讲道："要团结一切可以团结的抗战力量，在艰苦困难的环境下，开创斗争的新局面"，"我们在这里暂时分开，将来是会见面的。我们川北有根据地，你们在川南搞起来，我们的革命力量就大了。"[2] 会上宣布了中共川南特委和红军川南游击纵队领导人的任命。

---

[1] 《中国共产党叙永县历史》编辑部：《中国共产党叙永县历史》（1928—1949）第1卷，中共党史出版社2013年11月版，第319—320页。

[2] 《中国共产党叙永县历史》编辑部：《中国共产党叙永县历史》（1928—1949）第1卷，中共党史出版社2013年11月版，第320页。

由原红三军团第五师政治委员徐策、军委纵队干部团上干队政委余泽鸿、红八军团民运部戴元怀等人组成中共川南特委。徐策任书记，戴元怀任组织部部长，余泽鸿任宣传部部长。中革军委还抽调了政治保卫局第五连、一个警卫通讯排、一个运输排、一个卫生班和几名修枪工人，加强纵队的力量，并号召行军中掉队的红军伤员留下来，加入纵队。这样，共有400余人、600余枪的中国工农红军川南游击纵队在扎西东南的石坎子正式成立了。

2月12日，在石坎子河坝头，特委召开全体人员大会，宣布中央关于成立中国工农红军川南游击纵队的决定。徐策、余泽鸿分别在会上作了讲话，号召各军团、各单位抽来的同志，要团结一致，在此地区迅速地广泛地发动群众，武装群众，扩大纵队，配合红军作战，消灭当地国民党地主武装，建立革命政权，完成党中央赋予我们的光荣使命。

2月13日，纵队跟随中央红军后卫转移，经马家坳、河口、桐子林、陈家寨到达叙永县坛厂（底塔）四合头，才同主力红军告别。2月14日，纵队人员即向叙永树坪进发，并派人到五龙山通知叙永特区游击队前来树坪会合。2月18日，纵队人员与特区游击队，共600多人，在树坪庙门前会合后，经黄坭嘴到达田中五龙山。特委在五龙山寺庙前召开纵队成立大会，特委书记徐策在会上传达了中央关于组建红军川南游击纵队的决定，讲明了纵队的性质和任务。徐策在讲话中说："川南游击纵队是中国共产党领导下的队伍，是为工人、农民打天下的革命武装。今天，我们受中央之命，要在这一带宣传发动群众，扩大武装，牵制敌军，配合主力红军作战，创建云贵川新苏区，在川滇黔边区扎下根来。"接着，他宣布了纵队的建制和领导人员的任命。纵队设司令部、政治部、供给处。政治部下设组织部、宣传部、地方工作团。中央决定的纵队领导人是：司令员王逸涛（后叛变投敌），政治委员兼政治部主任徐策，副司令员曾春鉴，参谋长刘干臣，宣传部部长余泽鸿，组织部部长戴元怀，供给处长杨德胜，地方工作团主任张梅凤，特派员龙厚生。纵队下设五个大队。当天，特委还在五龙山召开"中国工农红军川南游击纵队"成立庆祝大会，搭戏台，表演文艺节目，欢迎当地群众参加。

（二）川南游击纵队的革命斗争经过

1. 转战川南，配合中央红军战略转移。

红军川南游击纵队成立后，便以各种番号在川南开展军事行动。在叙永县木厂梁子阻击川军首战告捷后，继续向南六县进发，又先后进行了攻占朱家山寨、巧取叙蓬溪、袭击敌军车等战斗，打下了一些重镇，使泸州的川军惶惑不安，误认为红军主力仍要寻机北渡长江。因此刘湘令郭勋祺率三个旅和保安团固守川南要隘，急令进至黔边温水的潘佐旅"星夜兼程回守川滇黔边的门户——叙永城"，又令第一路指挥范子英"兼程回古宋县金鹅池向叙永重镇两河口截击"。又电令独立第一旅、第二旅移驻叙永，急令第二路达凤岗旅从黔北赤水"兼程赴叙永扼守"。滇军获悉中央红军已到叙永黄坭嘴、两河口镇等地，"深恐乘隙窜滇"，急令到达叙永县分水岭之龚顺璧旅回守滇境。这样川南游击纵队就牵制了一部分围追截击中央红军的川滇黔敌军主力，配合红军顺利回师黔北，取得了二渡赤水、重占遵义的胜利。

2月下旬，川南游击纵队派戴元昌、黄子能到田中组织区委，成立赤卫队，不幸被叛徒出卖，戴、黄被捕牺牲，隐蔽在岩洞内的20多名红军伤病员有的牺牲，有的被捕。3月初，纵队第五大队在落堡与敌军遭遇，激战2个多小时，毙敌数十名。战斗中，川南特委组织部长戴元怀、大队长梁亚伯和通讯班的战士壮烈牺牲。不久，刘复初领导的南六游击队在兴文县建武与川南游击纵队会合，并改称为川南游击支队，刘复初任支队长兼政委（后曾历任川南游击纵队参谋长、中共川滇黔边区特委书记、红军川滇黔边区游击纵队司令员）。4月下旬，纵队在分水岭击溃川军教导师一部，后攻克朱家山两座敌堡，赴来龙袭击川军顾小凡部。5月，纵队转战到云南威信凤阳村邓家坪时，纵队司令员王逸涛叛变，两河区委及所属游击分队遭到严重破坏。

川南游击纵队坚持敌后武装斗争，特别是有计划地逐步摧毁敌人基层政权、打开川南重要城镇的行动，让蒋介石误认为红军主力仍在川南，电令刘湘加紧"围剿"。敌调集十多万兵力"围剿"川南游击纵队，从而牵制了川军对中央红军的追击，有力地配合了中央红军的战略转移。

1935 年 7 月，红军黔北游击队前来叙永县分水朱家山，与川南游击纵队会师。中共川南特委改称中共川滇黔边区特委，红军川南游击纵队改称红军川滇黔边区游击纵队，徐策任司令员兼政委，张凤光（原红军总部第四局科长）任副政委，余泽鸿任政治部主任。纵队作为红军后卫部队，继续转战川滇黔边区，将川南、滇东北、黔西北20 多个县逐步开辟成红军游击区和革命根据地。

2. 浴血奋战，粉碎三省"会剿"。

红军游击纵队深入川南以来，转战川滇黔边区 20 多个县，打乱了敌军部署，使敌军更加惊恐，于是更加紧川滇黔三省"会剿"。长官司、红山口是川滇边的防共要塞，7 月 13 日，红军川滇黔边区游击纵队路经红山口时，遭敌埋伏，伤亡 100 多人，其中干部数十人，主要领导徐策、张凤光牺牲。7 月 14 日特委在威信县簸箕坝召开扩大会议，余泽鸿任中共川滇黔边区特委书记，刘干臣任司令员，余泽鸿任政委。同时确定了下一步粉碎敌军"会剿"的行动方略。簸箕坝特委扩大会议后，纵队经过暂时休整，从云南东北取道镇雄，进占赫章城，又转入川南门户筠连境内，突袭卞乐瓦，轻取巡密司，打开敌人认为固若金汤的筠连城，相继巧占叙蓬溪镇，闪击蓝田坝，威胁泸州，迂回占据大洲驿，佯攻纳溪城，转向南六县进军，袭击长宁附安场、江安红桥镇、珙县洛亥，再转赤水县一碗水场及黔西九仓坝等地，击败敌军追击。这些军事行动，拖着敌军团团转，使敌军到处扑空，完成了牵制敌军的任务。

游击纵队在掩护中央红军战略转移中，取得了军事上的重大胜利，也付出了巨大牺牲，纵队由1000多人的武装减少成200多人。为了改变危险的处境，1935年11月末，在长宁梅洞场贾家湾召开特委会议。会议认为，保存实力，战胜敌军"围剿"，是当前最重要的问题。会议决定，化整为零分散活动。会后分成两队：一队由刘干臣、余泽鸿、刘复初等负责；二队由龙厚生、黄富山、曾广胜等负责。然而，分散行动后，部队屡遭强敌围追堵截，连连失利。12月中旬，余泽鸿、刘干臣同志先后不幸牺牲。所剩人员由刘复初等带领撤到连天山，当时只剩下17人。随着通讯员徐茂良带了30多人武装前来归队，以及沿途发动工农参军和收容失散的同志，部队很快发展到400多人，遂恢复了纵队建制，编成两个大队，继续在红军老游击区与敌周旋。

3. 牵制敌军，配合红二、红六军团长征。

1936年3月在得知红二、红六军团来到贵州，希望川滇黔边区游击纵队留在敌后，继续牵制敌军，配合红二、红六军团长征之后，中共川滇黔边区特委认为，纵队必须首先牵制川军，因此在兴文县落柏林、炭厂等地战斗，使川南敌军不敢全力向贵州围追红二、红六军团。同年6月纵队来到贵州毕节地区，与阮俊臣率领的黔西北游击队200多人会合。之后，纵队又击败黔军柳际民旅和滇军补充团的进攻，声势浩大，反动当局极为恐慌，各县纷纷飞电告急，要求急速增援，"围剿"红军。同年秋，特委召开会议，民主选举刘复初任中共川滇黔边区特委书记兼红军川滇黔边区游击纵队司令员。在特委领导下，纵队在川南大庙伏击珙县县长刘治国亲率"清剿"的县警备大队、卫队、区民团及四川省第六保安团第十中队400多人。经过激战，打得敌人丢枪溃逃，共缴枪械90余支、子弹千余发，敌军死伤数十人，俘敌县警备队长等百余人。10月下旬，在我党我军的政治影响下，由刘少成带领川军教导师驻珙县地洞场的四团一营一个连士兵，武装起义前来当红军，壮大了纵队的声势。斗争形势开始好转。

面对纵队不断扩大的军事和政治影响，川滇黔敌军加紧第二次三省"围剿"。川南以教导师、第五师、穆肃忠、周化成等部队为主，并调川南地方武装协助"围剿"；黔西北以陈光中师、杨森师、柳际民旅为主，并调集地方武装协助；滇东北以安恩浦旅、陇承尧独立营、地方保安队、团防负责"围剿"，而且还不断增派敌军加入"围剿"。由于中央选派的纵队骨干相继牺牲，敌我力量悬殊，领导层中出了叛徒，以及在战略、策略和战斗指挥上出现失误，加之纵队受"左"倾错误的影响，游击纵队在坚持了2年之后，于1937年1月最终失败。后来，被打散了的游击队员分别参加到纵队建立的川南游击支队、贵州游击支队、云南游击支队，继续坚持对敌斗争，以其与敌人血战到底的壮歌书写了它的光辉历史。

第三节　本章总结与启示

关于四渡赤水的很多论著对中央红军叙永受阻、转兵扎西这一段历史都是一笔带过，究其原因恐怕与林彪这一敏感人物有莫大的关系。林彪作为极具两面性的、颇受争议的历史人物，在一渡赤水河后，其所思所想、所作所为，以及结局影响到底是怎样的？这里我们试着做一个尊重历史的探讨。不管怎么说，叙永受挫，迫使中央红军转兵扎西。而恰恰是在转兵扎西的途中，特别是"鸡鸣三省"石厢子会议，中国共产党人和中央红军对中国革命前途的思考又向前迈进了一步，使遵义会议的精神得以进一步贯彻落实，并迸发出勃勃生机；与此同时，中央红军根据战场情况的变化，灵活机动地调整战略转移方向，暂时放弃北渡长江的战略方针，从而成为了红军一步步走向胜利的转折点。

一、叙永受阻，林彪的是与非

红军西渡赤水河后，按计划是分左、中、右三路纵队全部进至古蔺以南，先摆脱川军，然后再视情况向西北方向前进，伺机北渡长江或西渡金沙江。但实际上中央红军是分两路从古蔺南北两侧转向西进的，以红一、红九军团为主的右路纵队从古蔺以北转向西进，而中革军委、红军总部与红三、红五军团则按原定部署在古蔺以南地域转向西进，这一改变缘于红一军团军团长林彪的"擅自行动"，继而造成了红一军团在叙永受阻，引发了对林彪是与非的争论。

（一）林彪为什么这么做？

林彪率领的右路纵队中除了红一、红九军团外，还有军委纵队的第二、第三梯队，行军队伍中非战斗人员众多，行军速度较慢。渡过赤水后，右纵队取道黄泥埂，一路经过了虎头山、望乡台等断崖险径，沿途几乎无村镇补给，缺粮少米，全军极度艰苦。因此，本来就对走"弓背路"持保留意见的林彪向中革军委发去了建议不再转向古蔺以南绕路，而是取捷径向叙永进发的建议。为争取时间，林彪未等军委复电，便率部按其建议的路线出发了。行动中，右路纵队屡遭川敌拦截袭扰，进至叙永城下，因意图过早暴露，导致攻叙永不克。所以，后来林彪反党反革命案发后，林彪这个建议电文和"擅自行动"被翻出来作为林彪"不服从命令""早有反骨"的证据进行批判。现在有人矫枉过正，又说林彪的行动是请示了军委、经军委批准的，叙永不克的责任不能算在林彪身上。那么历史真相是什么？林彪是怎么考虑的呢？

一是林彪"擅自行动"证据确凿。在本章第一节中我们已经清楚地描述了这段历史过程。1 月 30 日林彪三次电告军委，建议取捷径西进叙永。军委电令就地待命。但林彪为争先机，未待军委再电，便率部西进。鉴于林彪西进已既成事实，且敌情与预想情况也已发生变化，若林彪继续执行军委原定计划，向古蔺以南转进，很有可能被正在向古蔺东北开进的范子英部遮断，爆发激烈的战斗。于是，中革军委 31 日凌晨复电林彪："同意右纵队改道向西转移，但应在 31 日全部通过该地区。"所以说，中革军委是在根据当前敌情变化、右纵队已西进的实际情况，同意林彪"不绕路"的建议的，是不得已而为之的无奈之举。但此举不能作为林彪"擅自行动"的通行证或护身符。

二是林彪"擅自行动"情有可原。我们姑且不说林彪内心不愿走

"弓背路"，只讲在作战实践中，战场指挥员是可以根据战场情况变化，改变原定的行动计划的。这个计划的改变，既可以等待上级的批准同意，也可以边请示、边行动，有时也可以"先斩后奏"，甚至还可以"将在外君命有所不受"。所以，林彪的做法本身并没有错，甚至本意是好的，想着迅速拿下叙永，实现北渡长江的作战意图。不幸的是，结果不尽如人意。我们不能说林彪这次结果不成，就指责他擅自行动。林彪的行动，属于正常的军事指挥行为，是职责范围内允许的。

三是林彪为什么打叙永？林彪打叙永是为了迅速实现北上渡江入川的决心，从出发点来说，是对的。尽管红二师攻打叙永城，没有任何文电档案证明是中革军委下达的进攻命令，但也没有任何文电档案证明中革军委不同意进攻叙永。在没有改变遵义会议定下的北上入川决议之前，拿下叙永是实现北渡长江或西渡金沙江作战决心的必然选择，林彪有权这么做，没有错。更何况，曾时任红一军团作战教育科长的彭绍辉在 2 月 1 日日记中还曾记载着："接军委电，一军团有攻占永宁之任务"[1]，永宁即叙永。

而作为事后诸葛亮，我们又要说打叙永错了。因为打不赢，拿不下。事后分析，最理想的是"打一下，不行快撤"，避免造成不必要的损失。可是，任何人都无法做到准确的先知先觉，不能苛求我们的前辈。至于林彪当时是没有看出还是非要试一试，那就不得而知了。总之，历史就是：林彪打叙永了，但没有打下来，部队有损失，形势很不利。

（二）林彪攻打叙永失利的原因

红二师的突然兵临叙永城下，着实让川军猝不及防，临阵紧张了

---

① 彭绍辉：《彭绍辉日记》，解放军出版社 1988 年 9 月版，第 64 页。

一把，防守兵力并不多的叙永城似乎唾手可得，但从2月2日拂晓一直战至次日，叙永仍在川军手中，而川军章安平旅朱果团和刘兆藜旅周成虎大队又于午后相继赶到，红二师为掩护主力通过叙永苦战一个下午，于黄昏撤出战斗，攻叙永不克。

作为中央红军的一号主力红一军团一渡赤水前后的两次作战皆不顺利，两个主力师攻取赤水城受阻，一个主力师突袭叙永又不克，这的确是让人深思。其中，一个共同的、首要的原因是：川军抢占先机，以逸待劳。而叙永的这个先机足足有近1个月。刘湘于1月9日就派遣范子英旅参谋长先智渊带领周瑞麟团及范旅两个连加强了叙永城的防守，从县城外几十里的要隘开始层层布防，同时还调集全县民团编成了五个"义勇大队"，在工事和兵力方面做足了准备工作，可以说又是以逸待劳等待红军。而红二师刚刚在复兴场吃了亏，匆匆渡过赤水长途奔袭，锐势已减。原因之二：红二师主攻方向着眼了地形特点，却对上了敌人的主要防御方向，攻不动。叙永城分东、西两部分，特殊的地形使得东城易取，西城易守。敌先智渊认为红军从古蔺方向而来先至东城，就笃定红军要避难就易攻打东城，故把手里一个正规团用来防守东城，而红二师也正是重点夺取东城。川军的主要防御方向正好对上了红二师的主要进攻方向。先智渊的先见之明，使红军在作战方向的选择上，再输一局。原因之三：红二师久攻不下、敌援军将至，被迫撤出战斗。在红军激战叙永之时，川军刘兆藜部、范子英部正在火速回援叙永。且红一师已在叙永西南遭遇川军刘兆藜旅，且战且退。川敌增援已到，红二师有可能遭川军夹击，为避免陷入被动，红军不敢恋战，迅速撤离。叙永城之战以红军不克而告终。这一结果，直接导致北渡长江计划的失败。

（三）叙永受阻的教训与启示

叙永受阻是红一军团一渡赤水前后的第二次失利，在吸取教训中也有一定启示。

首先要强调突然性，力争先机制敌。红一军团攻打叙永是在刘湘和潘文华的预料之中，所以川军在叙永部署了较强的防御力量，以逸待劳等红军来攻，仗还未打便失了先机。进攻作战追求出敌不意、攻敌不备，其主要目的就是充分发挥进攻一方的主动性和突然性，夺得先机。这是进攻一方的权益，一旦失去，战场主动权就可能易位，胜利的天平就可能向敌方倾斜。未来战争，作战节奏更快，战役战斗的持续时间更短，抢到先机对于取得战争战役最终的胜利更是有着重要的意义。

其次要善于避实击虚，击敌软肋。《孙子·计篇》曰："兵者，诡道也。"[1] 红二师在进攻叙永时也许是时间紧迫，没能做好充分的准备，主攻方向看似选对了地形易于攻取的东城，却对上敌人的主要防御方向，啃了东城这个硬骨头。这就注定是一场有利于防御方的针尖对麦芒的消耗战。如果说红军战前能够充分侦察，了解战场情况，避实击虚，选择敌人防御薄弱的西城实施主要进攻，情况可能会好许多。在战法使用上，也可以考虑采取佯攻东城、先取西城或佯攻西城，调动东城敌人增援西城，进而乘虚再下东城，等等。总而言之，攻城作战是攻坚战，如果不能采用智取、诈取等方法，那么在强攻时，首先要拥有绝对的优势兵力，或四面围攻或相向攻击，在攻击中发现敌人的防御弱点，或运用谋略积极调动敌人，制造出敌人的弱

---

[1]　中国人民解放军总参谋部和兵种部编：《孙子兵法军官读本》，解放军出版社 2005 年 12 月版，第 12 页。

点，然后针对敌人露出的破绽，投入强大的后续力量攻击之，通过击敌软肋，击破敌防御体系，进而夺取城镇（市）。

再次是要处理好攻城与阻援的关系。红一军团攻叙永不克的原因，除了叙永本身具有较为坚固的防守外，川军刘兆黎部、范子英部的回师增援也使得战场力量对比发生扭转。由于红一军团并未在攻打叙永之时部署阻援力量，红二师非但已失去继续攻城的条件，反而陷入了城内守军和城外援军两面夹击的危险境地，红军苦战一下午，在完成了掩护右纵队主力通过永宁河下游地域的任务后，方才撤出战斗。如果说红一军团在川敌回援途中择地部署阻援兵力，不仅能够确保攻城红二师的安全，还能够借机大量杀伤敌有生力量。

这些问题，能征善战的红军指挥员特别是 28 岁就是军团长的林彪一定是清楚的，但巧妇难为无米之炊，兵力有限，形势急迫，在敌人加强了叙永防御的情况下，打不下叙永应属正常，而打下叙永则应该是"意外"了。未来城市进攻作战是我军重要的作战样式，处理好攻城与阻援的关系，根据战场实际，灵活采取攻城阻援、围城打援、攻城打援等方法，对于夺取城市进攻作战的胜利有着极为重要的意义。

二、"鸡鸣三省"石厢子会议的历史意义

"鸡鸣三省"石厢子会议是中国共产党在以遵义会议为标志的历史转折过程中一次极为重要的会议，是遵义会议的继续，它完成了遵义会议因敌情威胁被迫结束而未完成的议题和议程，在我党我军的历史上有着重要的历史地位和作用。

（一）"鸡鸣三省"石厢子会议的历史考证

关于"鸡鸣三省"会议地址等问题在学术界一直存在争论，归纳起来有三种观点：一是云南威信县水田镇花房子说，二是四川叙永县石厢子说，三是贵州毕节林口镇迎丰村（现改为"鸡鸣三省村"）说。2019年8月，四川省社会科学院调研组深入四川叙永县石厢子乡和水潦乡、云南威信县水田镇和扎西镇大河滩、贵州毕节林口镇以及遵义桐梓县娄山关等地调研，徒步重走红军路线，在《毛泽东思想研究》2019年第5期发表了《"鸡鸣三省"会议会址考究——基于云贵川三省交界区实地调研的分析》等多篇论文，在学术界引起较大反响。2020年3月，调研组再赴四川省叙永县、云南省威信县相关地域进行实地调研，通过多种研究方法，复原中央红军主要领导1935年2月5日行程，对毛泽东等中央领导宿营地、朱德两封电报、中央书记处致项英电报等细节问题作出新结论：

一是1935年2月5—6日红九军团及二、三梯队主要领导（如何长工等）在分水岭广子村宿营；二是1935年2月5日晚上毛泽东、张闻天、王稼祥等领导人在云南省水田寨内口川主庙里住宿；三是朱德1935年2月5日21∶30、22∶00这两份电报是在关口普童关庙发出的；四是1935年2月5日晚中央政治局没有在云南省水田寨花房子召开会议；五是1935年2月5日中央书记处致项英转中央分局电报（"万万火急"）是于凌晨3时至4时半时间在四川省叙永县石厢子发出的。①

原中共中央党史研究室副巡视员、研究员王新生经考证得出结

---

① 参见调研组：《中央红军主要领导1935年2月5日行程研究——在四川叙永县和云南威信县的调研报告》，《毛泽东思想研究》2020年第3期。

论：1. 博古、洛甫交接班的中央常委分工会议开会的时间应是1935年2月4日白天。2. 史学界所说的"鸡鸣三省"会议，包含了中央常委分工会议和张闻天主持的中央和军委讨论中央苏区问题的会议。3. 会议召开的地点应是石厢子。[①]

（二）"鸡鸣三省"石厢子会议的地位作用

遵义会议批判了博古等人错误的军事路线及其危害，选举了新的政治局常委，但尚未形成一个正式的决议，常委重新分工的工作也还未进行，"左"倾错误路线的代表博古在名义上仍是中共中央总负责人。而在长征初期，毛泽东就与张闻天、王稼祥反复交换意见，形成了一个毛、张、王的"新三人团"。毛泽东后来说："在长征以前，在政治局里我只一票。后来我实在不行了，我就先做了王稼祥的工作。王稼祥同意了我的观点。我又通过王稼祥，做了张闻天的工作。"[②]"鸡鸣三省"会议在组织上改换了中共中央最高领导，决定由张闻天代替博古在党中央负总责，实际上确立了毛泽东在党内军内的领导地位，开始形成新的中共中央集体领导全党全军的格局。毛泽东在红军中的领导地位进一步得以明确，给了毛泽东展示军事才能的机会和平台。中央红军能在土城战役的失利后迅速西渡赤水河，能在川南叙永受阻后迅速转兵扎西，已经充分展示了毛泽东灵活指挥、临机决断的非凡能力，让中共中央、中革军委和中央红军进一步认识到毛泽东在军事上的远见卓识、高超的谋略水平和指挥能力，进一步确立了毛泽东在党内的核心领导地位，掌握了红军军事指挥权。

---

① 参见王新生：《"鸡鸣三省"会议日期和地点新考》，《中国浦东干部学院学报》2020年第3期。

② 金一南：《苦难辉煌》，华艺出版社2008年12月版，第289页。

"鸡鸣三省"石厢子会议是遵义会议的延续，是马克思主义与中国革命具体实践相结合的具体体现，是中国革命伟大转折中的重要一环，为挽救中国共产党、挽救红军、挽救中国革命做出了重要贡献，在中国革命史上具有里程碑意义。会议形成的对党忠诚、襟怀坦白、顾全大局、勇于担当的精神。"鸡鸣三省"会议所取得的成果主要表现在三个方面：一是中国共产党第一次独立自主地推选中央领导人，标志着中国共产党进一步走向成熟；二是进一步清除了"左"倾教条主义在党中央的统治，为中国共产党制定正确的路线、方针、政策，领导中国革命走向胜利奠定了重要的组织基础；三是进一步确定了毛泽东在党中央和红军中的领导地位，为形成以毛泽东同志为核心的党的第一代中央领导集体起到了重要的推动作用；四是形成一系列决议，开始部署全国革命工作，特别是讨论和研究了中央苏区的问题，为中央苏区以后的斗争指明了方向，提出了正确的方法。遵义会议期间，由于时间仓促没有形成决议，在"鸡鸣三省"石厢子会议上还讨论了中央和全国其他苏区与红军的战略方针及组织问题，形成了《中央书记处致项英转中央分局电》《中共中央给中央分局的指示》等一系列文献，解决了长征以来中央对全国各苏区和红军部队一直"无指示，无回电，也不对全国部署总方针"的问题，重新恢复了对全国革命斗争的领导，为中国革命走向胜利奠定了坚实基础。

　　会议期间及其后，中共中央形成并通过了由张闻天起草的《遵义会议决议大纲》，这一具有重要历史意义的文献，为红军取得战略转移的胜利奠定了思想和理论基础。至此，从"鸡鸣三省"会议至扎西会议完成了以遵义会议为标志的中国革命伟大历史转折的一系列决策和部署，中国革命自此进入了一个新的历史时期。

在毛泽东等人的正确领导下，中国共产党进一步纠正在指导思想和军事路线上的错误。一是实事求是的思想路线进一步得到巩固。二是毛泽东灵活机动的军事战略思想进一步取代了"左"倾教条主义错误，让红军得以在运动中寻找有利战机，有效打击敌人。三是重视地下党组织建设，发挥地下党组织在发动人民群众参加革命斗争、截取敌人军事情报中的作用，为中共中央的正确决策提供准确的依据。四是恢复了红军的军事战斗、发动群众扩大红军、筹集军饷的三大任务。中央红军一转以前的情形，获得强大的能量，红军变被动为主动，灵活机动，迂回穿插于敌人之间，抓住敌人的薄弱环节，给予有力打击，二渡赤水，激战娄山关，取得长征以来最重大的一次胜利——遵义大捷，为随后三渡、四渡赤水，胜利摆脱敌人的围追堵截，牢牢掌握战争的主动权创造了重要条件。

中共中央文献研究室研究员许先春认为："鸡鸣三省"会议最重要的历史启示在于，我们党要取得胜利，必须有一个在实践中形成的坚强的中央领导集体及其核心。毛泽东的领导核心地位是在实践中、在艰苦卓绝的斗争形势下逐步形成的。毛泽东同志成为第一代中央领导集体的核心是众望所归，反映了历史的必然。经过大革命轰轰烈烈的洗礼，历经各种挫折和失败，在吸取经验教训的基础上，中国共产党在血与火的斗争中不断走向成熟。而从遵义会议开始，经过"鸡鸣三省"会议、扎西会议、苟坝会议、会理会议等一系列会议，直至党的六届六中全会、延安整风到党的七大，毛泽东的领导核心地位逐渐确立，为全党所公认。党的核心意识也在这一过程中日渐培育、得到增强。其中，"鸡鸣三省"会议发挥了极其重要的作用。毛泽东高瞻远瞩、谦诚果敢，周恩来对党忠诚、大公无私，朱德仁慈宽厚、豁达大度，张闻天临危受命、勇挑重担，博古顾全大局、襟怀坦荡，表现了共产党人特有的政治品质和高风亮节。① 这些都集中体现了"鸡鸣三省"会议的深刻内涵。"鸡鸣三省"会议所蕴含的精神价值是伟大长征精神和中国共产党人精神谱系的重要组成部分，是激励我们不忘初心、走好新的长征路的宝贵精神财富。

（三）研究部署了轻装简编，提高了士气

作为"鸡鸣三省"石厢子会议延续的扎西会议，其一个意义是决定对中央红军进行精简整编。为适应日益艰难的作战环境，提升红军战斗力，中共中央、中革军委针对战略转移中暴露出的问题，下决心对红军部队编制体制进行重大调整。主要是调整健全组织指挥体系，精简了各级机关和非战斗单位，重点充实了一线战斗力量；着力实现轻装化，使中央红军打破了"坛坛罐罐"，彻底丢掉了"包袱"，提高机动灵活性。使红军在编制体制上更加适应了运动战的要求，为开始实施大踏步的运动战做好了组织保障。从这个意义上讲，扎西精简整编是中央红军真正实现轻装前进、焕发活力的历史转折点。

这也启示我们在未来战争中，必须牢牢把握提升战斗力这个根本点，健全完善与打赢未来战争相适应的作战指挥体制，大力优化部队的组织结构和规模结构，充实基层作战单位，破解制约战斗力生成的各种体制性障碍、结构性矛盾和政策性问题，进一步提升战斗力，提高我军的实战化水平。

---

① 参见许先春：《"鸡鸣三省"会议的历史功绩及启示》，《学习时报》2017年9月11日。

三、暂时放弃北渡长江的战略战役考量

一渡赤水后，中央红军并没有放弃北渡长江的目标，但进入川南地区后一连串的挫折与不利，让红军再次审视北上入川的可行性，在前有强敌、后有追兵的情况下，暂时放弃北渡长江是当时唯一正确的选择。

（一）从敌情上看，再度寻机渡江将四处碰壁

中革军委对于遵义会议作出的北上入川的重大决议是不会轻易放弃的。一渡赤水河，是红军迫于形势的被动转移，由仓促作战转入机动，部队减员较大，转移途中也多次与敌遭遇，携带的辎重武器也大部分丢弃。虽然变北上为西进，但是红军渡江入川的意图依旧没有改变，拟在宜宾附近寻机北渡长江，此举不成则迅速通过川滇黔边地区，突破横江一线，在昭通一带渡过金沙江入川。长江干流如果不好过，就渡金沙江，目的还是要入川。但四川军阀刘湘是铁了心要阻止红军过江，如果红军真要深入四川腹地建立根据地，那就只有不惜忍受蒋介石的控制，与红军硬拼到底，抱着不惜同归于尽的决心去求生存。借此缘由，刘湘早已安排川军范子英部、刘兆藜部在赤水以西的川南六郡展开防御部署，在叙永、古蔺一带更是集结了主力防止红军西进，可以说红军一渡赤水后依然面临着川军的强力阻击。而滇军则在横江一线展开防御，企图阻止红军入滇，而红军尚未与滇军交手，尚不清楚滇军的战斗力如何，在与川军初次交手吃亏后，中央红军对滇军交战也更加持审慎的态度。所以，无论如何，此时继续寻机北上宜宾地域或西进渡江，面临的均是固守阵地、以逸待劳的敌兵，而国民党中央军也正在向红军追来，真是前有川、滇两军堵截，后有中央军尾追，再度寻机渡江肯定又是硬碰硬。

（二）从地形上看，入川道路崎岖，江河障碍多

红军一渡赤水后转向古蔺以南机动作战，目的还是入川。入川要么北进从宜宾附近北渡长江，要么西进从昭通、大关一线寻机西渡金沙江。川滇黔边一带地形层峦叠嶂、江河众多，北进之路上的大道大多有川军主力把守，而山路小道则蜿蜒崎岖，西进之路有横江一线的滇军阻滞，而高原山地不利于长途机动行军。刚刚在扎西获得短暂休整的红军并没有从连续作战、疲惫不堪的状态中完全恢复出来，如若再度北进或西进，路途遥远不说，补给也很困难。

（三）从我情上看，意图暴露、先机已失

红军转兵至扎西，北上、西进之意图已被蒋介石判定，向北向西已完全没有突然性可言。而红军行军方向一旦为蒋介石掌握，势必调集重兵重重拦阻，节节围堵，再加上国民党的空军优势，飞机一路上尾追侦察、肆意轰炸，更是让红军无处藏身。一旦被阻，红军将可能陷入川滇边界地区的"死地"，即使能够过关斩将，也将是远师劳顿，前途不好预测。要知道红军战略转移本身就是一次图生存求发展的战略退却，避免与敌决战是最基本的要求。特别是敌人内线作战，力量雄厚；红军外线作战，人员装备严重不足；川军以逸待劳，人地两熟；红军则长途转战，人生地疏。在这种情况下的"决战"就等同于"送死"。总之，如果红军一味坚持渡江入川，继续执行北渡长江的计划，将可能面临同川军决战，风险极大，极有可能将本来就所剩不多的红军逐步损耗殆尽。

四、川南游击纵队的历史贡献

中国工农红军川南游击纵队及中国工农红军川滇黔边区游击纵

队，在特委领导下，前仆后继，历经艰险，坚持游击战争，基本上完成了中共中央和中革军委交给的光荣任务。特委和纵队在边区牵制和打击敌人，对于配合中央红军四渡赤水和红二、红六军团长征经过滇黔边区，起了积极的作用。

（一）牵制和打击敌人，有力配合中央红军战略转移和红二、红六军团长征

中共川南特委和川南游击纵队从成立时起，就在极其艰难的条件下开展游击战争，与数倍、数十倍的敌人周旋，为牵制和打击敌人、配合红军主力、完成战略转移起了重要作用。纵队避实就虚，迂回穿插，袭扰川南六县，有效调动滇黔边诸敌，牵制了三省军阀兵力，同时纵队还在游击区收留和掩护红军伤病员，减轻了中央红军的压力，部队得以轻装前进，起到了积极的支援作用。在纵队的有力配合下，中央红军二渡、三渡、四渡赤水，佯攻贵阳，西出云南，北渡金沙江，取得了一系列战略转移的伟大胜利。1936年，红二、红六军团长征到达黔北，拟经川滇边境入川南。敌人凭借长江天险，加强设防堵截，妄图消灭红二、红六军团。为策应和配合红二、红六军团开展乌蒙回旋战，纵队在洛柏林、炭厂一带活动，打通出入川南的通道，击溃敌人一个营，打开赫章县城，赶跑黔军一个团。国民党军阀急忙进行"三省会剿"，纵队在边区迂回穿插，有力地牵制了敌人兵力，为红二、红六军团取得乌蒙回旋战的胜利和北渡金沙江做出了重要贡献。

（二）开展游击战争，沉重打击了反动势力

特委和纵队组织开展游击战争，沉重打击了反动势力，震撼了边区的反动统治。纵队坚持敌后武装斗争，牵制敌军的方案，首先在川南地区实行，引敌进攻游击纵队。特别是有计划地逐步摧毁敌人基层

政权，打开川南重要城镇，这使蒋介石误认为红军主力在川南，电令刘湘加紧"围剿"。纵队深入川南以来，继续转战川滇黔边区，打乱了敌军部署，将川南、滇东北、黔西北20多个县逐步开辟成红军游击区和革命根据地。特委和纵队在牵制和打击敌人的同时，到处摧毁区、乡反动政权，解除地主武装，捉杀罪恶累累、民愤极大的贪官污吏和土豪劣绅，没收他们的粮食和浮财，分给饥寒交迫的群众。组织农会、革命委员会和游击队，开展抗捐、抗丁、抗粮的斗争。纵队所到之处，掀起革命斗争高潮，反动派胆战心惊，劳苦群众扬眉吐气。

（三）宣传党的主张，传播革命真理，抓好群众工作和统一战线工作，促进了边区各族人民的觉醒

川南游击纵队转战川滇黔，所到之处，抓住一切机会，广泛宣传共产党的主张，传播革命真理，抓好群众工作和统一战线工作，促进了边区各族人民的觉醒。川南特委制定了《川南工农劳苦群众目前斗争纲领》，为边区各族人民揭示了灾难深重和贫穷落后的社会根源，指出了只有在中国共产党的领导下，通过武装斗争，推翻国民党的反动统治，夺取政权，才能获得彻底解放的光明道路。斗争纲领不仅指出了总的奋斗目标，而且还针对当时边区群众的迫切要求，分别对贫苦群众、少数民族、劳动妇女、教员与学生、自由职业者和一切失业的贫苦群众提出了具体的切合实际的斗争任务和行动口号，基本上体现了当时党的路线方针和政策。斗争纲领所宣告的党的主张，得到了川滇黔边区各民族各阶层人民，首先是工农劳苦群众的普遍拥护，产生了深远的影响。纵队设有地方工作团（队）和宣传队，各级党组织和游击队都有主要的领导干部分管群众工作，加强对群众工作的领导。游击纵队所到之处，宣传红军主张，张贴红军标语，打土豪，分

浮财，深受群众的拥护和欢迎。游击纵队广泛动员贫苦青年参加红军，努力争取当地绿林武装、少数民族和地方中上层人士，教育他们以民族大义为重，不与红军为敌，团结抗日。游击纵队在"宣传群众，动员群众；打土豪，济贫穷；纪律严明，遵纪爱民；团结一切可以团结的力量，结成统一战线"等方面的工作卓有成效，与人民群众建立起了"军民鱼水情"的亲密关系，从而赢得了各族人民群众的拥护和支持。正是这样，川南游击纵队才能够顺利地迂回穿插于川滇黔边区，开展游击战争。川南游击纵队在牵制歼灭敌人的同时，还陆续派出一批干部，到边远山区开辟地方工作，发展地方党组织，建立民众团体，组织农民武装，收留红军伤病员等。游击纵队认真执行党的政策，执行党的群众路线，密切联系群众，努力抓好群众工作和统一战线工作。特委和纵队党组织继承中央红军的优良传统，经常教育干部战士："红军是共产党领导的工农武装，红军川南游击纵队与群众的关系是鱼水相依的关系。离开了群众，纵队就寸步难行，就不能生存，无论何时何地，都要保护群众利益，做好群众工作，搞好群众关系。"由于党的政策和主张，在纵队的行动中得以贯彻执行，而且符合边区各族群众的迫切要求和共同愿望，所以受到广大群众的拥护。广大群众通过亲身经历逐渐地认识到，共产党是劳苦大众的救星，只有依靠共产党领导红军英勇斗争，才能推翻军阀地主的反动统治。群众自觉地行动起来，支援纵队，许多青年毅然参加游击纵队。

（四）播下革命火种，培养革命骨干

党中央和中革军委抽调到川南游击纵队的领导干部和红军战士，都是从中央直属机关和军团中选派出来的骨干力量。在党的培养教育下，他们具有坚定的革命信念和丰富的斗争经验，并且经历过中央苏区几次反"围剿"和长征的严峻考验。先后合入纵队的几支地方游击队，多数队员也是党团组织的骨干和有觉悟的劳苦群众。纵队收留和掩护的许多红军伤病员，有的安全转移出边区，有的参加了纵队的革命斗争。特委和纵队培养和锻炼了不少骨干，造就了一批干部。纵队既是中央红军选派部队与地方游击队相结合的武装，也是党在川滇黔边区培训骨干、造就干部的革命学校。在这所学校里，一大批干部和战士接受党的教育，迅速提高了觉悟，经受游击战争的磨炼，增长了才干。游击纵队的活动，在红军长征部队经过和未经过的广大区域内，进一步扩大了红军长征的影响，播下了革命的火种。

红军北上后，红军川滇黔边区游击纵队，在三省数万敌军和地方团队的围追堵截下，孤军奋战，历尽艰险，直至失败，用鲜血写就可歌可泣的纵队斗争史。特委和纵队领导人中的绝大多数先后壮烈牺牲，他们所组建的川南游击支队、云南游击支队、贵州游击支队，在与上级组织失去联系的困难条件下，响应党中央号召，坚持团结抗日的方针，团结爱国力量和开明士绅，秘密发动群众，扩大力量，采取灵活巧妙的斗争方式，不断抗击国民党军队和地方团防的"清剿"，进行了英勇顽强的斗争，扩大了党的影响。国民党十分震惊，在掀起反共高潮之时，对游击队不断发动"会剿"和"清剿"，疯狂屠杀游击队员及其亲属。在敌人的残酷镇压下，贵州游击支队仍坚持战斗到1941年，川南游击支队坚持战斗到1945年，云南游击支队坚持战斗到1947年。徐策、余泽鸿、戴元怀、刘干臣、张凤光、陈宏、龙厚生、曾春鉴、李青云、阮俊臣、欧阳崇廷、陶树清、殷禄才、陈华久、金瑺等领导干部和许多红军战士、游击队员，有的在同敌人的殊死战斗中英勇牺牲，有的在敌人的屠刀下从容就义，他们为了中国人民的彻底解放，为了中华民族的繁荣和富强，把满腔热血洒在川滇黔边区的土地上。冲破敌人的"围剿"而幸存下来的领导干部、红军战士和游击队员，历经曲折和艰险，有些人分散隐蔽，后来参加地方党组织，或者在地方党组织领导下，继续进行英勇的斗争；有些人后来参加了"中国民主联军滇黔川边区第二纵队""中国人民解放军滇桂黔边区纵队"和"川南武工队"，配合向西南进军的人民解放军，迎来了川滇黔边区的解放。特委和红军川南游击纵队及川滇黔边区游击纵队的活动，为党在川南的工作打下了牢固的组织基础和群众基础，不少党团员在艰苦的斗争中成长为领导骨干。这一切，对迎接解放、配合接管、建立人民政权具有非常重要的意义。

敌强我弱，纵队孤立无援，没有根据地作为依托，作为保存和发展自己、打败和消灭敌人的战略基地，因而纵队的游击战争是不能够长期地生存和发展的。红军川南游击纵队、红军川滇黔边区游击纵队的武装斗争，虽然在敌人的重兵"围剿"中失败了，但是特委领导纵队坚持的敌后武装斗争，配合和支持了中央红军和红二、红六军团战略转移，为红军长征的胜利创造了有利条件。中国工农红军胜利地完成了二万五千里长征，以敌人在全局战略失败的辉煌战果而结束。同时，红军游击纵队在川滇黔边开展的地方群众工作和革命斗争实践，扩大了共产党的政治影响，播撒了革命火种，为中国革命的胜利做出了重要的贡献。中共川南特委在《川南工农劳苦群众目前斗争纲领》中所提的各项主张，虽然未能全部实现，但该纲领所宣告的宗旨，却获得了川南人民的拥护，在人民心中产生了深远的影响。尤其是特委组建的川南、云南、贵州三个游击支队，开展地方群众工作，坚持敌后武装斗争，长达12年之久，为中国革命的胜利做出了不可磨灭的贡献。1986年，张爱萍将军为纵队斗争史题词："红军主力长征北上，川滇黔边游击战场，孤军奋斗牵制强敌，壮烈牺牲万代敬仰。"

总之，中国工农红军川南游击纵队及中国工农红军川滇黔游击纵队艰苦卓绝的斗争，是中央红军四渡赤水及整个红军长征史的重要组成部分，是中国共产党领导川滇黔三省边区广大贫苦民众反抗国民党反动统治，进行革命武装斗争的光辉篇章。"为有牺牲多壮志，敢教日月换新天"，红军川南游击纵队、红军川滇黔边区游击纵队可歌可泣的革命事迹和英雄气概，将永载史册、万古流芳，将永远激励一代又一代共产党人为共产主义而奋斗终生。

第四章
二渡赤水，再战遵义传捷报

中央红军一渡赤水进入扎西，暂时摆脱敌人，利用难得的时间统一了思想、完善了组织、休整了部队、提高了士气，为下一步机动和作战奠定了基础。此时，国民党军正奉蒋介石之命向着扎西蜂拥而来。

第一节　重返黔北，出敌不意突重围

中央红军一渡赤水后，国民党军各部遵照蒋介石的命令，为制止中央红军北渡长江或西渡金沙江，展开了新的部署和行动：川军主力固守两江防线，向滇境取守势，以部分兵力入滇追击红军；滇军先头进至扎西以南的大湾子构筑工事，主力由毕节经镇雄向大湾子跟进；黔军各部分散配置在赤水河东岸；中央军周浑元、吴奇伟成两个纵队分路由黔西、贵阳向叙永方向前进；企图实施分进合击，将中央红军围歼于扎西及其附近地区。

鉴于国民党军主力已大部被吸引到川滇边境而黔北兵力空虚的战

场实际，中革军委决定：利用敌人判断红军仍将北渡长江的错觉，迅速脱离川滇国民党军的合击，东渡赤水河，乘虚折回贵州，以敌人包围圈最薄弱的部位——黔北的贵州军阀王家烈部为作战目标，争取在遵义地区打开局面。

一、挥师东进，跳出重围

2月10日，中革军委主席、中央红军总司令朱德签发《关于红军离扎西向雪山关进军给各军团的指示》：我野战军"应迅速脱离川敌与滇敌之侧击，决于明（11）日起转移到雪山关及其以西地域，争取渡河先机，并准备以薛岳兵团及黔敌为主要作战目标。"具体部署为："1.我3军团及1军团一部为左翼队，经扎西、双河场向摩泥前进。2.军委纵队及1军团主力为中央纵队，经大河滩、石坎子向石厢子及其以东地域前进。3.5、9军团为右翼队，担任佯攻和迷惑滇敌，以掩护我野战军主力向东南转移，然后向水田寨、水潦前进。"①

2月11日，中央红军趁敌各路"追剿"军正奉命陆续赶赴滇东北、企图合围红军于扎西地区之际，出敌不意，回师东进，神不知鬼不觉地从敌人的空隙中钻了出来，将敌甩在长江和横江两岸地区。为掩护主力行动，红九军团奉命以1个团的兵力佯攻大湾子，达到了迷惑滇敌的目的，致使川、滇敌军3天未敢贸然行动，有效地掩护了中央红军东进。

2月13日，对此一无所知的蒋介石还判断中央红军将"乘间向

---

① 周朝举主编：《红军黔滇驰骋史料总汇》（中集），军事科学出版社1990年2月版，第602页。

滇边绕道西窜"，故电令龙云：第二路军须协同川军，在大江以南，筠连、横江以东地区，将西窜之匪完全消灭。并令薛岳部"迅速挑选精锐跟进，联络川、滇军严密围剿，以期一鼓歼灭，勿失良机"。①

2月14日，川军潘文华部侦察发现红军已回师川南古蔺，而滇军孙渡部迟至16日才得知此信息，中央军薛岳部则更晚。等国民党军重新部署追击行动时，为时已晚，中央红军主力已离开扎西三四天，国民党军望尘莫及。

二、白沙会议，军政总动员

2月15日，中央红军军委纵队进驻四川省古蔺县白沙场。当晚，中共中央和中革军委主要领导人张闻天、周恩来、毛泽东、朱德、博古、王稼祥等在白沙场鱼塘湾崔家祠堂召开会议（史称白沙会议），研究了东渡赤水河的行动方案，以及相关重大问题。

20时，中革军委主席、中央红军总司令朱德签发关于我军东渡赤水河的计划致各军团电：

林、聂、彭、杨、董、李、罗、蔡：

（一）我野战军以东渡赤水河消灭黔敌王家烈军为主要的作战目标，决先由林滩经太平渡至顺江场地段渡过赤水，然后分向桐梓地域前进，准备消灭由桐梓来土城的黔敌，或直达桐梓进攻而消灭之。

（二）基于上述作战目标，决区分三个纵队向桐梓地域前进：其一，第三军团为右纵队，由回龙场经亚铁厂到太平渡上

---

① 周朝举主编：《红军黔滇驰骋史料总汇》（中集），军事科学出版社1990年2月版，第666页。

游的顺江场地段过河，准备取道回龙场、江场（赤水右岸的）直往桐梓。其二，军委第五、第九军团为中央纵队，由白沙经丫叉、鱼岔到太平渡，渡河以后，东岸的取道看情况决定。其三，第一军团为左纵队，由松林经白沙、锅厂坝、镇龙山、石夹口到悦来场、林滩地段渡河，并相机占领土城以后，则取道东皇殿、温水、新站迂回往桐梓。

（三）明十六日各兵团行动：

1.第三军团集结于回龙场附近休息向古蔺警戒。

2.第一军团应取道白沙、回龙场进到锅厂坝、新寨地带，向古蔺警戒。

3.第五、第九两军团当各由现地进到白沙地域，分向古蔺、永宁及来路警戒。

（四）我们率军委直属队明日在白沙休息。

（五）各军团执行情形电告。

以后并由军委逐日命令指导上述计划的实施。

朱德

二十时①

为解决中央红军进入川滇黔边境以来在补给方面遇到的极大困难，中共中央和中革军委还于15日23时发出了《关于筹粮的通知》②，要求各军团在东进中，应准备五天至七天的粮食。

2月16日，中共中央和中革军委继续开会，分析判断形势，确

① 《中国工农红军长征史料丛书》编审委员会编：《中国工农红军长征史料丛书·文献(2)》，解放军出版社 2016 年 8 月版，第 55—56 页。

② 参见中国人民解放军历史资料丛书编审委员会编：《后勤工作·文献（1）》，解放军出版社 1997 年 9 月版，第 437 页。

定了创建川滇黔边新根据地，与红二、红六军团及红四方面军互为犄角的战略方针，并电告红四方面军张国焘、徐向前、陈昌浩，坚持中央苏区游击战争的项英，以及红二、红六军团贺龙、任弼时、萧克、王震：

> 甲、我野战军原定渡过长江直接与红四方面军配合作战，赤化四川，及我野战军进入川、黔边区继向西北前进时，川敌以十二个旅向我追击并沿江布防，曾于一月二十八日在土城附近与川敌郭、潘两旅作战未得手，滇敌集中主力亦在川、滇边境防堵，使我野战军渡长江计划不能实现。因此，军委决定我野战军改在川、滇、黔边区广大地区活动，争取在这一广大地区创造新的苏区根据地，以与二、六军团及四方面军呼应作战。

> 乙、本月我野战军在向金沙江前进中，已调动川敌十二个旅向兴文、长宁、高、珙、筠连、横江地域集中，滇军主力亦向威信、镇雄防堵，因在该地域作战不利，现我野战军已折向赤水河东、乌江以北活动，并以黔、蒋敌人为主要作战目标。

> 朱　周　王
> 十六日十二时 ①

同日，中共中央和中革军委发布了《共产党中央委员会与中央革命军事委员会告全体红色指战员书》，向广大红军指战员说明了"在云贵川三省地区中建立根据地"的必要性，明确了"我们目前最中心任务"，强调了在敌强我弱的条件下红军进行机动作战的基本原则和政治工作的地位作用。全文如下：

---

① 《周恩来军事文选》第 1 卷，人民出版社 1997 年 8 月版，第 376 页。

亲爱的全体红色战士们，指挥员们及政治工作人员们！

我们现在是在云贵川三省的广大地区中，我们就要在这里创造新的苏区根据地。过去党中央与中革军委为了要赤化全四川，同四方面军取得更密切的联系与配合，曾经决定中央红军渡过长江向川北发展。所以当时决计放弃以遵义为中心的川黔边地区，向长江边继续前进。然而这一决定由于川滇军阀集中全力、利用长江天险在长江布防，拦阻我们，更由于党与中革军委不愿因为地区问题牺牲我们红军的有生力量，所以决计停止向川北发展，而最后决定在云贵川三省地区中创立根据地。

党中央与中革军委告诉全体同志们，只有消灭贵州四川云南以及蒋介石的"追剿"部队，我们才能在云贵川区域内创造新的苏区根据地。新的苏区根据地就是在革命战争的许多胜利中创造起来与发展起来的。和平地创造苏区，完全是一种幻想。没有流血的战争就没有苏区。

放在我们全体同志们前面的，是这样的一个问题，或者是我们消灭敌人，创造新苏区，求得休息扩大的机会，或者是我们不能消灭敌人，长期的为敌人追击堵击与截击，而东奔西走，逐渐消耗我们自己的力量，这完全决定于我们的努力与奋斗！

全体同志们！打大胜仗消灭大量的敌人，缴他们的枪与子弹武装我们自己，并武装云贵川数千万工农劳苦群众，是我们目前最中心的任务。

为了有把握的求得胜利，我们必须寻求有利的时机与地区去消灭敌人。在不利的条件下，我们应该拒绝那种冒险的没有胜利把握的战斗。因此红军必须经常的转移作战地区，有时向东，有时向西，有时走大路，有时走小路，有时走老路，有时走新路，而唯一的目的是为了在有利条件下求得作战的胜利。

为了求得有把握的胜利，我们更必须求得部队的休息与整理，百倍的加强我们的政治工作，提高我们的战斗力，巩固我们建立新苏区的决心与信心。充实连队与加强连队的战斗力，是我们目前的迫切任务。缩编我们的战斗单位，也正是为了达到这一目的。

最后，为了求得有把握的胜利，我们必须取得云贵川广大群众的拥护。千百万云贵川的工农劳苦群众正在饥寒交迫的中间过着非人的生活。拯救他们，发动与组织他们的斗争，号召他们起来，加入红军，扩大红军，发展游击战争，建立工农兵的苏维埃政权，是我们全体同志的神圣任务。严肃我们部队的纪律，加强我们在地方居民中的工作，是争取广大工农群众的重要条件。

全体同志们！中国苏维埃革命有着他雄厚的历史泉源，他是不能消灭的，他是不能战胜的。中央苏区，湘赣苏区，湘鄂赣苏区、闽浙赣苏区的暂时变成游击区，并不是苏维埃革命的失败。红军主力依然存在着。他正在以新的革命战争的胜利，创造新苏区，壮大自己的力量，保卫与恢复老苏区。红二、六军团与四方面军的胜利，全国革命形势的尖锐化，证明帝国主义国民党就是想暂时阻止苏维埃革命的发展也是不可能的。苏维埃革命正在前进中，中国革命是在革命与战争的时期。

把全国红军的胜利与全国工农群众的斗争转变为胜利的中国大革命。党中央与中革军委号召全体同志鼓起百倍的勇气，提高作战决心，为消灭万恶的敌人，创造新的云贵川新苏区而斗争！

全体同志们，为着这一光明的前途共同奋斗呵！

党中央委员会

中革军委

二月十六日①

据此，总政治部向各军团政治部下达了《关于由川南回师东向对政治工作的指示》，强调了"政治工作是红军的生命线"②。

也就是在此时，贺子珍经历了分娩的痛苦，并忍痛将刚出生的女儿留在了白沙，再一次的骨肉分离，竟是又一次的永别。贺子珍为了革命付出了巨大牺牲。中央红军长征前，贺子珍将2岁的儿子毛毛（大名毛岸红）托付给留在中央苏区坚持游击战的毛泽覃和贺怡照顾。后来，毛毛被寄养在当地老乡家，从此杳无音信，再未找到。

三、东渡赤水，重返黔北

中央红军在白沙地区短暂休整后，立即向赤水河推进。黔军王家烈得知中央红军先头部队到达赤水河附近时，急忙进兵赤水河，企图拦截我军东渡。

2月18日，中央红军3路纵队先后抵达赤水河西岸。左纵队红一军团第二师于14时顺利进抵没有敌人防守的太平渡，随即以1个

中央档案馆编：《中共中央文件选集》第10册，中共中央党校出版社1991年3月版，第490—492页。

② 总政治部办公厅编：《中国人民解放军政治工作历史资料选编——土地革命战争时期（三）》，解放军出版社2002年7月版，第47页。

团迅速渡过赤水河，控制了赤水河两侧渡口高地。工兵部队在当地群众的帮助下，于相距5公里的太平渡、九溪口两个渡口架设数座浮桥。同时，另派出一支部队渡过古蔺河，经贵州醒觉溪、唐朝坝向土城后方迂回，侧击驻土城、猿猴之黔军侯汉佑部，掩护主力渡赤水河。19日下午，红二师占领土城和石羔嘴，毙伤守敌100余名，残部逃往胡市、川风坳，据守待援，不敢妄动。红二师占领土城后，随即奉命经三元场、东皇场向桐梓方向前进。19日晚至次日，中央红军主力从太平渡从容渡过赤水河。

18日晚，右纵队红三军团先头第十二、十三团进抵太平渡上游的二郎滩。

二郎滩，地处四川盆地边缘、古蔺县境东南部，是川、黔两省边境赤水河西岸的一座依山傍水的繁华古镇，河中水急滩险，两岸峭壁陡立。

此时向二郎滩方向推进的黔军犹国才部魏金荣旅（魏金荣：黔军第三师副师长兼第二旅旅长。犹国才兼该师师长）的第五团（原为侯之担部第一旅第六团，侯被查办后，该团被魏金荣旅收改编为第五团）已占领了赤水河东岸麻坪大山，并以一部兵力下山向赤水河边机动，企图抢先占领渡口，阻击红军于背水和半渡之际。

为争取主动，红十二团和红十三团相互配合，利用寻获的只能容纳30人左右的3条小木船分次摆渡过河。红十二团先头营迅速渡过赤水河，先敌控制了东岸滩头阵地，紧随其后又有1个营在奋力渡河。下至山腰的黔军得知红军已渡过河，立即停止前进，并于山腰布防。这是一个背水阵，渡过河的红军先头部队迅速展开攻击队形，以决死的气势向山上的黔军阵地扑去。未承想，红军的呐喊声刚一响起，黔军就放弃了抵抗，纷纷四处逃窜。红军官兵奋勇追击，蜿蜒的山路上到处都是黔军丢弃的枪支、弹药、背包和溃败时脱下的军装，有的黔军为了逃命不惜从河谷悬崖上往下跳，在一个小山窝里就拥挤着因摔伤不能动弹的三四十人。入夜，红军将黔军全部赶回麻坪大山，与黔军依山对峙。红军工兵部队争取时间连夜于二郎滩渡口架设浮桥，保障红三军团后续部队迅速渡河。

当晚，魏金荣率领黔军第三团由回龙场赶至麻坪大山增援。

19日拂晓，红十二团主力在红十三团部分兵力的配合下，兵分4路，向敌发起猛攻。一路正面强夺李家岗；一路翼侧佯攻包谷顶；一路经竹林、上家湾直攻麻坪大山黔军主阵地把狮坳；一路由大牛窝迂回直插把狮坳侧后，前后夹击黔军。魏金荣恐后路被截，立即带着几名卫兵率先向仁怀方向仓皇逃跑，结果引发黔军不可收拾的大溃逃。红军乘胜追击，占领把狮坳，赢得二郎滩背水战的胜利。

红三军团后续部队随后迅速渡河，向回龙场方向前进。（**见彩图10**）

四、二郎滩红军开仓分盐

二郎滩盐务始于元代，兴于清代。盐商云集、盐号林立，川黔数十县的食盐均由此发运。由于官商勾结、囤积居奇、苛捐杂税，造成盐价昂贵，川黔两岸贫苦百姓根本买不起盐。当地流传着"好个二郎滩，四面都是山，天天背盐巴，顿顿菜汤淡"的歌谣。

当时黔军侯之担在此开了一个"四公益"盐号，囤积食盐6万斤。2月19日，当红军先头部队在赤水河东岸与黔军背水激战之时，担负二郎滩渡口夺控任务的红十二团1个营（后卫营）在二郎滩开仓放盐，将食盐全部分给了穷苦百姓。老百姓手捧盐巴，个个喜笑颜开，激动不已，纷纷赞叹红军是百姓的救星。赤水河两岸成千上万穷苦百姓闻讯涌向二郎滩，红军又将二郎滩上游的豹子滩上未被卸载的"集大成"盐号 12 船盐巴分给了群众。经过三天三夜，红十二团后卫营将盐分配完毕。随后，跟随军团主力渡河东进。

为感谢红军扶贫济困，老百姓捧出了郎酒慰问红军。而红军战士舍不得喝，多用来给伤员擦洗伤口。直到今天，在赤水河畔还流传着这样的歌谣，"郎泉之水清呵，可以濯我脚；郎泉之酒香呵，可以作我药"，充分反映出红军与人民群众的"军民鱼水情"。

2 月 18 日至 21 日，中央红军分由太平渡、九溪口、林滩、二郎滩东渡赤水河（即二渡赤水），并继续向敌人兵力比较空虚的贵州桐梓、遵义方向前进。同时，以红五军团的 1 个团伪装红军主力，向温水开进，以吸引追敌。

红军出乎意料地脱离滇境东进，第二次渡过赤水河，回师黔北，行动神速，完全出敌意外，待川军潘文华、滇军孙渡发觉并组织力量由扎西附近向东追击时，又唯恐中计上当，因此跟踪迟缓，已落在红军后面有 3—4 天路程，而中央军薛岳部主力此时仍盘踞于乌江南岸。这不仅再次打乱了敌人"追剿"部署，也为中央红军东出桐梓、娄山关，顺利展开再占遵义赢得了宝贵时间。

第二节　弱处开刀，遵义大捷展新貌

红军突然回师黔北，完全出乎蒋介石意料，敌人顿时乱了阵脚。黔军王家烈急忙抽调遵义及其附近部队向娄山关、桐梓增援。薛岳也急令中央军吴奇伟第一纵队所属第五十九师韩汉英部、第九十三师唐云山部由黔西、贵阳地区迅速渡过乌江，向遵义开进，增援黔军，并命令周浑元纵队由川黔滇边区赤水河两岸火速向遵义靠拢，妄图阻止并围歼红军于娄山关或遵义以北地区。

中共中央、中革军委决定乘追击之敌大部尚未到达之际，迅速击破黔军的阻拦，以红一军团攻占桐梓县城，红三军团攻取娄山关，占领娄山关及其以南地区，然后合力再取遵义，以争取主动。红五军团担任总后卫，阻击南下川军。为了迷惑敌人，红五军团派出第三十七团伪装成全军主力，在官渡河、良村、温水等地运动，吸引川军。

2月20日1时，中革军委致电各军团，规定了进取桐梓的行动部署：

A.第三军团为右纵队应由临江渡、回龙场经沙坝场、花板坝、兴隆场向桐梓西南地区前进，并严防犹国才部及十三师的截击，同时要侦察在此路线以北的并行道路。

B.第一、第五、第九三个军团及军委纵队为左纵队，应经东皇殿、图书坝、梅溪、宫店、九坝向桐梓西北地区前进，并严防赤水、鳛水、温水方向敌人的截击与其尾追。①

一、巧夺桐梓城

桐梓位于贵州省北部，邻接四川省（重庆市），是黔北入川的门户，也是四川（重庆）南下遵义、贵阳的必经之地。

2月22日，王家烈为阻止中央红军重返黔北，急忙调整部署，

---

① 《中国工农红军长征史料丛书》编审委员会编：《中国工农红军长征史料丛书·文献(2)》，解放军出版社2016年8月版，第62页。

加强桐梓、娄山关及遵义一线防御。令原驻桐梓县城的柏辉章部第四团蒋德铭部向酒店垭、九盘子一线布防警戒，第一旅旅长杜肇华率部由桐梓向新站、松坎移防，其第六团刘鹤鸣部向桐梓推进、接防桐梓，第十团宋绍奎部扼守娄山关、黑神庙，第十五团金祖典部驻板桥，第一团江荣华部担任遵义城防。王家烈和犹国才亲率警卫团、独立营等同驻遵义，并令第五团李维亚部由鸭溪、第八团万式炯部由湄潭疾驰遵义增援。

2 月 23 日，蒋介石判断，中央红军北渡长江不成，现按原路返回，定是又要去与红二、红六军团会合。遂急电令各部：

> 朱、毛如果东窜，切勿使其窜过遵义、桐梓、松坎、綦江线以东。黔北部队应负其责。此时装师只留一团驻防重庆，其余兼程先在綦江、松坎一带集中，视匪之去向而截击之。现驻綦江者，应即推进松坎附近。如桐梓已有相当兵力，务责成其固守。桐梓、松坎间之空隙，应即由我遵、桐部堵截。俟我集中完毕，如匪未东窜，则我各部可向西兜剿；如我未集中，而匪已东窜，则各部应随时出击，切勿呆守一处，使匪从容窜去也。①

2 月 23 日，红一军团进至习水新四坝一线，红三军团进至桐梓花秋，红五、红九军团和军委纵队分别进至习水良村、温水和吼滩。当晚，军委电令红一、红三军团主力由林彪、聂荣臻指挥分南北两路夹击桐梓县城。

为了发动广大群众配合红军作战，实现创造黔北苏维埃的战略目

---

① 《中国工农红军长征史料丛书》编审委员会编：《中国工农红军长征史料丛书·参考资料（2）》，解放军出版社 2016 年 8 月版，第 80 页。

标，中央红军总政治部于 23 日发布了《中国工农红军总政治部告黔北工农劳苦群众书》，全文如下：

遵桐湄黔北的工人农民及一切干人们：

我工农红军从江西转移作战地区，长征到川贵边地域，消灭了贵州军阀侯之担白军全部，推翻了贵州军阀绅粮的封建统治，解放了黔北的工农及一切干人，建立了许多县区的临时工农政权革命委员会。这样我们实际的废除了国民党的苛捐杂税，没收了所有军阀官僚绅粮的米谷衣物分给工人农民及一切干人，工人也成立了自己阶级的工会，农民成立了农会，干人成立了贫民联合会，革命的男女学生组织了红军之友社（遵义），真正的获得了集会、结社、出版、言论的自由，并且夺了绅粮的反动武装来成立了工农游击队，红军到黔北真是天翻地覆了。遵桐湄黔北广大地区再也不是国民军阀官僚财主老 [佬] 的，而到了我们工人农民及一切干人的手！

就在这时候，四川军阀刘湘想配合王家烈来进攻我们。工农红军为了作战的必要，前进到云贵川边去给刘湘的白军以迎头痛击。在土城、在天堂坝，红军都打了胜仗。四川白军不得不退保川南一线。我们现在回转到黔北来，要完全消灭国民党军阀——贵州王家烈及蒋介石的主力周（浑元）薛（岳）纵队；要彻底推翻黔北绅粮区乡公所的反动势力，没收他们的田地来平均分配与农民及一切干人，和夺取他们的武装来武装自己；要巩固的建立起工农自己的政权——苏维埃。

黔北的工人、农民及一切干人们！要达到这些目的，就要进行残酷的斗争。胜利是不能从国民党军阀官僚绅粮手中和平得来的。看见没有？他们在遵义一带的大屠杀，成百的革命工农群众及干人们，为阶级的解放而牺牲了。但是国民党官僚绅粮想拿血腥来威胁我们，可是我们不怕。我们完全了解两个阶级的斗争，流血是不能避免的。同时这些告诉我们：夺取民团和白军的武装，武装自己成立游击队，成立抗捐军，发展广大的游击战争，没收一切绅粮的田地，消灭一切反动势力，为被难的同志们复仇，为自己的解放而斗争！

我们工农红军亦将与黔北工农及一切干人们，更亲密的团结在一起，在中国共产党的领导下，共同创造黔北苏维埃，最后推翻军阀官僚绅粮的反动统治，以谋永远的解放和自由！

中国工农红军总政治部

二月二十三日①

红一、红三军团在向桐梓的开进途中，先后击溃敌黔军4个团的堵截。2月24日晚，红一军团第一师第一团在团长杨得志率领下昼夜兼程抵达桐梓北郊。此时，驻守桐梓县城的黔军第四团蒋德铭部主力已奉命调防酒店垭，城内只留下2个连等待黔军杜肇华旅长亲率刘鹤鸣第六团来接防。获此情报后，红军立即乘虚攻城，与守敌展开激战。不到2个小时，黔军弃城逃跑。22时，林彪、聂荣臻向军委报告：我第一团已进占桐梓城。②

向桐梓增援的敌黔军3个多团闻桐梓失守，退守娄山关，企图凭险阻止中央红军南下，掩护遵义。

---

① 周朝举主编：《红军黔滇驰骋史料总汇》（中集），军事科学出版社1990年2月版，第743—744页。

② 参见《中国工农红军长征史料丛书》编审委员会编：《中国工农红军长征史料丛书·文献（2）》，解放军出版社2016年8月版，第66页。

二、大战娄山关

娄山关，古称不狼山，亦称太平关，海拔 1576 米，雄踞大娄山山脉的最高峰。娄山关位于遵义、桐梓两县交界处，南距遵义 40 公里，北距桐梓县城 15 公里，川黔公路盘旋其中，是来往川黔两省的必经之关隘，遵义城的北大门。关口四周群峰耸立，绝壁千仞，直插云霄。关口西侧笋子山与关口东侧的大尖山、点金山遥相呼应瞰制关口，地势险要，易守难攻，素有"一夫当关，万夫莫开"的雄关天堑之称，历来为兵家必争之地。

2 月 24 日凌晨，红三军团先头部队红十三团和红十二团冒雨从桐梓城南附近出发，沿途抓获几个黔军侦察兵。经审问得知，黔军主力已到达娄山关西南方向的板桥，有 3 个团已经上了娄山关，杜肇华旅指挥所在娄山关南 2.5 公里之黑神庙，黔军在娄山关关口至黑神庙一线设置了阻击阵地。

25 日，进驻桐梓县西北之九坝的中共中央、中革军委认为，要实现开展战局，赤化黔北的目标，夺取娄山关是关键。因为拿下娄山关，向北可凭险阻川敌南下，向南可保障中央红军向遵义、乌江边发展。遂决定：以红五、红九军团在桐梓西北地区习水县的图书至良村一带阻滞川军郭勋祺部，迫使其在三天内不能逼近桐梓，保障主力攻打娄山关战斗的胜利；集中一军团和三军团主力及干部团迂回攻击娄山关及其以南黑神庙之黔军，"全力消灭由遵义开桐梓的援敌"[1]，乘胜夺取遵义。本次作战由彭德怀、杨尚昆统一指挥。

---

[1] 周朝举主编：《红军黔滇驰骋史料总汇》（中集），军事科学出版社 1990 年 2 月版，第764 页。

为隐蔽南进行动，发起娄山关作战前，先以红五军团向温水攻击，造成中央红军北上四川之势。敌果然以为我欲北渡长江或西向，使川敌不敢倾兵竭力尾追，减少了中央红军南进的后顾之忧。

25 日下午，红三军团主力向娄山关疾进。而红三军团先头第十三团早已提前 1 天，于 24 日晚就向娄山关山口侦察前进，并于 25 日晨到达距娄山关约两公里的红花园，即与增援桐梓的黔军 1 个团遭遇。我先敌发起攻击，敌溃逃退守娄山关，我乘胜追击，歼敌一部，进至娄山关以北地区。

鉴于偷袭娄山关先机已失，红三军团军团长彭德怀决心趁敌立足未稳强攻娄山关：以红十三团和十二团 2 个团担任正面进攻，红十团和十一团负责左右两翼迂回攻击，干部团为预备队。下午 4 时，彭德怀亲临红十三团，命令红十三团天黑之前务必拿下娄山关关口。

当晚，担任正面攻击的红十三团，开始猛攻娄山关。红三营率先向点金山左侧黔军高地发起攻击。阻击红三营的是黔军第六团 1 个营，敌人居高临下，用机枪封锁通向关口的公路，给进攻中的红三营造成重大杀伤。红三营随即采取正面牵制、翼侧迂回的战术，迫使黔军两面受敌、难以支撑，开始向点金山撤退。红三营占领了点金山左侧高地，为红一营发起主攻、夺取制高点——点金山，创造了条件。

在点金山阻击红一营的是黔军第十团，他们凭借险峻的地形、坚固的工事和身后猛烈的炮火支援，拼命顽抗。红一营分为 2 个梯队轮番向山顶冲击，都以失败告终，与黔军形成僵持。眼看天色渐晚，万分焦急的团长彭雪枫，立即命令红一营组织突击队，不惜一切攻克娄山关。

担任突击任务的红一营第三连，冒着密集的弹雨沿着陡峭的山崖绝壁一点点地向山顶上顽强攀登。不断有干部战士中弹坠落，但全连奋勇向前，向山顶发起最后的冲锋。红三连登顶成功，掩护红一营主力攻上山顶。在山顶，红一营与敌展开残酷的肉搏战，打退了黔军整连整营的多次反扑，终于将黔军压下山顶。天渐渐黑了，红十三团在红三军团炮兵营的支援下，向守敌发起最后冲击，终于拿下娄山关的制高点——点金山主峰。

点金山背后就是娄山关关口。天上阴雨绵绵，地上尸横遍野，身上血迹未干的红十三团顾不得休整，当即向退守关口的黔军发起冲击，担任攻击任务的红三营，在重机枪连 6 挺重机枪的掩护下，很快攻占了关口一侧的制高点小尖山，并连续打退黔军 4 次反击，占领了黔军关口阻击阵地。黔军被迫退守关口以南的阻击阵地。

2 月 25 日 23 时，彭德怀决定由红十二团接替红十三团，担负娄山关正面主攻任务，红十团由左侧迂回攻击黑神庙，红十一团迂回板桥断敌退路，红十三团休整后从点金山出发侧击黔军右翼。

当夜，红十二团前进至娄山关关口接替红十三团。

26 日 8 时，云雾缭绕，黔军开始向娄山关关口反击。担任坚守关口阵地的红十二团第三营在团政委钟赤兵和团参谋长孔权的指挥下，采取把敌人放近了打的方法，很快就击退了黔军的第一次冲击。上午 10 时，黔军再次发起了更大规模的进攻，士兵在前面冲锋、军官在后督战，黑压压一片向娄山关关口涌来。红十二团第三营利用地形之利，又打退了黔军多次反复冲击，并乘势发起反冲击，迎头痛击向关口进攻的敌人。

一时间整个娄山关群峰间缭绕着不绝于耳的军号声，英勇无畏的红军指战员，呐喊着争先恐后地冲出掩体扑向敌人，黔军攻击队形瞬间被冲乱，纷纷顺着公路向深谷中撤退。这时，作为预备队的军委干部团也冲到关口南面，协同红十二团第三营把黔军压制在山谷中。

红三军团第十二团随即沿公路展开追击，当追击到黔军指挥部所在地黑神庙时，先头红三营遭到藏在山坳中的黔军蒋德铭旅第四团突然反击，进攻受阻，伤亡较大。红十二团团长谢嵩即令红二营火速增援，红二营立即超越红三营继续向黑神庙扑去。在接近一个山弯的时候，红二营又遭到黔军严密的火力封锁。红十二团参谋长孔权挺身而出亲自带领红二营突击队，迎着黔军的弹雨向前攻击，团长谢嵩也亲率红一营提供火力掩护。在距离黑神庙只剩不到 100 米时，敌人又一批援军赶到。打红了眼的黔军一改"双枪兵"一触即溃的习惯做法，连续向红军发起疯狂反扑，红二营则利用公路两侧黔军修筑的工事以及附近有利地形顽强阻击黔军不间断的冲锋。敌我双方在狭窄的山路上展开殊死对决。

26 日下午 4 时，红三军团各路迂回部队均已到达指定位置，彭德怀随即下达了总攻的命令。红十三团、红十二团和军委干部团在正面向被压在黑神庙谷地里的黔军发起最后的进攻。与此同时，红十团和红十一团迂回到黔军侧后展开攻击。黔军不支，沿着山间小路向遵义方向溃逃而去。

娄山关一战，红三军团第十二团付出了巨大的牺牲，团政委钟赤兵身负重伤被锯掉了一条腿；团参谋长孔权胯骨被打碎，不得不被留在当地老乡家，十几年后成为遵义会议纪念馆的馆长。从此，他年复一年地向来这里参观的人们讲述娄山关战斗，告慰那些飘荡在险峻大山中的年轻而勇敢的英魂。

娄山关，硝烟渐散，血迹未干，寒风凛冽，林涛怒号。2 月 28 日傍晚，毛泽东随中央纵队通过云海苍茫的娄山关到达大桥。有感于娄山关战斗的胜利，遂留下一首气壮山河的《忆秦娥·娄山关》：

西风烈，长空雁叫霜晨月。霜晨月，马蹄声碎，喇叭声咽。

雄关漫道真如铁，而今迈步从头越。从头越，苍山如海，残阳如血。

三、再占遵义城

遵义分为旧城和新城，一条湘江河从中间穿过。王家烈为迟滞红军、以待中央军吴奇伟纵队增援，将黔军第八团和第一团2个营以及杜肇华旅残部第六团配置在城北的董公寺，将第五团配置在城南到忠庄铺一线，遵义城内仅留第一团1个营。

2月26日晚，中央红军获悉遵义城守敌只有1个营，中央军薛岳兵团吴奇伟部正渡乌江北援。于是中革军委决心抓住这一有利时机，赶在援敌之前占领遵义。遂令刚刚结束娄山关战斗的红一、红三军团"仍由彭、杨指挥。应乘溃敌喘息未定跟追直下遵义"，"干脆解决战斗，并准备转击可能援敌"。①

2月27日，红一、红三军团逼近董公寺。下午2时，红三军团向黔军在董公寺、公路右侧的飞来石以及以南1公里的十字铺组成的防御阵地发起攻击，击溃并包围了董公寺一线的黔军。王家烈见势不妙，为保存实力，遂令各团向遵义撤退。下午5时，中央军吴奇伟纵

---

① 《中国工农红军长征史料丛书》编审委员会编：《中国工农红军长征史料丛书·文献（2）》，解放军出版社2016年8月版，第70页。

队先头部队赶到遵义城南 10 公里的忠庄铺，并派部分兵力进入遵义新城设防。王家烈令黔军第六团由新城移出，与从鸭溪赶来的第五团和第一团的 1 个营共守老城，第八团留城外机动。

27 日晚，红三军团向遵义老城发起总攻。红十一团攻东门，红十二团攻北门，红十三团攻西门，终于在 28 日凌晨占领了遵义老城。与此同时，红一军团也占领了遵义新城，并控制了城南的红花岗、老鸦山一线高地。王家烈率残部向忠庄铺方向溃退。

在进攻遵义老城的作战中，红三军团参谋长邓萍亲临前线指挥作战，不幸中弹牺牲。

这时，敌第一纵队第九师已进入忠庄铺地区，一部到城南 2.5 公里的洛江（枫落）桥；第五十九师已进至新站，正向忠庄铺开进。中革军委决心：乘援敌孤军冒进，而尾追之敌又被阻于娄山关以北的有利时机，集中全力求歼援敌吴奇伟部。于是，28 日拂晓令红一、红三军团各派 1 个团分两路向懒板凳和鸭溪方向迎敌。并规定"如中途遇敌即取宽正面的防御战术，节节抗击，待把敌人引到遵义城外时，两个团即构筑工事，依山固守，把敌人死死拖住，以利我主力从左右两翼突击歼灭敌人"。[1]

担负此任务的红一军团第二师第三团向懒板凳方向迎敌，红三军团第十一团向鸭溪方向迎敌。

28 日上午 10 时，驰援遵义的敌吴奇伟纵队 2 个师以第五十九师主力和第九十三师 1 个团，经桃溪寺向红花岗、老鸦山和遵义老城攻击；黔军 2 个团沿公路东侧向北进攻新城，配合第五十九师行

---

① 周朝举：《红军黔滇驰骋烟尘谱——军事斗争史长编（正本）》，军事科学出版社 1990 年 1 月版，第 302 页。

动；第九十三师主力和第五十九师1个团在忠庄铺地区为预备队。11时许，敌吴奇伟部先头在遵义城南约5公里的桂花桥首先与红三团遭遇，交火后，又向遵义城南红花岗红十一团阵地发起重点进攻。红花岗主峰海拔991.3米，地形险要。敌军约1个团从正面攻击，企图抢占主峰。红十一团在红三团的配合下，依托阵地，击退了敌人的多次进攻，牢牢地拖住了敌人。而红一军团主力此时则从北门悄然出发，经凤凰山，向忠庄铺以南迂回，侧击向遵义反扑的敌人。

战至下午2点，敌人攻红花岗未果，又把主攻方向转向老鸦山。老鸦山位于遵义城西南，离城1公里，海拔1053米，是俯瞰东侧红花岗、控制遵义城的制高点。据守老鸦山的红三军团第十团顽强坚守、英勇奋战，在敌机狂轰滥炸之下，与敌多次展开白刃战，打退了敌韩汉英第五十九师的三次进攻。团长张宗逊负重伤、参谋长钟伟剑牺牲，文年生接任团长继续指挥作战。激战至下午3点，敌预备队唐云山第九十三师投入战斗，凭借优势兵力占领了老鸦山主峰。

占据老鸦山主峰的敌人，不仅居高临下对坚守红花岗的红十一团构成严重威胁，更紧要的是还威胁到了驻城内和东门外的红三军团首脑机关安全。在这个危险的时刻，彭德怀上了最前沿，组织力量夺回老鸦山。但因地形险恶、遭敌猛烈反击，未能奏效。朱德也上来了，但依旧没夺回老鸦山。最后，军委命令干部团上。

在红军与中央军激战之时，沿公路前进的黔军，因屡遭重创，行动迟缓。红一军团主力乘机从水师坝地区向敌人侧后出击，迅速击破黔军第八团的抵抗，直插忠庄铺吴奇伟的指挥部。下午4时，红一军团主力对唐云山第九十三师发起围攻。在红军突如其来的攻击下，敌顽抗不足 1 小时便全线崩溃，吴奇伟惊慌万状，于是丢下第五十九师，率第九十三师残部约 1 个团向懒板凳方向逃窜。红一军团发扬不怕疲劳、连续作战的作风，跟踪猛追并以一部取捷径先敌占领懒板凳。吴奇伟弃甲曳兵，率先逃过乌江，不等残部全部过江，即下令截断江桥的铁索，桥上的国民党军士兵随着断桥跌落滚滚乌江，尚未过江的 1800 余人全部成了红军的俘虏，大批武器被红军缴获。王家烈则率残部逃向打鼓新场（今金沙）。

留在老鸦山地区的第五十九师见指挥官已逃之夭夭，被迫转入防御。黄昏，红军干部团由北向南从正面投入战斗，红十一团由左侧助攻，红一军团一部（红三团）从红花岗迂回攻击敌侧后，经过激烈拼杀，终于击溃敌人，夺回老鸦山主峰。敌第五十九师开始向西南溃退。红三军团主力，乘胜沿遵（义）、贵（阳）公路向敌追击，直追至鸭溪镇，沿途消灭了大量敌人。

与此同时，红一、红三军团在南线奋战之时，红五、红九军团遵照军委的命令，在北线与敌巧妙周旋，出色完成了阻滞川军的任务，确保了遵义战役的顺利实施。

至 3 月 1 日遵义战役胜利结束。（见彩图 11）

遵义之战，由于中共中央、中革军委及时抓住敌人重兵西调、黔北空虚的有利时机，出敌不意回师黔北，利用摆脱追敌的时间差，连续作战，不给敌以喘息机会，在 5 天内连打 4 个胜仗，连下桐梓、娄山关、遵义，歼灭和击溃敌人 2 个师又 8 个团，毙伤敌 2400 余人，俘敌 3000 余人，缴枪 2000 余支，轻重机枪 30 挺，子弹 30 万发，取得长征以来最大的一次胜利。这次胜利，是中革军委和毛泽东正确指挥的结果，极大地鼓舞了红军全体指战员的士气，沉重地打击了国民党军特别是蒋介石嫡系部队的嚣张气焰，连蒋介石也不得不承认这是"国军追击以来的奇耻大辱"。①

第三节　本章总结与启示

1935 年 2 月中旬至 2 月底，红军二渡赤水河，再占遵义城，取得中央红军战略转移以来最大的一次胜利，极大地改善了中央红军的战略战役态势。其中值得我们学习研究的东西很多，主要有以下几个方面。

一、二渡赤水折返贵州的战略战役考量

中央红军北渡长江受阻，一渡赤水摆脱川军，在川滇黔地区获得了暂时喘息。在面临滇军、川军南北夹击的紧要关头，中共中央、中革军委接受毛泽东的意见，做出"东渡赤水、折返贵州"的战略决断，并对此做出了战役部署。现在我们可能都会不假思索地说：对呀，完全正确！可是在当时还是有相当一部分红军指战员甚至个别高级指挥员是不理解的。那么，毛泽东是怎么考虑的，其中又暗合了哪些战争战役的基本规律和原则呢？

（一）战略方向选择：为了生存返回贵州

中央红军离开中央革命根据地实行战略转移，政治上是北上抗日，

---

① 中国工农红军第一方面军史编审委员会编：《中国工农红军第一方面军史》，解放军出版社 1992 年 12 月版，第 530 页。

实际上是寻求生路。这一问题，从湘江战役后，就一直在中共中央、中革军委的讨论和争论之中。是去湘西与贺龙、萧克红二、红六军团会合，还是在贵州就地开创新的根据地，抑或北上四川与张国焘、徐向前领导的红四方面军会合？遵义会议后，中央慎重地选择了后者。然而，土城战役失利、北渡长江受阻，生存第一的红军出路在哪？

其一，最容易想到的方案是西北方向的长江上游，这就有了林彪的叙永之行，然川军阻击，此路不通。当时，为了阻止红军从宜宾上游过江，川军潘文华的"南岸剿总"指挥部从泸州移至宜宾，"达（凤岗）、袁（如骏）两旅十号抵高县，刘（兆藜）旅由珙县向筠连，范（子英）、章（安平）两旅在珙县，章旅将向安边前进，潘（左）旅主力在长宁，一部在兴文，郭（勋祺）旅十号在罗表，廖（泽）旅缺一团在罗海……"①共8个旅在长江南岸，跟踪进入威信、镇雄、盐津一带，与滇军联络，阻击中央红军。

其二，顺理成章想到的是由扎西西渡金沙江，这就是朱德的"本拟继续西渡牛栏江入四川"②之说。然而，中央红军2月5日到云南扎西，龙云于2月6日便就任"剿匪军"第二路军总司令。龙云认为，滇东北地势险峻，交通不便，气候多变，给养困难，红军多系客籍，语言不通，行动艰难。因此，他认为红军"已入死地"，即任命孙渡任第三纵队"剿匪"司令，率刘正富第一旅，安恩溥第二旅，鲁道源第五旅，龚顺璧第七旅等共4个旅16个团近三万官兵，开赴云南与贵州、四川的边界设防。现"滇敌安（恩溥）旅今十一号仍在大湾子并筑工事，鲁

---

① 《中国工农红军长征史料丛书》编审委员会编：《中国工农红军长征史料丛书·文献(2)》，解放军出版社2016年8月版，第52页。

② 中共中央文献研究室第二编研部编：《朱德自述》，国际文化出版公司2009年8月版，第144页。

（道源）旅主力今日可到大湾子，龚（顺璧）旅昨到毕节，有续向大湾子前进的可能"，[1] 而且，国民党中央军"周（浑元）敌率两个师十二号集中黔西，有经毕节向叙永前进模样。吴（奇伟）敌两师似仍在黔西、大定（今大方县）"[2]。国民党军事当局还公开宣布，"13、14 两日，当有剧战"，断言"匪决难越雷池一步""可一鼓荡平"[3]。而中央红军初遇滇军，其战斗力如何、拦阻红军的决心多大？情况不明。一旦再遇"土城"之险，后果不堪设想。敢于冒险是战役指导者的优秀品格，但这时的中央红军已经经不起一点点闪失了，唯一的、暂时的、比较确定的生存之路，就是避免同川、滇军作战，向东折返贵州。

（二）作战目标选择：以弱敌黔军为主要作战对象

东返贵州好处之一，就是以弱敌黔军为主要作战对象。朱德在《关于目前敌情及我军向赤水河发展争取渡河先机》致各军团电中指出，"四川追敌几全部西向，滇敌则堵我入滇，黔敌尚未参加'追剿'，而薛敌追我行动亦不迅速"，"我野战军为准备与黔敌王家烈及周浑元部队作战，并争取向赤水河东发展，决改向古蔺及其以南地域前进，并争取渡河先机，在前进中应准备与薛敌'追剿'支队遭遇，并相机占领古蔺城"[4]。此决定以敌军薄弱环节黔北为主要作战目标，无疑是明智之举。

---

① 《中国工农红军长征史料丛书》编审委员会编：《中国工农红军长征史料丛书·文献（2）》，解放军出版社 2016 年 8 月版，第 53 页。

② 《中国工农红军长征史料丛书》编审委员会编：《中国工农红军长征史料丛书·文献（2）》，解放军出版社 2016 年 8 月版，第 53 页。

③ 周朝举主编：《红军黔滇驰骋史料总汇》（中集），军事科学出版社 1990 年 2 月版，第672 页。

④ 《中国工农红军长征史料丛书》编审委员会编：《中国工农红军长征史料丛书·文献（2）》，解放军出版社 2016 年 8 月版，第 53 页。

"弱处开刀，再及其余"是战役作战的一个基本原则。刘伯承曾经讲过"攻弱，则强者也弱；攻强，则弱者也强"[1]。随后的实践也证明了这一点。尽管红军与滇军没怎么交过手，但据在滇军当过少将旅长的朱德说：滇军还是不含糊的，是有一定实力的。在黔军、川军、滇军、中央军中，黔军最弱是确定无疑的。所以东返贵州打王家烈，打开了突破口，不仅再次占领了遵义，而且还击溃了吴奇伟。毛泽东以"长征以来的最大的胜利"，回击了"看来狭隘的经验主义也不行"的牢骚。打弱敌的原则，后来演变成为毛泽东十大军事原则的第一条："先打分散和孤立之敌，后打集中和强大之敌。"[2] 未来战役作战，"集中精锐、击敌要害"被确定为我军基本的作战原则，而弱处开刀、拣弱的打，仍然是击敌要害的前提和条件。

（三）作战方法选择：敌进我进、避实击虚

东返贵州好处之二，就是"出敌不意、隐蔽突然"，这也是我军战役作战的基本原则之一，而贯彻这一原则的战法手段就是"敌进我进、避实击虚"。

"好马不吃回头草"，谁能想：好不容易跳出"死地"的中央红军，又会重新钻进了"绝境"！红军一些指战员想不通，国民党蒋介石更是想不到。这恰恰反映出了毛泽东高人一等的谋略水平和指挥艺术。在敌蜂拥而至之际，中央红军采取"敌进我进、避实击虚"之法，果断回师东渡，跳出敌人的包围圈，出敌不意，杀敌一个回马枪，不仅把川军、滇军甩在身后三四天，而且还使黔军来不及构筑赤水河防线，使得红军先头部队能够抢在敌军布防之前顺利抢占了形同虚设的

---

[1]　谢正浩：《论慎重初战——学习刘伯承同志指挥艺术的一点体会》，《军事历史》1985年第1期。

[2]　《毛泽东选集》第四卷，人民出版社1991年6月版，第1247页。

赤水河两岸制高点，为红军主力迅速渡河、为遵义战役的胜利抢得了先机。

未来局部战争战役，战争目的有限、作战规模有限、作战时间有限，"敌进我进、避实击虚"之法，是我军赢得主动的行之有效的战法手段。它既可以在我军有利的态势下，进一步扩大战果；也可以在相持中，打破僵局、争得先机；还可以在不利的态势前，趋利避害，争取主动。因此，"敌进我进、避实击虚"是我军未来必须积极采用的有效战法。

二、白沙会议的历史意义

1935 年 2 月 15 日至 16 日，在中央红军折返贵州的途中，中共中央、中革军委在泸州市古蔺县白沙场召开会议（史称白沙会议），在此会议上研究决定了以下几个重要事项。一是讨论通过中革军委制定的东渡赤水河的行动计划；二是总结了土城作战的经验教训，确定了创建川黔滇边根据地的战略方针；三是研究了作战、政治工作和后勤保障等问题，并以共产党中央委员会与中央革命军事委员会的名义发布《告全体红色战士书》，着重强调了"运动战是我军基本的作战形式"和"政治工作是我军的生命线"。白沙会议的历史意义就在于红军在进退维谷的关键时刻，毛泽东和他的战友们找到了脱离险境的方法，掌握了打开胜利之门的钥匙。从此，以运动战作为我军主要的作战形式、以政治工作作为我军的生命线，沿着胜利的方向不断前进，直到现在直至未来。

（一）"运动战是我军基本的作战形式"的地位作用

运动战、阵地战和游击战是我军的三种作战形式。运动战是毛泽东和我军的专属名词。刘伯承曾经说过：运动战，即是机动战。运动战作战形式表现在战役战斗范畴，就是运动战战役和运动战战斗。我军传统的运动战是"歼灭战"思想的具体体现，因而是进攻性质的。随着作战理论的发展，现在的机动战战役（战斗）包含了机动进攻战役（战斗）和机动防御战役（战斗）两种作战类型，内涵和外延有些变化，但本质是不变的，即通过机动创造战机，歼灭敌人。运动战不是包治百病的灵丹妙药，实行运动战是有条件的。运动战之所以成为我军克敌制胜的法宝，与我军的战争性质（人民战争、正义战争、反侵略战争）、作战目的、作战对象、战场条件、自身武器装备状况和技战术素养等有关，也与我军数十年的战争实践所形成的风格特点有关。

中国共产党人在独立领导武装斗争之初，对中国革命战争特点和规律的认识是非常肤浅的。以毛泽东、朱德等为代表的中国共产党人在经历了一系列的成功与失败的实践之后，认识到十月革命"以城市为中心的武装暴动"的俄式经验，并不适用于中国革命的实际情况，从而摸索总结创造出了一整套符合中国革命具体情况的作战思想和原则，即以"诱敌深入"为核心的游击战和带有游击战性质的运动战的作战方法。毛主席还为红军战士写了一副对联来宣传这一思想，使之深入人心：

敌进我退，敌驻我扰，敌疲我打，敌退我追，游击战里操胜算；

大步进退，诱敌深入，集中兵力，各个击破，运动战中歼敌人。

然而，这一正确的认识，却并未被"左"倾错误路线执行者所理解和采纳。特别是对中国一无所知的洋顾问李德来到中央苏区、成为中央红军事实上的最高领导人后，面对国民党军"稳扎稳打、步步为营"的堡垒战，他们不顾"敌人极其强大、红军极为弱小"的客观实际，抛弃了红军行之有效的战略战术，以"保卫苏维埃红色政权每一寸土地""御敌于国门之外"为口号，同敌展开以"堡垒对堡垒"的阵地防御作战，再配以阵前的"短促突击"，来同敌人拼消耗。这种"乞丐与龙王比宝"的堂堂之阵，无疑是我军战略上的失策。

阵地战作为一种作战形式（在战役战斗范畴称作作战样式）、短促突击作为一种作战战法本身并没有错，错在运用得不合时宜。在敌我力量对比特别是武器装备对比如此悬殊的情况下，以阵地战去硬碰硬、比消耗，红军再英勇作战不怕牺牲，也是消耗不起的，失败是必然的。

反"围剿"的失败直接导致了长征，而长征初期的失利，又使中央红军元气大伤。土城失利、叙永受挫、扎西受阻，中央红军何去何从？何时何处才有希望？当时，红军指战员中普遍存在着不满情绪和思想包袱。为什么我们要走过去走过来，不停地转移作战路线？有的甚至对又走老路而发牢骚。就连林彪这样的高级将领都不理解。王稼祥也向张闻天反映："老打圈圈不打仗，可不是办法呀。"杨尚昆曾回忆说："土城战斗失利后，中央知道下面指战员中有意见，主要是希望建立根据地，希望打仗，就派少奇同志到三军团、陈云同志到五军团了解情况，传达遵义会议精神。那时，三军团打得最苦，下面讲怪话的人最多。"①

由此可见，对运动战的认识，我军并不是一开始就完全统一的。特别是第五次反"围剿"中的阵地战和短促突击的影响以及长

---

① 《杨尚昆回忆录》，中央文献出版社 2001 年 9 月版，第 133 页。

征初期认为"之字路""冤枉路"走多了的牢骚，在红军中造成了一定的思想混乱、迷茫和疑惑，有必要在红军队伍中进行一次思想教育。白沙会议就起到了这个作用。正如遵义会议上指出的："当前的中心问题是怎样战胜川滇黔蒋这些敌人的军队。为了战胜这些敌人，红军的行动必须有高度的机动性，革命战争的基本原则是确定了，为了完成作战任务必须灵活的使用这些原则。红军运动战的特长在五次战争中是被长期的阵地战相当减弱了，而在目前正要求红军各级指挥员具有高度的运动战战术。因此从阵地战战术（短促突击）到运动战战术的坚决的迅速的转变，是严重的工作。"[①] 由于军情紧迫，这种战略思想的转变，直至白沙会议才得以具体落实。它向红军全体指战员讲清楚了"打"与"走"的关系，特别是在当前"走"的极端重要性，即："走"是第一位的，战略上的"走"，是为了战役战术上的"打"；战役战术上的"打"，是为了战略上的"走"。正如刘少奇后来所说的："在毛泽东重新回到决策层之后，红军长征的方式有了变化，开始变得机动灵活，于是就有了所谓的四渡赤水。四渡赤水的路线弯弯曲曲、绕来绕去，就是为了避战，因为毛泽东心里非常清楚，这支走了几千里地的红军队伍已经是精疲力竭，没有战斗力了，如果要打，就是全军覆没。没有红军了，还谈什么革命？毛泽东当时在中央军、川军、黔军、滇军的夹缝里求生存，所以行军路线才会那样地绕来绕去。"[②] 从此，中央红军在运动战方针的指引下，高度机动，纵横驰骋于川黔滇边境广大地区，积极寻找战机，有效地调动和歼灭敌人，彻底粉碎了蒋介石企图围歼

[①] 中共中央文献研究室、中央档案馆编：《建党以来重要文献选编》第十二册，中央文献出版社 2011 年 5 月版，第 65 页。

[②] 王海清：《红军长征中"白沙会议"及其地位和作用》，《巴蜀史志》2021 年第 3 期。

红军于川黔滇边境的狂妄计划，取得了战略转移中具有决定意义的胜利。

未来战争，作战形式和样式趋于多样，但继承和发扬我军传统，坚持实行机动灵活、自主创新的"运动战"，仍是我军以己之长克敌之短的有效作战形式，对于我军能打仗打胜仗仍具有重要的意义。

（二）"政治工作是我军的生命线"的地位作用

如果说"运动战"是中国的也是世界的，那么"政治工作是我军的生命线"则是地地道道的中国工农红军制造。如果说我军以"运动战"赢得了战争胜利，那么我军以"政治工作是我军的生命线"，既保证了"夺天下"，又保证了"坐天下"。1929 年 12 月的古田会议确定了党对军队绝对领导，1932 年 7 月中共中央在《给苏区中央局及苏区闽赣两省委信》中第一次明确提出"政治工作是红军的生命线"。[①]1934 年 2 月，时任红军总政治部主任的王稼祥在中国工农红军第一次全国政治工作会议上提出了"政治工作是我们红军的生命线，一切战争如果没有政治工作的保障是不能达到任务的"。[②] 政治工作一直是毛泽东和他的战友高度重视的，其地位作用与军事工作同等重要。特别是在湘江战役之后，中央红军险遭灭顶之灾；土城战役之后，中央红军还是看不到希望。在此紧要关头，白沙会议以《告全体红色战士书》的形式，着重强调"政治工作是我军的生命线"的地位作用，无疑是迫在眉睫、刻不容缓的。随后政治部门又颁发一系列政治训令，进一步强化了红军的性质、本色、作风和

---

① 吴铭:《"政治工作是我军的生命线"重要论述历史回顾》,《解放军报》2016 年 4 月 22 日。

② 吴铭:《"政治工作是我军的生命线"重要论述历史回顾》,《解放军报》2016 年 4 月 22 日。

任务。

如，2月16日总政治部向各军团政治部下达《关于由川南回师东向对政治工作的指示》，针对"迂回曲折走得很苦，红军战士情绪不高、骂娘骂得厉害"等现象，要求在军团和连队中加强纪律的整顿。指出："部队中严重现象的产生，主要由于政治工作，无论在战斗动员方面，在巩固部队方面，都表现得薄弱、不深入，不紧张，不能灵活的适合战斗环境去进行。""这种政治工作的严重的错误与弱点，要求有迅速的大的转变。"要求各部队加强政治机关建设，特别要"加强团政治处与连指导员工作的领导与指示，提高指挥员特别是政治工作人员的责任心与积极性"。要求在连队中坚定信心。"主要是进行作战鼓动。要最大限度地提高战斗情绪，一定要有把握地打胜仗。必须根据党中央与中央军委告红色战士书，在连队中利用休息时间进行深入的解释与讨论，特别要巩固在云、贵、川边境创建新苏区根据地的信心与决心。"要求各军团政治部"紧张起来进行以上的工作"；"要以最大的力量，在最短时间建立连队中支部工作，向支部工作最薄弱的连队进行突击，建立模范支部，发展党团员，加强党团员教育，最高度的发扬好党团员的积极性与领导作用。提高严整军纪的教育，严格执行与检查三大纪律八项注意的实行"。

与此同时，总政治部还强调群众路线的重要性，指出"发动群众斗争，发展游击战争。动员宣传队及战士告遵义及黔北群众书，解释回师东移的意义，宣传群众武装起来，建立政权"，"从新战士中选积极分子，由地方工作部办随营训练班"，"组织成游击队，给以游击队教育"。把全国红军的胜利与全国工农群众的斗争转变为胜利的中国大革命。

又如,2月20日《关于保障红军给养克服战费困难的训令》,强调,"贵州地区,物产不丰,粮食较缺,更需要我们大力注意,运用群众路线来进行筹款,征集资材的工作"[1];2月21日《关于目前瓦解敌军工作的几项重要指示》,强调"为着争取战争的胜利,完成创造新苏区的任务,瓦解白军部队,争取广大白军士兵到革命方面来,是极端重要的工作之一"[2];等等。为尔后红军打胜仗、完成任务提供了重要保证。

"政治工作是红军的生命线",这一举世闻名的精辟结论,延续贯穿于后来的十五年民主革命时期和整个社会主义建设时期,对于保证我军的革命性质起着关键作用,在我军的建设史上也是一个影响深远而伟大的论断,后来一直是我们战胜各种艰难险阻的制胜法宝!

因此,政治工作的重要性无论怎么强调都不为过,在战争年代如此,在和平年代更是如此。只有加强政治工作,党的军队才有生命;只有加强政治工作,军队才有严明的纪律和团结向上的力量而不会一盘散沙、涣散瓦解;只有加强政治工作,军队才能坚持为人民服务的宗旨,联系群众、依靠群众。

政治工作是实实在在的,它贯穿军队行军、打仗、日常生活的方方面面。在新的时代,我军同样要坚持政治工作是我军的生命线,创新政治工作思路和方法,贯彻落实习主席新古田会议精神,牢牢把握新时代强军目标,为建设一支听党指挥、能打胜仗、作风优良的人民军队而不懈努力。

---

[1] 关德坤主编,遵义会议纪念馆编:《遵义会议前后红军政治工作资料选编》,中央文献出版社 2010 年 12 月版,第 78 页。

[2] 关德坤主编,遵义会议纪念馆编:《遵义会议前后红军政治工作资料选编》,中央文献出版社 2010 年 12 月版,第 82 页。

三、遵义大捷的经验与启示

遵义大捷，无疑是四渡赤水战役中最具浓墨重彩的大事，没有遵义大捷，"二渡赤水、折返贵州"将黯然无色，中央红军仍然处境艰难、前途未卜。尽管毛泽东和中革军委在筹划遵义战役时已胜算在握，但实现的过程并不是轻而易举，而是紧张激烈、惊心动魄的。其中的宝贵经验非常值得我们学习研究和继承发扬。

（一）兵贵神速、速战速决

"天下武功唯快不破"，武功如此，作战也是如此。如果说敌我双方战前是比"势"，看谁的态势有利；那么战中就是比"快"，看谁的速度快。速度是距离除以时间，是时空的集合，通过速度，可以改变态势，进而夺取战役战斗的胜利。所以古代兵法就有"兵之情主速""兵贵神速"之说。我们以本战例来分析，依据中共中央、中革军委定下"二渡赤水、折返贵州"的决心，中央红军2月11日开始东返，而3天后敌人才发觉；18日渡河时，太平渡无敌军防守，二郎滩敌军刚刚赶到、尚未占领滩头阵地；过河后，军委要求红一、红三军团日行70里，25日会攻桐梓，24日晚我红一军团1团便趁敌军换防"前军已走、后军未到、桐梓仅有2个连兵力"的空隙，仅用2个小时便拿下桐梓；军委令26日红一、红三军团会攻娄山关，而25日晚红三军团13团即已夺占娄山关制高点点金山，为26日夺取娄山关争得了先机；28日晨红军赶在吴奇伟主力到达之前拿下遵义城，并在敌溃逃时迅速展开追击，将1800名来不及过江的敌军全部俘虏。遵义之战，红军处处抢先、敌军总是慢半拍，胜利的天平已向红军倾斜。特别是25日的点金山争夺战、26日的娄山关争夺战、28日的老鸦山争夺战，时间和速度对于红军夺取主动、争取胜利显得尤为重要。拿不下点金山，突破娄山关就等于一句空话；夺取不了娄山关，中央红军将面临已经到了遵义的王家烈和已北渡乌江的吴奇伟联合攻击；如若老鸦山阻击线被突破，不但红一军团向敌人两侧的迂回包围失去了依据，而且中央红军将面临遭敌两面夹击的处境，中央红军自突破娄山关以来的所有努力将毁于一旦。未来战役作战，时间更短、节奏更快，"兵贵神速、速战速决"对于作战胜利的作用更大，当然对其的要求也更高。战役指挥员必须做到判断情况快、定下决心快、做出处置快；并以迅雷不及掩耳之势重拳猛击，待强敌尚未反应、援助不及，迅速歼灭敌人、解决战役战斗，以完成党赋予我们的历史使命。

（二）正面突击、翼侧迂回包围的战法

做事皆有法，"以无招胜有招"的无招也是方法。孙子曰："凡战者，以正合，以奇胜……奇正相生，如循环之无端，孰能穷之?"[1] 孙子又曰："故兵无常势、水无常形，能因敌变化而取胜者，为之神。"[2] 战法千万，能因时因地因情活用战法者为之神。中央红军在遵义战役中，因时——速度要快，因地——克险夺关，因情——黔军坚守、中央军来援，采取了"正面突击，翼侧迂回包围"的战法，正面连续猛攻与翼侧迂回穿插相配合，为迅速夺占遵义城，夺取遵义战役的胜利提供了有力的保障。特别是翼侧的迂回包围，直指敌要害目标——忠庄铺吴奇伟的指挥部，不仅使吴奇伟丢下部属、落荒而逃，而且动摇了老鸦山敌人的作战意志，最后演变成敌人的全线溃败，推

---

[1] 中国人民解放军总参谋部军训和兵种部编：《孙子兵法军官读本》，解放军出版社2005年2月版，第75—76页。

[2] 中国人民解放军总参谋部军训和兵种部编：《孙子兵法军官读本》，解放军出版社2005年2月版，第95页。

动了整个战局的发展，进而收获了遵义战役的辉煌战果。"穿插迂回、分割包围"是我军传统的行之有效的战法，在解放战争、抗美援朝战争和对印自卫反击作战中均发挥了重要作用。毛泽东在听取张国华对印自卫反击作战汇报时，曾说：从古以来，哪支军队都怕（侧后迂回）这一手。未来作战，情况发生了很大变化，更加强调全纵深作战。这就给传统的正面攻击、翼侧穿插迂回带来了新的问题。但是，战胜不复，应形无穷，运用之妙，存乎一心。只要我们继承传统、勤于探索、勇于创新，就不怕找不到适应未来作战的前沿纵深一体、正面翼侧结合的新战法。

（三）亲临一线、身先士卒的表率作用

领导干部的表率作用是政治工作具有生命力的重要体现。"将是军中胆！"指挥员的一言一行、一举一动都时时刻刻影响感染着身边的战士，没有临危不惧、率先垂范的勇气担当，就不可能赢得部属的钦佩和信赖，更不可能带领部属浴血奋战、力克强敌。试想一下：在生死攸关的战场上，一边是共产党的干部冲锋在前，喊的是"同志们，跟我来"。另一边是国民党的军官督战在后，叫的是"弟兄们，给我上"。就这一项对比，就极大地鼓舞了红军的军心士气，削弱了敌人武器装备的优势，为红军夺取战役作战的胜利奠定了精神基础。让我们回顾一下遵义战役的场景：鏖战娄山关，红军各级指挥员亲临一线，身先士卒与敌拼死搏杀。红十二团政委钟赤兵身负重伤被锯掉一条腿，团参谋长孔权被子弹击碎胯骨；红十三团三营营长负伤，教导员接替指挥，率部冲锋，壮烈牺牲。遵义城区作战发起前，红三军团参谋长邓萍亲自带领红十一团政委张爱萍和团参谋长蓝国清冒险前出，观察敌情，不幸被敌人的冷枪击中头部，光荣牺牲，激发起红军官兵为邓萍参谋长报仇的满腔悲愤。老鸦山作战，面对优势敌军的疯狂进攻，红十团团长张宗逊让政委留在主阵地上，自己和参谋长钟伟剑率领官兵发起反冲锋，与敌展开空前残酷的肉搏战，张宗逊负伤倒下，钟伟剑光荣牺牲；在老鸦山阵地被国民党中央军占领后，军团长彭德怀和红军总司令朱德来到了最前沿，指挥红军最精锐最宝贵的干部团发起冲锋，最终取得胜利。反观国民党军官的战场表现则截然相反。作战中，黔军军官缩在士兵后面，要么用手枪督战，要么用马刀劈砍后退的士兵；中央军吴奇伟在自己逃过乌江后，竟下令砍断浮桥，毫不顾惜身后近 2000 名尚未过江的部属。

毛泽东曾指出：武器是战争的重要因素，但不是决定因素，决定因素是人不是物。决定战场胜负的人的因素也很多，如：指挥员的睿智与果断；指挥员创造和把握战机的能力等；然而不可或缺的是"人和"的优势。这就需要指挥员身体力行，以上率下，用自身的影响力与感召力去赢得人心。战争年代，上自最高统帅，下至基层指挥员的披肝沥胆、率先垂范，弥补了物质条件的不足，激发了人民军队压倒一切敌人的精神力量。新的时代，面对形形色色的新威胁、新挑战，各级指挥员要崇德重义、立身为旗，去赢得部属发自内心的尊重和信任，这仍然是我们凝聚人心、培育精神、战胜强敌的前提。

四、二郎滩开仓放盐，昭示世人"得民心者得天下"

中央红军进入贵州、转战黔川滇地区，由于这都是新区，当地的老百姓对中国共产党和工农红军尚缺乏了解，更由于国民党对"共产党红军是赤发红魔、青面獠牙、共产共妻"的欺骗宣传，人民群众一开始对红军存在着怀疑，甚至恐惧情绪。

然而，事实胜于雄辩，红军是人民的军队，是为广大受剥削、受压迫的劳苦大众谋幸福、谋解放的军队。不论走到哪里，不论战局发展顺利与否，红军官兵时时处处注意维护群众利益。如中央红军到达遵义后，严明的纪律、广泛的发动和深入的宣传，使遵义地区的广大群众在短短几天内，便"认识了红军是工农和一切革命分子自己的军队"，很快掀起了全城以及近郊群众的斗争情绪，群众纷纷要求打土豪分田地，组织工会农会，组织农民武装，建立革命政权。再如，二渡赤水时，中央红军在二郎滩放盐，救济贫苦百姓。而二郎滩老百姓则积极支持红军，他们用木板搭成浮桥供红军渡河，用美酒劳军的方式，表达对红军的拥护和热爱。

赤水河畔盛产两大酱香型优质白酒，一个是四川的郎酒、一个是贵州的茅台。在那个年代郎酒就是远近闻名的好酒了，"赤水河呀长又长，手捧郎酒香又香；红军哥哥为穷人，献给红军尝一尝"。二郎滩人用郎酒慰劳红军，与后来中央红军在茅台镇，仁怀人用茅台酒慰劳红军如出一辙，充分说明中央红军"是保护我们人民的军队"，其纪律严明，以维护群众利益为重，赢得了广大人民群众的拥护和支持。

参加过四渡赤水战役的革命前辈，对赤水河流域他们战斗过的地方，帮助过他们的老区人民，充满了感情。张爱萍将军二渡赤水时便在二郎老街上住过，后来他回到二郎滩重访战场，看到当年为红军消毒的郎酒发展喜人，十分高兴，欣然为郎酒独特的天然储酒洞库——天宝洞题词。周恩来总理也非常关心郎酒的发展，1956 年在成都金牛坝会议上，周恩来总理说："四川还有个郎酒嘛，解放前就很有名，要加快发展！"在周恩来总理亲切关怀下，郎酒于 1957 年恢复生产，壮大为大型骨干酿酒企业。1984 年"郎"牌郎酒被评为国家名酒，获国家产品质量金质奖章，荣获"中国名酒"称号；2005 年在伦敦国际品酒会上，红花郎酒获白酒类唯一的"特别金奖"。总之，人民的军队、全心全意为人民服务的宗旨，得到了广大人民群众的衷心拥护。即便仅剩星星之火，终能发展成燎原之势。正如毛泽东所宣告的：长征是宣言书、是宣传队、是播种机。它散布了许多种子，必将会生根、发芽、开花、结果，将来一定会有收获的。这个收获就是收获了民心、赢得了天下。

在新时代，要想打赢信息化智能化战争战役，我们靠的依然是它：军民团结如一人，试看天下谁能敌！

第五章
形势恶化，三渡赤水避被动

中央红军二渡赤水，强攻娄山关，再占遵义城，取得长征以来最大的胜利，极大地鼓舞了广大红军指战员的士气，沉重地打击了国民党各路"追剿"军的嚣张气焰，一定程度地缓解了中央红军极为被动的局面，扩大了中央红军选择下一步行动的余地。

第一节　敌趋谨慎，寻机歼敌未如愿

遵义失败的奇耻大辱，使蒋介石焦虑不安，急忙于 3 月 2 日由汉口飞抵重庆，亲自策划对中央红军新的围攻。

一、枫香坝一打周浑元不成

3 月 2 日，蒋介石基于我东渡赤水、夺占遵义之行动，判断我中央红军"必向东图，与萧、贺联络"①。故为制止红军经湄潭、凤岗东

---

① 《中国工农红军长征史料丛书》编审委员会编：《中国工农红军长征史料丛书·参考资料 (2)》，解放军出版社 2016 年 8 月版，第 99 页。

渡乌江，前往湖南与红二、红六军团会合，蒋介石于3日调兵遣将，分路向中央红军进逼，以实现围歼中央红军于遵义及其以东地区之目的。具体部署如下：

一、郭指挥勋祺率所部三旅，并指挥现在桐梓之黔军，限鱼日（6日）集中于大溪里、排居坊附近后，即向遵义城东北地区进攻。

二、周纵队限鱼日集中枫香园、鸭溪口一带，即向遵义城西南地区进攻。

三、吴纵队仍在茶山渡至乌江城一带取攻势防御，其主力应集结茶山渡附近；另派一部向鸭溪口、枫香园，与周纵队切取联络，准备对匪无论窜向何方，不失时机取直径堵剿。①

同时，蒋介石命令驻川黔各军，未得许可，不得擅自进退，继而又祭出第五次"围剿"作战中行之有效的"堡垒战"大招，限令贵州境内的所有国民党"追剿"部队，以及作战地区的各县都要构筑碉堡，并限期完成。

面对敌人新的围攻部署，中革军委认为，遵义大捷打开了黔北新局面，造成了开创云贵川边新苏区的有利条件。因此，应主动扩大战果，加速实现"赤化贵州"的目标。经认真分析各路敌人情况，认为先歼北面的川军郭勋祺部或南面的周浑元部对战局影响最大。但是，3月3日，娄山关意外失守，北歼川军已不可能。遂决定以一部兵力在遵义以北阻击南下之敌，并引敌向东，主力西进遵义、仁怀地区歼击周浑元部。

---

① 《中国工农红军长征史料丛书》编审委员会编：《中国工农红军长征史料丛书·参考资料（2）》，解放军出版社2016年8月版，第102页。

3月4日，为粉碎敌人新的围攻，加强作战指挥，中革军委在鸭溪决定组织前敌司令部，任命朱德为前敌司令员，毛泽东为前敌政治委员。①

3月5日，中革军委决心以红九军团继续在桐梓、遵义地区阻击川敌，集中主力红一、红三、红五军团和干部团由遵义地区西进白腊坎、长干山（今长岗山）地区，寻歼敌人第二纵队周浑元部。总政治部发布了政治动员令，号召全体指战员英勇作战，消灭周浑元部，争取更大胜利。23时30分，朱德和毛泽东在鸭溪以前敌司令员和前敌政治委员的名义发布"关于首先消灭萧、谢两师的作战部署"。具体为：

1. 判断周（浑元）纵队肖、谢两师（即第96师，师长：萧致平；第5师，师长：谢溥福）共七个团，明六日有由长干山向枫香坝、白蜡坎前进，万师（即第13师，师长：万耀煌）六个团则有向长干山前进模样。黔敌何知重部三个团将由石坑坳口向大黑水前进。

2. 我军有首先消灭肖、谢两师之任务。明六日部署如次：

甲、一军团及干部团为右纵队，于明六日拂晓取道花苗田向长干山、枫香坝之间攻击。其第一师应绕至倒流水、李村地段突击敌后尾，以第二师向青坑地域之敌侧击，干部团随第二师前进，受林、聂指挥。

乙、三军团为左纵队，以主力三个团经温水沟绕过温水大山西端向倒流水、青坑、养马水，由南向北攻击，以一个团扼守九龙山、白蜡坎正面，吸引敌人东进。该军团应派出小部至

_____

① 参见《中国工农红军长征史料丛书》编审委员会编：《中国工农红军长征史料丛书·文献（2）》，解放军出版社2016年8月版，第77页。

太平场以南迷惑并钳制何（知重）敌。

　　丙、五军团为总预备队，进至白蜡坎附近待命。

　　3. 明六日各军团须以猛烈动作解决敌肖、谢两师，以便七日继续对万师作战。

　　4. 总后方在鸭溪、花苗田至遵义地域。

　　5. 前敌司令部随第一军团司令部前进，明六日在白蜡坎。

　　附记：通信联络除用无线电随时报告战况外，规定烧烟火办法：大胜利烧三堆火，小胜烧二堆火，相持或不利烧一堆火。

司　令　员　朱　　德

政治委员　毛泽东

三月五日二十三时三十分

于鸭溪司令部①

　　这是 1932 年 10 月宁都会议以来，毛泽东第一次签署中央红军的作战命令。

　　然而，在发现中央红军并没有由遵义向东急进的征候后，经过 2 天的研判，蒋介石又认为红军的行动方向或另有其二：一是"放弃遵义，仍向西窜，求达其原来目的"。二是"先求与我周纵队决战，然后再向南对贵阳压迫"。② 于是就在 3 月 5 日夜，中央红军定下枫香坝伏击周浑元之决心的同时，心存疑虑的蒋介石又专门给薛岳和周浑元发出一封加急电报。令国民党中央军各部放弃向遵义方向进攻的计划，先暂取"攻势防御"，抑留中央红军于乌江以北，然后再采用堡

---

① 《中国工农红军长征史料丛书》编审委员会编：《中国工农红军长征史料丛书·文献(2)》，解放军出版社 2016 年 8 月版，第 78—79 页。

② 《中国工农红军长征史料丛书》编审委员会编：《中国工农红军长征史料丛书·参考资料(2)》，解放军出版社 2016 年 8 月版，第 111 页。

垒推进和重点进攻相结合的战法，南守北攻，压迫中央红军于遵义、鸭溪狭窄地区而"围歼"之。主要内容如下：

一、吴纵队明日仍在乌江南岸，暂秘其行动，一俟匪情明了，如匪果向西窜，则吴纵队主力用最快行动，星夜兼程，即向黔西南地区挺进，不得延误片刻；若匪果与我周纵队在枫香园附近接触或对峙时，我吴纵队亦用最速方法，渡江北岸猛进，寻匪侧背围剿之。

二、周纵队明日决在长干山附近集中，并构筑强固工事，暂取攻势防御。如匪不敢向我进攻，仍在枫香园附近停止，则我军可逐步前进，先诱其来攻，然后双方夹击之。否则，匪如向黔西窜去，则周纵队亦应取最速行动，向黔西之西北地区兜剿。①

3月6日清早，当预设战场上始终没有出现国民党中央军周浑元部的影子时，在鸭溪指挥部里的毛泽东立刻意识到情况不妙，一打周浑元因周敌未出动而落空了。

而后，中革军委和中央红军一度准备在西安寨、泮水地区歼灭王家烈部犹禹九旅，以调动周浑元纵队增援，寻机歼灭。而黔敌却一触即退，因而也未能达到寻歼周浑元纵队的目的。

二、长干山二打周浑元未果

3月7日，红九军团阻滞川军于娄山关、板桥一线，中央红军主

---

① 《中国工农红军长征史料丛书》编审委员会编：《中国工农红军长征史料丛书·参考资料（2）》，解放军出版社2016年8月版，第111页。

力向西移动。由于遵义四周的威胁日渐严重，军委纵队也于7日撤出遵义，与在白蜡坎的毛泽东和朱德会合。8日，前敌司令部由白蜡坎经花苗田移至苟坝，军委纵队也同期到达。

3月9日3时，中革军委电告各军团："周敌三个师今九日向长干山、倒流水前进，我决定攻击长干山之敌为目的，各部行动如次：一军团及干部团由西北迂回攻击长干山之敌，并以一部截其与倒流水的联络；五军团为中央队取道八里水、鸭溪，向倒流水前进。"[①] 但设在长干山之敌前哨部队不敢与红军正面交战，如惊弓之鸟，争相逃命。我军二打周浑元因敌一触即退而未果。

3月10日，中革军委再次定下在太平场、西安寨地域"消灭王（家烈）纵队之犹禹九部队以开拓作战地区，并威胁周（浑元）敌、求得决战（犹部在西安寨）"[②] 的决心，但敌仍是不战而退，红军求战不成。

红军主力撤离遵义后，毛泽东和朱德指挥中央红军回旋于遵、仁（怀）大道，隐蔽于长干山，相机歼敌，希望能够调动国民党军周浑元部的急躁情绪，诱使他们脱离坚固据点而歼灭之。但周浑元在蒋介石和薛岳的一再密令下，非但不为红军的频繁调动迷惑，而且还制定了完整的作战方案。即：如果红军主动来攻，就设法拖住红军，以待国民党军各路大军赶来包抄合围；如果红军有向其他方向大规模运动的迹象，就以迅速的行动追击围歼。

就这样，对阵双方都在观察对方，都在等待对方先动，然后在动

①　周朝举主编：《红军黔滇驰骋史料总汇》（中集），军事科学出版社1990年2月版，第947页。

②　周朝举主编：《红军黔滇驰骋史料总汇》（中集），军事科学出版社1990年2月版，第949页。

中寻找对方破绽，予以打击。时间一天天过去，中央红军反复诱敌、多次寻战，均未如愿。不断寻战未果引发了部分红军官兵的急躁情绪，而周边敌情却日益严重起来。

三、打鼓新场作战计划被叫停

就在中央红军与国民党军在遵义、鸭溪至长干山一带斗智斗勇之时，北面：川军郭勋祺部3个旅正由桐梓向遵义方向攻击前进，并于3月11日进占遵义；黔军一部则驻守在黔北的赤水、土城一线待机，阻止红军向西发展、北渡长江；国民党中央军上官云相部的2个师，则由重庆向松坎、新站推进，支援川军作战。西面：滇军孙渡部4个旅进至大定（大方）、黔西地区，并逐渐向东压缩。南面：位于乌江南岸的国民党中央军吴奇伟部的4个师（其中2个师受重创），也已从贵阳动身，一部已北渡乌江，向鸭溪、遵义中央红军侧后攻击前进，准备配合其他部队作战。东面：蒋介石命令第五十三师由镇远向石阡推进；湘军4个师沿乌江东岸和黔东北地区布防；桂军廖磊3个师在黔南都匀地区布防。严防中央红军东向或南进。而周浑元纵队主力3个师则以缓慢移动并层层筑垒的方式，逐渐占领了遵义以西的仁怀和鲁班场，主力集结鲁班场地区，向遵义及其西北地区取守势；黔军另一部驻打鼓新场，配合周浑元部拖住红军主力。

3月10日凌晨，中共中央、中革军委在苟坝研究讨论红一军团军团长林彪和政治委员聂荣臻3月10日1时急电军委关于"野战军应向打鼓新场、三重堰前进，消灭西安寨、新场、三重堰之敌"，以打开僵局的建议。具体方法如下：

1. 以三军团之两个团经安底、儿母洞向三重堰前进，以三日行程赶到，切断三重堰至西安寨地域之敌退黔西之路。

2. 三军团另两个团及一军团之两个团明日协同消灭西安寨之敌，一军团之两个团明日经洪关坝，13 时到达泹水，断西安寨敌退新场之路，三军团之两个团经波罗海到西安寨，于 14 时到达西安寨（西安寨到泹水十五里）。11 日，以一、三军团之各二个团到达打鼓新场。

3. 一军团主力四个团经永安寺、无马口、岩孔于 11 日到达打鼓新场附近攻击，干部团明日佯攻周敌。

4. 五军团为总预备队，明日由原地出发向打鼓新场前进，限 11 日到达。

5. 九军团任务仍旧。①

这个方案即是：以红九军团在遵义以北和以南地区阻滞郭勋祺、吴奇伟两部，集中主力攻歼打鼓新场的王家烈所部，以引动周浑元、吴奇伟两纵队，求得决战。中共中央、中革军委中大多数领导干部均表示同意，唯独毛泽东始终不赞成进攻打鼓新场的冒险方案。毛泽东反对的理由是：打鼓新场之敌是一块硬骨头，也许可能还是敌人故意放设的一个诱饵，一旦我军不能迅速歼灭打鼓新场之敌、结束战斗，附近的敌军可能即向打鼓新场增援。如果那样，红军就会面临敌各路援军的多方侧击，而陷入极其被动的境地、造成大的损失。

毛泽东在会上反复阐述自己的理由，还是说服不了大家。毛泽东

---

① 周朝举主编：《红军黔滇驰骋史料总汇》（中集），军事科学出版社 1990 年 2 月版，第 950 页。

的脾气上来了，他又气又急地说：如果大家都同意打，那我就辞去前敌政委的职务，不干了。毛泽东的本意是想以辞去前敌政治委员的职务来表明自己坚决反对进攻打鼓新场的态度，而并不是要挟组织。但却适得其反，中共中央、中革军委以举手表决方式通过了进攻打鼓新场的方案，并接受了毛泽东的请辞，责成周恩来拟制具体计划。毛泽东仅仅一周的前敌司令部政治委员，就这样给免掉了。

3 月 10 日 21 时，中革军委发出预先号令，对 11 日的行动作出部署：

A. 第五军团应集结于长干山、大王寨之线，以一营佯攻坛厂之敌，以掩护我主力集中。

B. 第一军团应集结于平家寨、子房、甘溪地区向坛厂警戒，封锁消息。干部团仍受林聂指挥，集结于甘溪附近，并望以地点电告。

C. 第三军团应集结于花苗田、枫香坝，向遵义及大渡口方面警戒并游击侦察。

……①

会后，冷静下来的毛泽东找到周恩来，建议稍迟一点签发作战命令，看看敌情有没有什么变化再说。果然情报部门上报了"黔军犹禹九旅已于 10 日退守泮水、后续退新场；滇军孙渡纵队鲁旅已到黔西，12 日可到打鼓新场，安、龚两旅则跟进陆续到达"的报告。而按预定计划，中央红军也须在 12 日才能进抵打鼓新场。这样战场态势将可能是：中央红军被黔、滇两军所吸引，周浑元、郭勋祺两军夹击中

---

① 周朝举主编：《红军黔滇驰骋史料总汇》（中集），军事科学出版社 1990 年 2 月版，第 951 页。

央红军之侧背，中央红军将陷入进退两难的境地。历史又一次证明毛泽东是正确的。于是，11 日凌晨，再次举行中央负责人会议，在毛泽东和周恩来的说服下，中革军委决定放弃攻打鼓新场的计划，集中主力，准备转移。据此，11 日 1 时 30 分，总司令朱德下达《不进攻新场的指令》：

林聂彭杨：

　　据昨前两天情报，犹旅已由西安寨退泮水，如见我大部则续退新场。滇军鲁旅已到黔西，12 日可到新场，安龚两旅则跟进。依此，我主力进攻新场已失时机。因为我军 12 日才能到新场，不但将为黔滇两敌所吸引，且周川两敌亦将出我侧背，如此转移更难，所以军委已于昨 10 号 21 时发出集中平家寨、枫香坝、花苗田地域之电令，以便寻求新的机动，望准此行动。

朱
1935 年 3 月 11 号 1 时 30 分 ①

周恩来后来回忆道：

　　从遵义一出发，遇到敌人一个师守在打鼓新场那个地方，大家开会都说要打，硬要去攻那个堡垒。只毛主席一个人说不能打，打又是啃硬的，损失了更不应该，我们应该在运动战中去消灭敌人嘛。但别人一致通过要打，毛主席那样高的威信还是不听，他也只好服从。但毛主席回去一想，还是不放心，觉得这样不对，半夜里提着马灯又到我那里来，叫我把命令暂时晚一点发，还是想一想。我接受了毛主席的意见，一早再

---

① 周朝举主编：《红军黔滇驰骋史料总汇》（中集），军事科学出版社 1990 年 2 月版，第 954 页。

开会议，把大家说服了。①

鉴于遵义会议以后的 50 多天的作战行动中，中央红军的指挥权不集中，常常召开十几甚至是几十人的扩大会议，来研究军事问题，并以少数服从多数决定军事行动。这样的决策方式，时间长、效率低，在瞬息万变的战场情况下，容易贻误战机，亟须成立一个具有权威的军事指挥机构，以保证及时高效地实施正确的作战指挥。于是，毛泽东以打鼓新场事件为契机，提议成立"三人团"全权负责军事指挥。周恩来随即向张闻天作了通报。3 月 12 日上午，张闻天在苟坝主持召开中共中央政治局会议，提议成立毛泽东、周恩来、王稼祥三人军事领导小组，即新的"三人团"，以周恩来为团长，代表中革军委负责全军的作战行动。毛泽东在军队中的地位得以进一步巩固和加强，保证了中央红军得以顺利渡过极其艰难紧要的关头。

第二节　鲁班场不胜，被迫西渡赤水河

中央红军在遵义西南的活动，使蒋介石产生错觉，他认为红军徘徊于此绝地，乃系大方针未定的表现。今后将化整为零，在乌江以北打游击。遂决心改"南守北攻"为"东西防堵，南北分进合击"，命令各路"追剿"军要不顾一切寻找红军决战，叫嚷"残匪西窜，是我军围剿惟一良机，如再不能剿灭，则再无革命军人

---

① 中共中央党史资料征集委员会、中央档案馆编：《遵义会议文献》，人民出版社 2009 年 7 月版，第 73 页。

之资格"①, "剿匪成功, 在此一举"。

一、敌军步步紧逼压迫红军机动空间

3月12日, 蒋介石发出围歼红军于乌江以西、赤水河以东地区的电令:

为防匪西窜起见, 规定部署如下:

一、由赤水县起, 太平渡河、沙滩场、毛坝场、三重堰、打鼓新场至黔西为第一线; 江门、叙永、站底、营盘山、赤水镇至毕节为第二线; 横江、滩头、普洱渡、盐津、昭通为第三线; 屏山、灵渡至金沙江上游为第四线。

二、一线毛坝场以上(北), 归潘总指挥率所部及侯汉佑部防守, 以南归王司令官率所部防守; 第二线赤水镇以北归川军, 以南归滇军; 第三线盐津以北归川军, 以南归滇军。

三、各线均应严密构筑碉堡工事。两碉间隔以目力、火力能及为度, 最好每里约一碉。对于渡口, 尤须严密坚固, 并分段指定部队及团防负责守备, 并速派员考察督促。匪未到, 则行封锁; 匪已来, 则死守待援。②

蒋介石既有川军、黔军以及湘军组成的东线堵击防线, 又有上述四道西线堵击防线, 再加上中央军周浑元、吴奇伟部的步步紧逼, 将中央红军压缩于鸭溪、枫香坝、长干山等地, 区域局限、狭小。

① 《中国工农红军长征史料丛书》编审委员会编: 《中国工农红军长征史料丛书·参考资料 (2)》, 解放军出版社 2016 年 8 月版, 第 125 页。

② 《中国工农红军长征史料丛书》编审委员会编: 《中国工农红军长征史料丛书·参考资料 (2)》, 解放军出版社 2016 年 8 月版, 第 127 页。

为了摆脱困境，转变战局，中共中央政治局确定了"向西南转移"寻求新的机动的战略方针。3月13日20时，中革军委发出《关于我野战军战略方针的指示》：

　　甲、依据目前情况，党中央政治局决定：我野战军战略方针仍应以黔北为主要活动地区，并应控制赤水河上游，以作转移枢纽，以消灭薛岳兵团及王家烈部队为主要作战目标。对川、滇敌人须在有利而又急需的条件下，才应与之作战，求得消灭其一部。

　　乙、军委依此方针决定我野战军应向西南转移，求得在转移中与在消灭王家烈部队的战斗中，调动周、吴纵队，实行机动，并迅速略取与控制赤水上游的渡河点，以利作战。

　　丙、在这一战役中，各兵团后方统应向西。

　　……①

3月13日，中革军委计划采取围点打援的方法，围歼泮水的王家烈一部，以调动周浑元纵队增援，寻机在五马口地区歼灭。但黔敌又是一触即退，而我又未能如愿。

3月14日，遵照蒋介石关于《围歼长干山附近红军》的命令，中央军吴奇伟部欧震九十师、梁华盛九十二师北渡乌江后，进至鸭溪，准备向长干山方向进攻。②中央红军顺势定下了于长干山一带伏击欧、梁部的决心。但因吴奇伟心有遵义惨败之余悸，且又受"从容

---

① 《中国工农红军长征史料丛书》编审委员会编：《中国工农红军长征史料丛书·文献(2)》，解放军出版社2016年8月版，第80页。

② 参见《中国工农红军长征史料丛书》编审委员会编：《中国工农红军长征史料丛书·参考资料 (2)》，解放军出版社2016年8月版，第132页。

部署，严密兜剿，不必过急"之命①，行动十分谨慎，中央红军失去先机，被迫分别向西转移至鲁班场附近狭小地区。中央红军的活动范围进一步被压缩，回旋余地狭窄，处境极为被动、艰险。

二、红军鲁班场鏖战周浑元

面对上述形势，驻坛厂的红一军团和驻分水岭的红五军团首长相继向军委提出进攻鲁班场之敌的建议，而红三军团军团长彭德怀对此则持反对意见。中革军委又一次展开了争论，最后毛泽东力排众议，定下了鲁班场战斗的决心。

14 日 22 时，朱德下达作战命令，具体部署为：

A. 第一军团、第三军团主力（限明日十二时前赶到鲁班场作战）及干部团为右翼队，由林、聂指挥，取道潭厂，由北向南突击鲁班场之敌左侧背及左正面，一军团教导营应监视和相机消灭观音场之敌，并切断其通仁怀交通。

B. 第五军团及彭雪枫指挥之两个团为左翼队，由董、李指挥，应以五军团之一个营固守分水岭工事，主力则出分水岭，由西南协同一军团突击该敌；其三十七团一个营应协同彭雪枫指挥之两个团作战，并受彭指挥。彭雪枫应以三十七团一个营先进攻并吸引三元洞之敌向南出动，主力则从鲁班场、三元洞之间突击，并向五军团主力靠近。在雪枫未到前，董、李直接指示该营行动。

C. 第九军团主力应由蔡领率为总预备队，于明日九时以前

---

① 《中国工农红军长征史料丛书》编审委员会编：《中国工农红军长征史料丛书·参考资料（2）》，解放军出版社 2016 年 8 月版，第 134 页。

赶到潭厂，另一团带小电台由罗指挥于明日十二时前出枫香坝以东地区游击、阳动，监视吴敌，并迟滞其向西进。

......①

鲁班场位于贵州仁怀县城西南 23 公里，三面环山，一面连丘，地形复杂，易守难攻。3 月 11 日至 14 日，周浑元纵队 3 个师先后进至鲁班场后，按照蒋介石的训示，在周围山上构工设障，形成了较完备的防御体系。具体布防为：五师防守团标寺、营盘寺一线；十三师防守丁家山、羊角岭一线；九十六师防守老坟嘴、石板井一线；纵队司令周浑元在鲁班场督阵。敌人强拆民房，修筑工事，在工事周围每公尺钉一木桩，中间用藤条、荆棘串联，构成一道道障碍，即"土铁丝网"，同时还筑了 70 多个梅花形碉堡，构成密集的火力网。

3 月 15 日 7 时，中央红军各部依令向鲁班场挺进。8 时，红五军团以 1 个营佯攻三元洞，主力由分水岭直扑鲁班场，实施侦察和驱警作战。10 时许，红一军团先头通过观音场，击退国民党军便衣队，占领李村附近国民党军警戒阵地，进行作战准备。至 11 时，红一军团全部及干部团攻占观音场后进至李村、红五军团进至翁石坝地域，红三军团（缺第十、十三团）亦陆续到达。战斗随即展开，红军奋不顾身反复冲杀，国民党军依托工事、拼死抵抗，战斗异常激烈。其中，红一军团 2 个团与守敌 3 个团在团标寺与白家坳之间的开阔地带的激战最为惊心动魄，红军战士冒死冲锋，与敌展开白刃格斗，齐人高的荆棘茅草被踏为平地，突破了敌 3 道障碍，消灭了碉堡里的敌人。然而，由于周浑元纵队部署密集、依托工事紧缩不出，中央红军

---

① 《中国工农红军长征史料丛书》编审委员会编：《中国工农红军长征史料丛书·文献(2)》，解放军出版社 2016 年 8 月版，第 81—82 页。

主要突击方向均经密林，不易运动，且正面狭窄，扫清外围作战进展十分缓慢。

15时，中央红军调整部署，以主力6个团由翁石坝向鲁班场东北端攻击，以红一师2个团由鲁班场以西向东突击，干部团位李村策应的作战布势，向鲁班场发起总攻。红军指战员迎着敌人密集的弹雨前仆后继，冲向敌人的深壕和碉堡；敌人见红军攻势甚猛，便躲进鲁班场四周的碉堡里顽抗，并出动飞机轰炸红军进攻部队。至16时，作战成胶着状态，战况仍无大进展。为提高进攻速度，战场总指挥林彪、聂荣臻令红三军团2个团移至鲁班场东北地区，相继投入战斗，增强主要进攻方向上的攻击力量。激战至17时30分，由于敌人3个师位集一处，火力密集，且碉堡林立、工事坚固，中央红军虽然在局部地段有所突破，但始终无法推动整个战局发展，而与周浑元部打成对峙。

续战至20时，中央红军攻击仍未能奏效，自己损失却较大。此时，配置在鲁班场西南一带高地的周浑元纵队一部开始向中央红军右翼运动，黔军2个团由岩孔赶来，已到永安寺附近，援敌吴奇伟纵队已进到枫香坝地区。其他各路敌人也进一步逼迫。中革军委看到我军已无力继续发起攻击，达成歼灭该敌的预定目的，为了避免遭敌内外夹击，决定撤出战斗，向怀仁县城和赤水河边的茅台渡口转移。同时命令红一军团工兵连及干部团赶赴茅台架桥，务必于16日拂晓前在茅台架设3座浮桥。

15日夜，中央红军陆续撤出战场，转移至茅台、仁怀、坛厂、小河口地域。（见彩图12）

鲁班场战斗，敌人凭借坚固碉堡，在飞机支援下顽抗，红军付出了巨大的代价，激战未克。此役中央红军歼敌不过400人，自损大约2000人。林彪、聂荣臻17日向总部电报的损失是：我们伤亡共四百八十九人，内亡团参谋长及团参谋、营长各一人，连长三人，排长六人；伤营长一人，连长四人，排长十人。武器弹药还在清查中。① 由此可见一斑。

三、途经茅台三渡赤水进川南

鲁班场战斗是中央红军为消灭敌中央军周浑元纵队而发动的，激战终日，战况无进展，再战不利，撤出战斗。但这一仗虽未达成作战目的，却使阻挡在正面之周浑元部遭到猛烈打击，敌惊恐万状，惶惶不得终日。在红军撤离战场后，困守在鲁班场内的周浑元部惊魂未定，三天不敢轻举妄动，不敢实施追击。这为中央红军三渡赤水争取到充分的时间。

吴奇伟部也因心有余悸而推进缓慢，3月14日到达枫香坝附近，遭遇红军阻击，即停止了前进，驻足围观了红军与周浑元的激战。蒋介石大发雷霆，将薛岳、周浑元、吴奇伟一并训斥：

> 梧生（吴奇伟）部到枫香坝后，其主力不得停留片刻，应即向太平场、井坝道路转进。如遇匪后卫拦阻，更应猛力冲击，并设法绕至其后卫两侧，竭力抄袭。若照梧生寒（十四日）酉（十七时）电称，"梁（梁华盛）师先遣队到达枫香坝附近，有匪阻我，前进即止"，此乃为我军之大耻。当此釜底游魂之匪，若再不乘机聚歼，运其智勇，各尽职责，则何颜再立于斯世？希严令遵行！ ②

---

① 参见田光信：《鲁班场战斗》，中央文献出版社2006年10月版，第97页。

② 《中国工农红军长征史料丛书》编审委员会编：《中国工农红军长征史料丛书·参考资料（2）》，解放军出版社2016年8月版，第135页。

然而，于事无补，周、吴所部及其他部队，均距茅台的中央红军甚远，无法阻止红军渡河。无奈之下，蒋介石除令周、吴部继续尾追红军外，急令川军潘文华部、滇军孙渡部以及黔军部分兵力迅速占领西线第二道防堵线，构筑碉堡工事，严密封锁，堵"匪"西窜。

迅速撤离鲁班场战场的中央红军主力，突然掉头向西北方向急进，于16日当天不战而占领了仁怀县城和茅台渡口。工兵连和干部团也早已奉命在茅台上游的山羊坳、中游的珠沙堡、下游的银滩渡（观音寺）架设了三座浮桥。

3月16日，蒋介石判断中央红军将沿着旧路向北进入川南，然后再次试图北渡长江与红四方面军会合。于是严厉催促国民党军各路部队迅速向黔北和川南地域推进，企图追堵再次西渡赤水的中央红军：

一、综合本日情报，昨犯我鲁班场周纵队之匪，大股窜往仁怀、茅台，先头千余已渡过赤水河西窜；其一部折向永安寺分窜；长干山一带仍踞匪甚多。判断该匪以数部分途阻我追击，主力由仁怀方面渡过赤水河西窜。

二、我军以聚歼该匪于古蔺地区之目的，拟即分击与堵剿。

三、周纵队应即派兵两团以上兵力，协同郭师占据仁怀，筑碉防守，主力即进出鄢家渡，向古蔺方面寻匪堵截。

四、吴纵队驱逐当面之匪后，即归周代总指挥之指挥，会合一路追剿。

五、郭师长勋祺所部，由两河口直向仁怀、古蔺尾匪追剿。

六、孙纵队速赴大定、毕节、赤水［河］镇一带担任防堵，务与川军确取联络，另派一部扼守瓢儿井，主力集结毕节附近，向匪堵击。

七、王纵队除固守选择原防及由黔西延伸至大定线防守外，应抽有力一部进出新场北地区，寻匪截击。

八、川军向赤水前进之刘旅，赶赴土城防堵；在古蔺之魏部，坚阵固守，并多派小组游击队，遍处活动，迟滞匪之行动。在江门、叙永之各部，应在江门、叙永、赤水河线，严密防堵，并与赤水河滇军连络。

九、遵办情况具报。①

16日18时，中革军委下达《关于我军三渡赤水河的行动部署》命令："于今十六日晚和明十七日十二时以前，由茅台附近全部渡过赤水河西岸，寻求新的机动。"② 命令详尽安排了中央红军各军团渡过赤水河的次序。特别值得注意的是，在各军团渡河具体计划的后面，都附加着这样一句话：渡河后向西或西北或西南走出十至三十里"隐蔽休息"。

1.干部团应于今十七时在茅台渡河地段布好阵地，掩护渡河。但须以一个营先渡河西，候军委到时掩护其行动。陈、宋并为全军渡河司令员及政委。该团并应于五军团到时将渡河指挥及掩护任务交五军团，并于明日四时至五时渡完，渡后即向西走二十里，在军委以西隐蔽休息，向西警戒。

2.一军团应从今十八时起至二十二时止渡完，渡后即向西北通核桃坝方向走三十里隐蔽休息，向西北及二郎滩警戒。

3.军委应从今二十二时起至二十四时止渡完，渡后即向西走十五里隐蔽休息，即以干部团之一营向西警戒。

---

① 《中国工农红军长征史料丛书》编审委员会编：《中国工农红军长征史料丛书·参考资料 (2)》，解放军出版社 2016 年 8 月版，第 142—143 页。

② 《中国工农红军长征史料丛书》编审委员会编：《中国工农红军长征史料丛书·文献 (2)》，解放军出版社 2016 年 8 月版，第 84—85 页。

4.三军团应从今二十四时起至明四时止渡完，渡后即向西南走三十里隐蔽休息，向西南警戒。

5.第五军团应从明五时至七时止渡完，当开往茅台渡河时须留一个营及侦察连在两路口、盐津河附近，对观音场方面警戒，候九军团通过两路口后跟进归还建制，该军团并于明四时前接任干部团掩护渡河的任务，候九军团全部渡完后即破坏诸渡河点渡河器材，扼守西岸。

6.第九军团应从明九时至十一时止渡完，渡后即向西走十里隐蔽休息。

……①

16日18时，中央红军开始渡河。在茅台渡口，毛泽东不断要求渡河部队注意隐蔽，还问红军官兵们："看见敌人的飞机了没有？"有个小红军抢着说："看见了，飞得很低，就不怕被咱们打下来！"

3月17日，由于红军渡河迅速，未到中午，渡河已接近尾声。敌机前来侦察，发现红军渡河，随即投弹轰炸茅台渡口赤水河上的浮桥，造成一些损失。据陈胡屯烈士陵园碑文记载：1935年3月17日下午，中央红军总部在浴血鲁班场三渡赤水河之后，马不停蹄、乘胜进军，行至陈胡屯。此时，天气炎热、爬坡疲劳，在此短暂休息。正在这时，三架飞机尾追侦察，因骡马受惊嘶叫，红军战士当即转移到古木参天的柏树林中隐蔽。侦察机接连投下数枚炸弹，顿时山林火光冲天，引燃了红军的炮弹、枪弹、手榴弹、汽油、滑油等物资，成为一片火海。红军战士牺牲九十多人，同时还炸死骡马六匹，烧坏部分

---

① 《中国工农红军长征史料丛书》编审委员会编：《中国工农红军长征史料丛书·文献(2)》，解放军出版社2016年8月版，第84—85页。

苏维埃币及其他军用物资。在这次空袭战中，附近一家民房也被炸，着火燃烧。毛泽东亲自指挥红军战士一道扑救。

3月17日，蒋介石就采用伏兵战术和攻势行动电令薛岳：

> 本日飞机侦察，仁怀已架设浮桥二道，据其判断，匪大部已渡河向古蔺西窜。惟茅台与仁怀间尚有少数残匪。我郭勋祺部已集中潭厂，而吴纵队仍在枫香坝未动，何耶？兄等向前追击，在沿途重要地点均应酌〔留〕少数部队，约营为单位，筑碉扼守，以防匪再绕道回窜。鲁班场、枫香坝、潭厂等处，皆应酌留若干，一面修碉守备，掩护我后方，一面可搜索其后方附近残匪。但此守备队，必须教其练习伏兵之法，预在其左右前方五十里附近处选地设伏，以围剿残匪。任用伏兵战术，方能奏效。据确息，匪所经过村落，皆留有落伍小匪，以枪送民家，愿为民家作工，而民家因之多为其藏匿。此即匪一面仍为其赤化与窜回之准备，一面扰乱我后方。故此后我前方追击部队不必过大，若依照围剿战术原则，到处取攻势防御；只要不失匪踪，则我每路追击队若有八团兵力，即已足用。仁怀留两团，如嫌不足，可多派一团，总使此匪不能再回赤水河以东。望照此意图相机部署。如鄢家渡船只不多，则尽量向其以西地区伸展，觅船架桥，并应严防匪转向赤水河南岸回窜。吴纵队如为取道便利，则可先到仁怀，再转向周纵队跟进。请兄等自行酌定。①

时近中午，红军全部渡过赤水河进入四川古蔺县境。从而使蒋

---

① 《中国工农红军长征史料丛书》编审委员会编：《中国工农红军长征史料丛书·参考资料 (2)》，解放军出版社 2016 年 8 月版，第 144 页。

介石煞费苦心地部署"围歼"中央红军于遵义、鸭溪地区的计划落了空。（见彩图 13）

无奈之下，蒋介石 3 月 17 日电令川滇两军星夜赶筑叙毕碉堡线：

一、现在匪已由茅台窜过赤水河。我叙永、毕节第二防堵线，亟应严密封锁，堵匪西窜。

二、潘总指挥应饬陈师（万仞）于纳溪、叙永、营盘山、赤水河（含）线；孙纵队应于赤水河（不含）至毕节线，扼要先行选择据点，星夜赶筑碉堡工事。

三、各据点工事筑成后，即速于各据点间目力、火力均能交叉相及为要。

四、潘总指挥、孙司令官应双方互派委员参观彼此工事，藉资连联。

五、所选工事据点，即日电告，并绘详图补报。

六、此封锁线严密与否，关系剿匪前途至钜，望各妥速办理。①

然而，国民党军的努力注定又是竹篮打水一场空。

第三节　武装起义，支援配合中央红军

早在 1934 年 7 月，中共泸县中心县委就提出："川南的党是最前线的党，前线党的任务是武装斗争。"泸县中心县委下属各县党组织

---

① 《中国工农红军长征史料丛书》编审委员会编：《中国工农红军长征史料丛书·参考资料（2）》，解放军出版社 2016 年 8 月版，第 146 页。

即把开展武装斗争作为当时的中心工作，建立了叙永游击队和南六游击队。8月，叙永地下党组织在两河界首山成立苗民政府，赤卫队员发展到近200人。这些武装力量提出三大任务：（一）打土豪、破仓分粮，给群众以利益；（二）恢复群众组织，彻底摧毁农村封建统治机构；（三）尽量收集枪支武装自己，壮大力量。两支游击队和界首山赤卫队的建立和发展，为今后支援红军长征奠定了良好基础。

1935年中央红军进入黔北以后，中共泸县中心县委在上瓷召开了常委会议，讨论如何接应中央红军的问题。中共泸县中心县委经过慎重的研究，决定积极筹划组织石顶山武装起义和大渡口武装暴动。

一、石顶山武装起义

石顶山位于四川合江、贵州赤水交界之处。1935年1月上旬，中共泸县中心县委常委李清泉以南岸特派员身份来到石顶山，准备筹划武装暴动，以牵制川黔敌军。李清泉以教书为掩护，串联发动贫苦农民抗租、抗捐、抗丁，恢复发展党的组织，并与在泸州起义中受过刘伯承教育影响、时任精选中队队长的余德章和分队长冯吉结识，经过培养和考察，由李清泉介绍二人入党。余德章带领的精选中队，多数人是本地贫苦农民，有革命要求，并且受过一定军事训练。李清泉、余德章就在中队中进行宣传教育，培养积极分子，策动武装起义。同时，由冯吉在贫苦农民中，组织青年赤卫队，届时与精选中队的起义密切配合。1月下旬，中央红军北进，一渡赤水河，进入川南。李清泉返泸县，向泸县中心县委汇报，建议抓紧起义，配合红军。泸县中心县委立即派军事指挥员杨其生和一些党员到石顶山，协助起义。由于敌人重兵封锁长江，中央红军挥师东向，二渡赤水，重入遵义。这时，由赤水到泸县的大路上写了很多"红军来了"的大标语，石顶山周围的群众革命情绪高涨，李清泉认为敌人力量虽然强大，但红军就在眼前，因此，决定按原计划起义。

3月10日晚，石顶山起义爆发。杨其生、余德章、冯吉等率领的精选中队在驻地起义后，攻占大同区公所和五通乡公所，缴获步枪50余支、子弹2000余发，并击溃追敌，在月台山大庙会师。次日召开群众大会，处决大地主刘丕平，宣布成立"川滇黔边区工农红军游击队"，由杨其生任队长，李清泉任政委，余德章任政治部主任。下辖两个中队，共200余人。另外，将那些家庭负担重，不能长期远离的战士，编为两个赤卫队，归游击队领导，在当地配合行动。敌人调集合江、赤水、叙永三县24个团练中队和部分川黔军队共2000多人"围剿"游击队。游击队不断遭敌袭击，伤亡很大，又与泸县中心县委失掉联系，派人寻找叙永游击队也无消息，孤军奋战，杨其生等英勇牺牲，到4月上旬只剩下李清泉、余德章、冯吉等几人，不得不分散隐蔽，暴动乃告失败。

游击队在石顶山坚持斗争一个多月，因遭数倍优势之敌围攻而失败，但石顶山起义拖住了敌人，有力地支援了中央红军的战略转移。

二、大渡口武装暴动

大渡口地处长江之畔，泸县与江安之间。1934年6月，泸县中心县委调李汉民回大渡口恢复党组织，相机发动武装起义。时逢天旱，一些农会起来抗租、抗粮，中共大渡特支趁机发动群众抢夺市米，并在此基础上进一步壮大了组织，筹集了武器。1935年1月，县委书记邹风平来到大渡口，其时，大渡口有近70名党员，建立了几个支部，农会组织发展壮大。泸县中心县委随后又派曹德渊、李化平、军事干部周一戎等到大渡口加强领导。邹风平亲自主持建立了大渡口特区，特区书记为曹德渊。3月，泸县中心县委大渡口特区准备组织大渡口起义。他们派人打入民团和绿林武装，争取人员和武器。在起义前夕，分别在当地的民团、锦衣团、三俊团以及绿林武装中控制近千人、200多支枪。特区3次开会筹划，准备4月份暴动，与石顶山起义相呼应，并计划成功后先克大渡口镇，然后攻打纳溪，再取道永宁，与红军川南游击纵队会合。就在大渡口起义已如箭在弦上，一触即发之时，泸县中心县委秘书陈继光被捕叛变，大渡口特支书记阳湘林被捕牺牲，暴动骨干有的被抓、有的走散，暴动计划失败。

大渡口武装暴动虽然失败了，但牵制了敌人，有力地支持了中央红军四渡赤水的行动。

第四节　本章总结与启示

战争实践反复证明，战场形势是瞬息万变的，常胜将军是没有的。昨天的逆境和被动，如一渡赤水、转兵扎西，经过努力可能变成今天的顺境和主动，如二渡赤水、遵义大捷。然而战争是敌对双方的对抗行为，今天的大好形势，也可能因对方的"吸取教训、有效应对"而发生变化，有时还可能造成明天的恶化，如中央红军在遵仁地区的机动徘徊直至鲁班场战斗失利。这就是战争不同于其他事物的迷人之处，非常值得我们努力地学习和研究。

一、打鼓新场"打与不打"的争论，验证了真理掌握在少数人手中

打鼓新场（今金沙县城）旧时因商贾云集、买卖鸦片的大集市而方圆闻名，现如今其名声大振，则是缘于 1935 年中共中央、中革军委在此发生的一场 1∶20 多人的争论。这一争论不仅上演了毛泽东在一天内"丢将令、得帅印"的反转剧情，更是反映出毛泽东敏锐的洞察力和高人一筹的预见性，从而验证了"真理往往掌握在少数人手中"。

（一）打鼓新场之战打胜对推动战局发展作用有限

林彪、聂荣臻提出的打鼓新场作战方案，依当时当地情况看，本身并没有问题。既然两次寻歼周浑元不成，打一下黔军"双枪兵"，打个牙祭、扩大点活动空间也是不错的选择。连朱德都认为：拿下打鼓新场这一要地，对于红军开辟黔西根据地较为有利。

然而，能否在黔西建立根据地的关键对手不是黔军，而是中央军，特别是周浑元部。因为红军进入贵州后对国民党军有基本了解：黔军是"双枪兵"，不堪一击；川军战斗力强，阻击红军北渡长江积极、南下追击红军消极；湘军也是不过乌江。而再占遵义我军又击败了中央军吴奇伟，在贵州境内只有周浑元没有打击过，对我军威胁最大。所以，周浑元是全局的关键，毛泽东一直盯着周浑元就是这个道理。而打黔军王家烈部，对蒋介石国民党军而言可能是不痛不痒；而对红军来说，打胜肯定有好处，但效益不高，对改善战场态势、推动战局发展作用不甚明显。

（二）打鼓新场之战不胜将对战局发展产生重大影响

前面是基于打胜分析的，那么能不能打胜？毛泽东分析判断认为：悬！毛泽东除了认为打黔军王家烈作用不大、应以中央军周浑元

部为主要歼击目标外，更担心的是红军有可能陷入了敌人设置的一个圈套：以黔军为诱饵，吸引红军来攻；然后缠住红军，以待中央军、滇军多路夹击、围歼之。若是这样，红军非但不能取得预想的战果：大量歼灭黔军、扩大回旋余地；相反，则可能陷于国民党军重重包围之险境，在打鼓新场如此狭窄的地幅内且没有天然屏障可利用的情况下，红军一旦作战不利，将难以辗转腾挪，失去机动先机。若如此，红军将面临巨大生存威胁，对整个战局产生极为不利的影响。

为什么毛泽东会这么判断，是因为首先在作战目标的选择上，抓住周浑元，就是抓住了关键，就是抓住了主要矛盾。有人可能要问：为什么二渡赤水打遵义时主要作战目标和主要矛盾就是黔军王家烈，而现在就是中央军周浑元了呢？回答是：这就是主要矛盾随着情况的发展变化而发生的转化。首先，打遵义，红军是占地盘，打弱敌黔军把握大；在黔西，红军是扩地盘，不打中央军周浑元而打黔军，起到的作用不大，只有重创周浑元才能打开黔西局面。可见，毛泽东对事物本质的认识和把握要比其他领导人更加入木三分。其次，在情报的研判上，也反映出了毛泽东高人一筹的洞察力和预见性。有人说，毛泽东打仗靠的是情报。不错，打仗谁不靠情报？然而，回顾战争，战场上是不缺乏情报的，能不能收集是一方面、很重要，但会不会分析、得出什么样的结论、采取什么措施则更为重要。日军偷袭珍珠港、9·11恐怖袭击，血的教训证明：情报要么就是废纸一张，要么就是无价之宝。毛泽东的情报来源同中共中央、中革军委的其他领导大体相同，但毛泽东对军事情报之外的信息也颇感兴趣，如"打鼓新场"名字的由来；对情报中多次提到"打鼓新场"更加敏感，更加注重分析其背后深层次的东西，从而预见可能好的或不好的发展方向及其可能的结果。最后，红军情报部门最后送来的情报证明毛泽东的预判是正确的，打鼓新场的争论也就此结束，一次缺乏胜算的行动被叫停。

（三）打鼓新场争论的启示

打鼓新场的争论，谁对谁错还在其次，重要的是它暗合的战争战役规律和指导规律是我们必须研究和认真对待的。

一是战争是敌我双方生与死的对抗，"致人而不致于人"是战争战役指导者追求的目标。战争的目的是"消灭敌人，保存自己"，要想实现这一目的，首要的就必须做到力争主动、力避被动，创造出"致人而不致于人"的战场态势。尽管国民党军内部矛盾重重、战斗力参差不齐，但蒋介石绝非泛泛之辈，其幕僚和部属也不乏能人和战将。在遵义之战失败后，蒋介石一开始是准备以中央军周浑元部和川军郭勋祺部南北夹击中央红军于遵义地区的，但随后即改变决心，不再与红军比机动，不允许任何一支部队贸然出击而给红军可乘之机。他电令贵州境内的所有国民党军"暂取攻势防御"，稳扎稳打、步步为营，打算在不交火的情况下，将红军限制在狭窄地域内，然后逐渐缩小包围圈。蒋介石这一阴险毒辣的计划，将使中央红军在贫瘠的贵州西北大山中，不但就粮困难，陡峭的山势也不利于大部队机动，限制了红军的优势、扩大了红军的弱点，置红军于极为不利的被动境地。为争取主动，致人而不致于人，红军多次寻找战机不成，战场态势不断恶化。最后，不得不打了鲁班场，以求新的机动。可见，战争是敌我双方斗智斗勇的过程，主动和被动不是一成不变的，而是在敌我双方你来我往的博弈中相互转化的。一厢情愿地把敌人当作傻瓜，其实是自己愚蠢。只有下大力气收集情报，深刻地分析战场形势，科学预判未来走向，扬长避短，才能"致人而不致于人"，夺取主动、赢得胜利。

二是战争是最具盖然性的领域，沉着冷静、持重待机是战争战役指导者的能力素养所在。战争最不同于其他事物的特点就是自始至终充满着盖然性。有人说：随着科学技术的发展进步，战场将越来越透明。这句话实在值得商榷。先进的技术能够揭开"山那边"的迷雾，同样也可以制造"山那边"新的迷雾。战争在盖然性中开始、在盖然性中结束。制造盖然性的是敌对双方，是前面说到的追求"致人而不致于人"的必然产物。敌对双方都想揭开迷雾于己，制造迷雾于敌，这既是战争独具魅力之所在，更是对战争战役指导者的痛苦煎熬和严峻考验。如红军在遵义大捷后，屡打周浑元不成，就是红军依据"周浑元将向遵义西南实施进攻"的情报部署作战行动；而周浑元则是按照蒋介石新的命令"向遵义西南实施防御"，坚守不出。这就是盖然性的表现形式之一，基于此，红军在鸭溪、白蜡坎、长干山一带反复诱敌，希望将周浑元部诱出坚固据点予以打击，但周浑元始终不为红军的频繁调动迷惑。战机始终创造不出、屡屡捕捉不到，红军空有运动战的看家本领而无法实施，随着时间流逝，红军指战员包括高级将领开始出现了急躁情绪。在周边敌情越来越紧迫、不确定因素越来越多的情况下，这种急躁和焦虑，更容易产生迷雾来蒙蔽指挥员的双眼、扰乱指挥员的心智。可见，在充满战争迷雾的战场上，面对纷繁复杂的战场形势，敌我双方你来我往的相持较量中，保持沉着冷静、不急不躁是多么的难能可贵。我们既不要为情况判断不准、行动收效不大，而心浮气躁；更不要为情况判断失误、行动得不偿失，而惊慌失措。这是战争战役指导者所必备的军事素养和指挥能力。特别是在未来"以我为主、机动作战"中，保持沉着冷静、坚持持重待机是我们创造和捕捉战机的基础和制胜强敌的关键。

三是战争是"国之大事"，战机稍纵即逝，统一指挥、机断行事是战争战役指导者必须遵守的基本要则。战争是政治的继续，是流血的政治，指导战争战役是最高风险的职业，不是谁都能驾驭得了的。战争战役有其自身的规律，只有认识并遵守战争战役规律，用以指导战争战役实践，才可能夺取战争战役的胜利。在几千年的战争实践活动中，基于对战争规律的认识，人们总结归纳了许多指导战争战役的原则，"统一指挥、机断行事"是其中最关键的原则。中国古代兵书就有"凡兵之道莫过乎一""兵权贵一"等论述。"打鼓新场打与不打"的争论，反映出中共中央、中革军委在战争决策和作战指挥中存在的一个大问题，即：动不动就召开中央政治局扩大会议来研究军事问题，甚至用举手表决的方式决定军事行动。这虽然情有可原，但却是兵家大忌。情有可原是中央红军深受李德为首的"三人团"瞎指挥之苦，需要以集体的智慧来避免和纠正错误；兵家大忌则是违背了"统一指挥、机断行事"的基本原则。特别是在当时国民党军重重围困之中，在战场情况瞬息万变之时，这种方式对重大问题往往不能及早作出决断，容易贻误战机。因此，后来成立毛泽东、周恩来、王稼祥三人军事领导小组，代表中革军委全权负责指挥作战，是完全正确的和必要的，它保证了中央红军得以顺利渡过极其艰难紧要的关头。这里存在一个问题，即都是"三人团"，不都是"兵权贵一"吗？怎么老"三人团"就错，新"三人团"就对呢？我们说，此"三人团"非彼"三人团"，老"三人团"中的核心——李德是徒有虚名、不堪大任，新"三人团"的核心，则是大家都心悦诚服、高人一筹的毛泽东。

当然，我们强调"兵权贵一"、少数人指挥作战，并不是个人大权独揽而降低集体领导的地位作用。相反，集体领导、党委决策仍然至关重要、不可或缺。前面我们说过，战争规律是最难把握的，"三人团"或某个人指挥战争战役是存在极大的风险的，古今中外常胜将军是不存在的。党委集体领导的权威和关键作用，首先就在于推选和决定由谁来组成"三人团"。我们不唯心天命，但不否认天赋，要选出真正能担此大任的军事指挥人才。一旦形成"三人团"，党委还要用人不疑，赋予"三人团"统一指挥、机断行事的权力，甚至是"将在外君令有所不受"的"尚方宝剑"，放手发挥其主观能动性。而"三人团"只要时间允许，也必须向党委汇报作战构想，集体研究作战方针。时间紧迫时，"三人团"内部也要充分酝酿，最后由"三人团"的核心以对党对国家高度负责的精神和精湛的专业素养做出最终的决断。

这是指导未来战争战役必须把握的基本要则。

二、鲁班场战斗的是非功过，佐证了失败是成功之母

实事求是地讲，从局部看，鲁班场战斗是一个不折不扣的败仗。一是未能实现开创云贵川边新苏区和加速实现"赤化贵州"的战略目标；二是敌地形有利、工事坚固、以逸待劳，我军没能发挥机动作战的特长；三是此战敌优我劣、敌众我寡，我攻敌守，毫无优势可言，结果是我军歼敌少（300人至400人）而自损多（1000人至2000人）；四是战后我军形势进一步恶化，回旋空间进一步被压缩，不得不再次西渡赤水河。

鲁班场之战在学术界存在一定的争论：为什么毛泽东不同意捏打鼓新场的软柿子，反而去啃鲁班场的硬骨头？为什么毛泽东不听建议非要打备受争议、胜算不大的鲁班场战斗呢？事后毛泽东好像再未提起，当事人也不好再议，从而又给此增添了几分神秘。现在后人议论纷纷，有无限拔高的，认为这是毛泽东的高明之处，明知打不了，但为了三渡赤水，进而为以后四渡赤水、南渡乌江、巧渡金沙江等行

动而主动打的；也有持否定态度的，认为打鲁班场是毛泽东的鲁莽之举，造成红军的重大伤亡，得不偿失。当时彭德怀就不赞同打，完全可以不打而直接过河嘛。通过学习和研究，我们认为，在打鲁班场之前，毛泽东是看到了三渡赤水甚至四渡赤水这两步棋，而南渡乌江及其后面的几步棋则是在打鲁班场之后才想好的。毛泽东力排众议坚决不打打鼓新场的黔军，却坚决去打鲁班场的中央军，可以这样去理解：起初是一种积极主动的行为，若能歼灭或重创周浑元，则能粉碎敌人即将发起的围攻，进而开创出在云贵川边建立新区的有利局面。但后来则变成了不得已而为之的行动，是出于以可能小的失利换取大的主动的考虑。也就是说，打鲁班场目的有二：打下为上，可留；打不下次之，可走。

（一）鲁班场战斗的失利坚定了毛泽东走的决心

鲁班场之战是清除战场绊脚石之战，只有打败周浑元，才能改善态势、争取主动。中央红军取得遵义大捷后，蒋介石吸取教训，改变策略，采取"分进合击、层层围堵和稳扎稳打、步步为营"的战略战术，行动十分谨慎，减少了国民党军被各个击破的破绽，给中央红军寻机机动歼敌造成了很大的困难。而北有实力强大的川军，此时已占领遵义、向南威胁我军；南有战力已有所恢复的中央军吴奇伟部，且有乌江天险横亘，我军难以发展；东有湘军陈兵江边、虎视眈眈，红军生存空间被压缩，唯有向西，即唯有搬开或打掉绊脚石周浑元纵队，才能增大我军的回旋余地，争取主动。

鲁班场之战又是我战略抉择的试金石，只有一战，才能确定下一步行动的方向，并为下一步行动创造条件。生存是当时中央红军的第一要务。在从川军当面北渡长江受阻之后，是在云贵川边建立根据地，还是伺机北上会合第四方面军，一直是我军的战略选项。但在当时形势下，无论是继续留在云贵川边，还是由云南北渡金沙江会师四方面军，都必须与周浑元一战。从布势上我们说：周浑元是必须搬开的绊脚石；从对手来看，前面我们也分析过了：周浑元是红军在贵州境内的主要对手，对我军威胁最大。所以，鲁班场之战，是无论如何都要打的。胜，则能暂时改善一下不断恶化的形势，争取一定的主动，甚至还可能立足贵州、获得一定的生存空间；不胜，也算是摸清了敌情，打消了在贵州建立根据地的"幻想"，坚定了走的决心。

（二）鲁班场战斗的失利为红军尔后的行动创造了部分有利条件

事实也是如此，尽管鲁班场之战我军伤亡巨大，但我军英勇的战斗作风和猛烈的攻势，也给周浑元纵队一定的杀伤和震慑，起到了敲山震虎的作用。当我军转移时，周浑元龟缩在工事内，三天不敢追击，使我军第三次顺利渡过赤水河。更重要的是通过鲁班场之战，毛泽东已掌握了国民党军的作战和行动规律，并勾勒出了红军下一步行动的大体路线图，即只有跳出贵州、迂回云南，才能摆脱敌人。

至此，可以说在同蒋介石数次交手中，特别是鲁班场之战，这一失利的战斗，毛泽东已逐步从被动中看到了争取主动的可能，毛泽东对下一步行动已成竹在胸，一个行动计划正在酝酿之中，胜利的曙光即将来临。之后，毛泽东指挥中央红军以调出滇军为目标，三渡赤水、诱敌向西，随即四渡赤水、南渡乌江、威逼贵阳、挺进云南、抢渡金沙，这一系列令人眼花缭乱的行动，如行云流水、环环相扣，使蒋介石如坠云雾之中，屡屡判断失误，棋差一着、步慢半拍，中央红军则从死地中突围而出，重获新生。

（三）鲁班场战斗的启示

失利的鲁班场战斗，在四渡赤水战役中的特殊作用，给我们留下了刻骨铭心的感受：

一是失利与胜利是战争的孪生兄弟，正确认识失利与胜利的辩证关系，是战争战役指导者必须具备的基本常识和素养。战争是敌对双方生与死的较量，作战的一方不是胜利就是失败。在上下几千年的战争史上，常胜将军是没有的。特别是在敌极强我极弱的四渡赤水战役中，挑战与机遇并存，失败与胜利同在，胜败乃兵家常事。而胜则更能凸显败的价值。战役指挥员应清醒地认识到：战役是完成战略任务的手段，是战略的局部，又是战斗的总和，战斗的失利和胜利，既存在着必然性，也存在着盖然性。为着全局的需要，局部的牺牲(失利)是时常发生的，有时也是必要的。战役指挥员要从战争的全局出发，力避局部的战斗失利对战役全局不造成大的影响；力争小的局部的失利，换来大的乃至战争全局的胜利。

二是充分发挥主观能动性，"打得赢就打，打不赢就走"，是战争战役指导者必须具备的优良品格和能力。战争中出现局部失利并不可怕，可怕的是不能从失利中吸取教训，一错再错，一败再败。四渡赤水战役，中革军委和毛泽东摒弃了"左"倾错误路线执行者的"走就是走，打就是打，'放下行李再打敌人'"的做法，充分发挥人的主观能动性，走打结合，以"走"来摆脱国民党军的围追堵截，又以"走"来迷惑和调动敌人。打得赢就打，如遵义之战；打不赢就走，如鲁班场之战等，从而总是能够实现消灭敌人、保存自己的目的。正如毛泽东在《中国革命战争的战略问题》一文中所指出的，"打得赢就打，打不赢就走"，"一切的'走'都是为着'打'"①。因此，战役指挥员必须正确处理"打"与"走"的辩证关系，要能够将战斗中暂时的不利，转化为战役行动上的主动和自由，及时摆脱被动，为改善战略上

---

① 《毛泽东选集》第一卷，人民出版社1991年6月版，第230页。

的被动局面乃至最终夺取整个战争的胜利创造条件。

三是从被动中争取主动、从失败中争取胜利，是战争战役指导者高超指挥艺术的集中体现。失利后能及时调整、摆脱被动，是指挥员指挥能力的体现，而更高明的是能从被动中争取主动、从失利中争取胜利。四渡赤水战役，国民党军和中央红军众寡悬殊、强弱分明，胜负似乎毫无悬念。但毛泽东运用马克思主义辩证法，你打你的，我打我的，从而改变了我军在战场上的劣势和被动，使整个形势向着有利于己、不利于敌的方向转化。在鲁班场战斗失利的不利形势下，中央红军实行大踏步的前进和后退，避敌之长，击敌之短，一再造成敌人的错觉，赢得了战役的主动。正如毛泽东指出的："主动和胜利，是可以根据真实的情况，经过主观能力的活跃，取得一定的条件，而由劣势和被动者从优势和主动者手里夺取过来的。"[1]因此，战役指挥员应树立"机动灵活，自主作战"的思想，隐蔽企图、出敌不意，摆脱被动，争取把主动权从优势之敌手中夺过来。

未来作战，无论是直接面对强敌还是面对强敌支援下的弱敌，个别、局部战斗的失利可能难免会发生，这就要求战役指挥员要保持清醒的头脑，切忌惊慌失措，沉着冷静地判断情况、及时果断地定下决心，并指挥部队采取有序的行动，趋利避害，力避被动、争取主动，去赢得战役乃至战争的最后胜利。

三、石顶山武装起义和大渡口武装暴动的启示

在中央红军长征经过川滇黔边地区时，中共泸县党组织发动革命

---

① 《毛泽东选集》第二卷，人民出版社1991年6月版，第491页。

群众举行了石顶山武装起义和大渡口武装暴动，尽管其规模并不太大且都以失败告终，但却发动了群众、打击了敌人，有效地配合了中央红军的战略转移行动；同时培养了一批党的骨干，在血与火中积累了宝贵的武装斗争经验。所以，石顶山武装起义和大渡口武装暴动，同古今中外的武装起义和暴动一样，反映了当时社会的基本现状，程度不同地影响、改变并推动着社会的运动方向和进程。

由石顶山武装起义和大渡口武装暴动的实践过程，结合中国近代以来的农民革命运动，使我们联想到以下两点。

启示之一：哪里有压迫，哪里就有反抗

上个世纪初的中国，在帝国主义、封建主义和官僚资本主义三座大山的压迫下，陷入了半封建、半殖民地的社会深渊。特别是1931年的世界经济大萧条对中国经济的打击，1931年9月日本进占东北以及各路军阀连年混战，导致苛捐杂税多如牛毛，老百姓苦不堪言，民不聊生，颠沛流离。

据《剑桥中华民国史》记述：在1934年，中国遭遇了罕有的极端天气。1934—1935年，金融萧条使中国经济处于低谷，旱涝风雹灾害更加重了人民生活的困苦，1934年水稻的收获量仅是1931年的34%，大豆产量下降了36%，小麦下降了7%。农业产值由1931年的244.3亿元下降到了1934年的130.7亿元（按当时的货币价值），导致了农村的极度贫困。而政府却在主要的土地税之上又新增了附加税，如"间接税——盐税、烟草税、酒税及火柴税；猪鬃、皮革销售税；猪、鸡屠宰税；发票和合法协议的印花税——名目繁多、骚扰村民"。摊派金额不断增加，加重了农民的困境。农民除了得承受越来越多的税务，还要应付政府及军队随时提出的一些繁重要求，如提夫役、补给品及土地。南京政府军在行军作战时，往往给养不足，于是就地征用粮食。军队所到之处，往往像一场瘟疫降临到这片原野，强征民房、粮食、大车及夫役。①

川南地区河流交错、山地起伏、物产丰富、人口众多，原本的富庶之地，却成了兵家必争之地。各路军阀为争夺地盘，在川滇黔三省交界处，大打出手，对百姓疾苦不闻不问，横征暴敛、烧杀抢掠，使当地老百姓雪上加霜，不堪重负。

哪里有压迫，哪里就有反抗。世界上任何一个国家或地区，在遭受外敌侵略或本国统治者残酷压榨时，都会进行英勇顽强的抵抗。特殊的地理环境也孕育了川南人民艰苦奋斗、敢于抗争的优秀品质。近代以来，川南人民在长期遭受反动统治阶级残酷剥削压迫中，一直进行着艰苦的斗争，有着光荣的革命传统，在反抗帝国主义和封建主义的压迫中，爆发了多次革命运动，他们奋而反叛，直面死亡，用自己的血肉之躯向黑暗的统治发起了英勇的挑战，展现了川南人民抗争自救、发愤图强的民族地域性格。

国民党政府和军队的残酷剥削和压迫，使仇恨的种子种在了川南人民群众的心间，革命的火种开始播撒，农民的反抗运动风起云涌。然而，在中国共产党诞生之前，农民的反抗，或称之为农民骚动、暴动或武装起义，大部分是自发的和初级的，而不是有组织、有目的、有战略、维持时间较长的阶级斗争运动。最典型的农民骚动，是与官方征税连在一起的，勒索常常是引起农民反抗风潮最重要的源泉。农民往往是对政府官员滥用权力忍无可忍，用暴力反抗来发泄愤怒和绝望，而不是以夺取政权为目标，从而使农民的武装起义和暴动表现出

---

① 参见[美]费正清、费维恺编，刘敬坤等译：《剑桥中华民国史（1912—1949年）》下卷，中国社会科学出版社1994年1月版，第173—175页。

了阶级意识淡薄、地方主义和自卫性三个特点，而不可持续坚持到最后的胜利。尽管如此，我们说：没有中国农民遭遇的贫困和剥削，没有中国农民的奋起反抗，就没有中国革命。共产党人将革命的火种播撒，将农民的某种革命潜力引向真正的革命运动。正如毛泽东指出："在中国，离开了武装斗争，就没有无产阶级的地位，就没有人民的地位，就没有共产党的地位，就没有革命的胜利。"①

启示之二：领导我们事业的核心力量是中国共产党

从鸦片战争到洋务运动，从太平天国农民起义到资产阶级辛亥革命，地主阶级改革派、洋务派、农民阶级和资产阶级革命派都没有能救中国。对此，毛泽东指出："灾难深重的中华民族，一百年来，其优秀人物奋斗牺牲，前仆后继，摸索救国救民的真理，是可歌可泣的。但是直到第一次世界大战和俄国十月革命之后，才找到马克思列宁主义这个最好的真理，作为解放我们民族的最好的武器，而中国共产党则是拿起这个武器的倡导者、宣传者和组织者。"②

当今社会居然有一种极为糊涂的认识，认为：中国共产党闹革命，是与国民党窝里斗，不仅导致了外敌日本的入侵，还造成了台湾分裂的现实。这类观点是极端错误的。我们仍引用《剑桥中华民国史》中的描述："1924 年改组前的国民党不是一个政党，只不过是个'各种各样政客组成的集团，他们大多数很少关心孙逸仙所拥护的主义，只是为达到各自的目的利用孙逸仙在民众中的崇高威望'。"③ 何应钦也承认"国民党员不愿做实际的下层工作，结果共产党人很自然

---

① 《毛泽东选集》第二卷，人民出版社 1991 年第 2 版，第 610 页。

② 《毛泽东选集》第三卷，人民出版社 1991 年第 2 版，第 796 页。

③ [美] 费正清、费维恺编，刘敬坤等译：《剑桥中华民国史（1912—1949 年）》下卷，中国社会科学出版社 1994 年 1 月版，第 135—136 页。

地把这项工作担负起来，使我们的党同农工分离"①，"到1929年，十个部中至少有四个部长由这些新归顺革命事业的旧官僚担任。他们还塞满了官僚政治的许多其他职位"②。这些旧官僚势力对新政权的影响深远，他们贪图权力而不顾公众利益；旧军阀政权的价值观、态度和做法一直主导着国民党，大多数成员利用这个政权的制度性质，尽量扩大自己的权力、声誉和财富，而不是为国家和民众的幸福奋斗，已经预示了中国革命绝不能依靠国民党。

中国共产党早期的领袖大多出生于富裕家庭，受过良好教育。他们与普通农民有很大区别，因其认知水平、能力素养和社会地位，使共产党人在当时的社会中发挥着相当重要的作用。他们能够有效地把农民组织起来，并保证了农民运动的战略方向，确保了农民运动的有效性，使农民运动符合了革命运动的利益和总体战略。

中国共产党在领导农民运动的斗争实践中，懂得了武装斗争的极端重要性，创造性地把马克思主义普遍原理与中国革命具体实际相结合，摸索出来一条农村包围城市，最后夺取全国胜利的革命道路，使中国由资产阶级领导的旧民主主义革命，进入无产阶级领导的新民主主义革命阶段。

在中国共产党的领导下，全国各地的武装起义有如燎原之势，席卷中华大地。中共泸县地方党组织从群众革命运动中产生，又领导着蓬勃发展的群众革命运动反抗国民党的反动统治。在刘湘等反动军阀的镇压下，中共泸县地方党组织不断遭受破坏，又不断重建和发展，

---

① 转引自[美]费正清、费维恺编，刘敬坤等译：《剑桥中华民国史（1912—1949年）》下卷，中国社会科学出版社1994年1月版，第136页。

② [美]费正清、费维恺编，刘敬坤等译：《剑桥中华民国史（1912—1949年）》下卷，中国社会科学出版社1994年1月版，第140页。

不断领导武装起义，英勇顽强地带领人民群众进行武装斗争。从支援北伐战争的泸顺起义到涪陵罗云坝起义、江津兵变，均有力地支援配合了全国革命形势的发展。特别是在中国革命处于低潮的 1935 年，在中央红军实施战略转移的关键时刻，中共泸县地方党组织领导的石顶山武装起义和大渡口武装暴动的实践，充分体现了中国共产党的核心地位和中坚力量。

历史无可辩驳地证明，只有马克思主义才能救中国，中国人民反抗压迫，只有由中国共产党来领导才能成功，才能实现"星星之火，可以燎原"。中国共产党依靠群众、发动群众、组织群众并领导群众，是推翻帝国主义、封建主义和官僚资本主义三座大山，实现民族解放的中流砥柱，是实现伟大民族复兴的核心力量，没有共产党就没有国家的独立和解放，就没有人民的富裕和幸福，就没有民族的强盛和复兴。

四、地方军与游击队是正规军的有效补充

毛泽东指出："革命战争是群众的战争，只有动员群众才能进行战争，只有依靠群众才能进行战争。"[1]实行人民战争，应当寻求一种恰当的组织形式，将人民群众武装和组织起来，以利于充分发挥整体力量。土地革命战争期间，在地方建立游击队、赤卫队这样的群众武装组织，可以有效地开辟根据地，有力地支援配合主力红军作战。在根据地斗争时期毛泽东就指出，"由于有人民自卫军和民兵这样广大的群众武装组织，和它一道配合作战"，"没有这些群众武装力量的

---

① 《毛泽东选集》第一卷，人民出版社 1991 年 6 月版，第 136 页。

配合，要战胜敌人是不可能的"。① 他主张建立和发展包括主力红军、赤卫队、工农暴动队等地方武装在内的一切人民武装。其中，主力红军是与敌进行作战的骨干力量，赤卫队、工农暴动队则是配合主力红军作战的重要帮手，后两者由当地人民群众参与，坚持本地斗争，也是补充主力红军的重要来源。这种武装力量的组织形式，为根据地的发展提供了有效的保障。

在长征转战川滇黔边的过程中，在极为恶劣的条件下，中央红军仍坚持组织地方武装力量和组建游击队，配合中央红军的行动。石顶山革命武装起义、大渡口武装暴动就是中共泸县地方党组织领导的以策应红军战略转移为目标的实际举措。石顶山武装起义后，建立了川滇黔边区工农红军游击纵队，控制了近千人的武装力量。其作战行动也震动了川黔敌军，吸引了赤水、叙永等县 24 个团练中队和川黔敌军共两千余人。在中央红军战略转移进入川滇黔边地区期间，其作为战略疑兵影响了敌军判明中央红军作战企图，在战役行动上迫使国民党军分兵"围剿"起义部队，牵制了国民党军对中央红军围追堵截的大量兵力，歼灭了数个敌民团中队，有效杀伤了川黔敌军，减轻了中央红军在川南方向的压力，有力支援了中央红军的战略转移行动。川滇黔边区工农红军游击纵队以实际行动对毛泽东提出的正规军、地方军和民兵三结合的武装力量体制进行了有益探索，是中央红军长征路上谱就的悲壮的音符，证明了地方军与游击队是正规军的有效补充，也预示着正规军、地方军和游击队三种形式武装力量的结合是赢得战争的有效组织形式。

---

① 《毛泽东选集》第三卷，人民出版社 1991 年 6 月版，第 1040 页。

第六章
四渡赤水，南渡乌江创战机

中央红军三渡赤水后，蒋介石误认为中央红军又要北渡长江，急忙调整部署，一面急令北面的川军加强长江防堵，固守川南的叙永地区；一面急令其中央军和川黔滇湘军各部一齐兼程向川南压逼我军，企图再次围歼我军于长江南岸的古蔺地区。蒋介石声称：若再不歼灭红军，"则何颜再立于斯世？"①

以毛泽东为核心的中共中央和中革军委则临危不惊，镇定自若，将计就计，进一步扩大和利用蒋介石的错觉和误判，力争把敌人引入中央红军设计的轨道上来。

第一节　引敌向西，东渡赤水甩追兵

渡过赤水河后，为进一步造成国民党军错觉，中央红军连施三计

---

① 《中国工农红军长征史料丛书》编审委员会编：《中国工农红军长征史料丛书·参考资料（2）》，解放军出版社 2016 年 8 月版，第 135 页。

出奇兵：主力隐蔽山林中、小部佯攻镇龙山、无线电台佯动发报。

一、大张旗鼓渡河，主力隐蔽休整待机

三渡赤水河时，中央红军大张旗鼓，行事高调，动静很大，就是要让敌人知道大部队进入了古蔺境内。但是，一进入古蔺，大部队立即静默隐蔽于山林之中。中革军委命令中央红军主力在古蔺境内隐藏休息，距离赤水河不超过 20 公里，等待新的命令。

几万人的部队突然消失不见，让国民党部队摸不着头脑，于是派出飞机进行低空侦察和轰炸。敌飞机肆无忌惮的侦察和扫射、轰炸，惹恼了红军战士。军委警卫营奉命实施对空射击，在古蔺长坝槽击落国民党军飞机 1 架，受到总政治部领导的表扬。《红星报》第十三期第二版："本月 18 日蒋敌黑色大飞机一架低飞至长坝槽被我警卫营防空排射弹八十五发击落在茅台村附近。"[①] 指挥这次击落敌机行动的是叶荫庭（1915—2006 年），江西雩都人，长征时担任中革军委警卫营机枪连连长。1955 年被授予少将军衔。

3 月 18 日，中央红军各部均按中革军委部署到达古蔺东南指定位置待机。红一军团进至大村、三木坝、扎营台之线，其先头红二师已进至镇龙山附近；红三军团进至两河口、石宝寨地域；红五军团进至卢家坪地区；红九军团进至三元场；军委纵队和干部团进到长槽坝、黑小庄地域。在该地区，中央红军发动群众打土豪分田地，补充物资给养，扩大红军，佯作要北渡长江，以迷惑敌人，为而后新的机动做

---

① 吴德坤主编，遵义会议纪念馆编：《遵义会议前后红军政治工作资料选编》，中央文献出版社 2010 年 12 月版，第 139 页。

准备。

"川南剿总"潘文华3月18日报告：

> 3月18日，匪大部在两河口、石宝寨、铁厂等地，其小股已窜滇镇龙山附近，另一股尚在茅台对岸警戒。

> 我郭指挥率所部向茅台推进。陈指挥所部达、袁两旅，坚守叙永、站底、赤水河镇之线，魏、周两司令集结镇龙山附近，周大队已驰赴三岔河待命。[①]

3月18日夜，蒋介石判断中央红军主力可能向古蔺西南方向"窜逃"，于是急忙调兵遣将，命令所有部队以川南为目标进行追堵，企图在赤水河以西、古蔺东南地区围歼中央红军。具体如下：

> 现匪已渡过赤水河西窜。本日下午飞机报告，古蔺方向甚安静，见匪先头数百人向古蔺西南方向窜逃。似此，匪主力有向西窜模样。我军以在江门、叙永、赤水河镇以东，及沿赤水河流以西地区，将该匪聚歼之目的，拟定部署如下：

> 一、侯代司令所部，担任赤水至土城之线，主力置土城；魏副师长所部，并指挥蒋德铭旅，担任土城、茅台、小河口之线，主力置茅台。王纵队即派遣担任小河口、大渡口、仙家渡赤水河镇南岸之线。以上两线河防，均归王司令官负责指挥，均先扼要各渡河点星夜赶筑据点碉堡工事。俟筑成后，并于两碉间构筑碉（堡）连点成线，务使两碉间能以目力、火力交叉相及为渡（度），统限三天完成。余部迅速肃清赤水河东南地区之残匪。

> 二、陈指挥所部仍于江门、叙永、赤水河镇之线上，照上

---

① 周朝举主编：《红军黔滇驰骋史料总汇》（中集）第二分册，军事科学出版社1990年2月版，第991页。

法切实筑碉防守。该部任务重在防堵。

三、孙纵队主力仍集结于毕节以北，但须速派一部防守瓢儿井，并与川军确取连络，严密联防。

四、周纵队会合吴纵队，暂在鄢家渡、瓢儿井间，务多派精探寻匪窜方向，立即率部拦击或腰击，或击其半渡。

五、郭部仍向古蔺方向尾追。

六、各部遵办情形及筑碉地点、数目，立即电告，并迅速绘图补报。①

二、明修栈道，小部奔袭镇龙山

为进一步调动敌人，使敌人确信中央红军又欲再次由古蔺、叙永北渡长江，中央红军接着实施连环计，即第二计：奔袭镇龙山。以红一军团第一师一个团伪装主力，大张旗鼓地向古蔺方向行军，快速奔袭镇龙山，攻击驻守镇龙山的川军，随后高调佯攻古蔺城，作出北渡长江的架势。而主力则继续隐蔽待机。连环第三计：王净背上无线电台，随团活动，定时发报，迷惑敌人。

镇龙山是通往古蔺、叙永的交通要隘，驻守镇龙山的敌人是川军魏楷部的 1 个团和部分地方民团。

在得知中央红军西渡赤水河向镇龙山、古蔺方向前进的消息后，中共古蔺地下党组织领导的镇龙山"红军朋友会"立即展开行动，以"劳军""认家门"等各种方式，宣传红军装备精良、能征惯战，一定

---

① 《中国工农红军长征史料丛书》编审委员会编：《中国工农红军长征史料丛书·参考资料（2）》，解放军出版社 2016 年 8 月版，第 147—148 页。

程度地动摇了镇龙山守军的军心士气。

3月19日清晨，中革军委令红一军团第一师一个团携带军委纵队大功率电台，伪装成中央红军主力，从大村下马田出发，经正峰寺、朝阳寺、泥壁水、鱼岔，向古蔺县城方向急进。该团动作神速，在距镇龙山1.5公里的太和栈与驻守在镇龙山的川军魏楷部廖九甫团相遇。在攻下敌前哨阵地后，这个团迅即兵分三路向镇龙山发起猛烈进攻。由于红军发动突然袭击，守敌毫无准备，以为遭遇红军主力攻击，惊慌失措，一触即溃，纷纷向古蔺县城逃窜。为了推卸责任，就向上级报告说遇见红军主力。这给了蒋军第一个错觉。

担任诱敌任务的红一军团一个团占领镇龙山后，继续乘胜尾敌紧追，在明科岭击溃了增援镇龙山不成而退守该处企图阻止红军前进之敌，进而占领蒋家田，大有进攻古蔺之势。担任古蔺县城防任务的魏楷旅周化成部，看到红军攻城来势汹汹，不敢应战，闭城固守，并急电上报，共军主力围攻古蔺甚急，请求火速驰援。

而此时，带着电台跟随团行军的王诤同志，则按照周恩来的规定，每两小时发报一次。王诤所带的电台，是被国民党长期追踪的朱毛指挥电台；王诤的手法，是敌人熟悉的发报手法。所以，王诤在这部电台上定时发出电报信息，就让敌人相信，电台移动的方向，就是中央红军主力前进的方向。

王诤（1909—1978年），是一个传奇人物。他原名吴人鉴，江苏省武进县人。1928年，王诤19岁考入黄埔军校第六期通讯科，曾担任国民党张辉瓒师部的电台台长，在中央红军第一次反"围剿"的龙岗战斗中被俘。毛泽东和朱德亲自动员他参加红军，从此改名王诤。1931年1月，王诤等人以半部电台为基础，组建红一方面军电台大队，从此将毕生精力奉献给了我军和我国的通信事业。王诤历任军委总部的电台大队大队长、电台总队总队长、通信主任、通信科长、军委三局局长、通信兵部部长等职。1934年9月加入中国共产党，1955年被授予中将军衔。李先念评价他："半部电台起家，一生征战为民。"毛泽东赞誉王诤是我军通信工作的开山鼻祖。

中央红军的疑兵佯攻，加上王诤的无线电佯动，造成了国民党将领的军情判断失误，诸多情报信息汇集到蒋介石的案头。

川军潘文华报告蒋介石：

> 3月19日，匪大部由川滇边境西窜，其一部仍在赤水河西岸，与我潘旅相持，镇龙山之匪，已窜古蔺。
>
> 是日，我魏司令谢团，防守镇龙山到傅家乡之线，于午后3时，匪约四五千人，向我阵地进攻，激战约3小时。匪大部已将我后方抄断，该团因受匪包围，友军亦失连络，乃向匪右翼奋勇攻击，肉搏数次，始得突围，退守要隘阵地。①

薛岳3月20日电：

> 综合情报，匪自铣日（16日）未〔时〕起，由茅台渡河分两路西窜。巧日（18日），一股经两河口、大村西窜，一股经水口寺、石主〔宝〕寨、可母向镇龙山西窜，皓午（19日）仍继续不断。②

由于红军的大部队隐蔽集结在赤水河附近，而蒋介石收到的多方情报均显示红军主力西窜，中央红军一部向镇龙山西移的行动，加深了蒋介石认为中央红军定向古蔺西南方向"窜逃"，经古蔺、叙永

---

① 周朝举主编：《红军黔滇驰骋史料总汇》（中集）第二分册，军事科学出版社1990年2月版，第993—994页。

② 《中国工农红军长征史料丛书》编审委员会编：《中国工农红军长征史料丛书·参考资料（2）》，解放军出版社2016年8月版，第150页。

寻机在泸州、宜宾段北渡长江的错觉，因此，蒋介石错误地判断：红军仍将北渡长江。进而，作出错误决策：把大量兵力调集到古蔺一带"围剿"红军，从而为红军秘密从容的回师东进创造了有利战机。

3月20日晚，蒋介石认为中央红军所在的地区是三面环水、四面受敌的河套地带，断定已抓住了"聚歼匪之良机"，遂发布《关于在古蔺东南地区消灭中央红军的电令》命令各路"追剿"部队迅速在赤水河以西古蔺东南地区"围剿"中央红军：

> 此次朱匪西渡赤水河，麇集古蔺东南地区。我川军刘、达、袁、魏、周各部，在天堂、叙永、站底、赤水河镇防堵于西；周、吴、侯各部沿赤水河流防堵于东与南；黔军现正向此线接防，腾出周、吴两部担任追剿；孙纵队亦向赤水河镇堵剿；郭部由茅台［渡］河追击。以如许大兵包围该匪于狭小地区，此乃聚歼匪之良机。尚望防堵者务在封锁线上星夜并征集民工赶筑工事，以筑碉堡为最善，尤须严密坚固，并与友军确取连防，使无间隙可乘。并另控置兵力于相当地带，准备迎头痛击，并派多组别动队，遍处游击，阻其行进，眩其耳目。追击者不顾一切，以找匪痛击之决心，或尾匪追击；或派游击队绕出其前拦击、腰击与堵击；或主力赶出其旁截击。剿匪成功，在此一举。勉之勉之。

> 蒋中正。哿戌川行印。①

蒋介石自鸣得意的心态，溢于言表。然而，中央红军明修栈道、引敌向西，调动敌人至赤水河以西的目的也基本达成。

---

① 《中国工农红军长征史料丛书》编审委员会编：《中国工农红军长征史料丛书·参考资料（2）》，解放军出版社2016年8月版，第152页。

三、暗度陈仓，东渡赤水河

早在部署三渡赤水的时候，中央红军就已开始了四渡赤水河的准备工作。红一军团工兵连在完成茅台渡口浮桥的架设任务后，就奉中央红军总参谋长刘伯承的命令，派得力人员前往太平渡和二郎滩，侦察中央红军在二渡赤水河时的浮桥是否还在。当得知浮桥还在时，中革军委决定再利用这两个渡口及其附近有利地段，四渡赤水河。

就在蒋介石发布消灭中央红军命令的同一天，趁蒋介石预设的包围圈还未成形之际，朱德于 15 时电令红一军团先头部队控制太平渡和林滩，并向二郎滩和土城方向严密警戒；17 时，中共中央和中央红军总政治部发出"我军西进不利决东渡"① 的指示，要求各军团首长坚决、迅速组织渡河，必须做到限时渡河完毕，且"事前不得下达，以保秘密"。与此同时，朱德总司令下达了《关于我军四渡赤水河的行动部署》，命令各野战军"秘密、迅速、坚决出敌不备折而东向，限二十一日夜由二郎滩至林滩地段渡过赤水东岸，寻求机动"。具体如下：

（一）估计尾追我军之郭敌，将配合叙、蔺之川敌及毕节、赤水镇之滇敌等的截击，这使我西进不利。

（二）我野战军坚决秘密、迅速、坚决出敌不备折而东向，限二十一日夜由二郎滩至林滩地段渡过赤水东岸，寻求机动。

（三）为此各军团今（二十号）明两天行动应如下：

1.第五军团应以迟滞并吸引郭敌向古蔺前进争取渡河时间为目的，以两河口、大村、鱼洞沟、太平渡为后方交通线，明

---

① 吴德坤主编，遵义会议纪念馆编：《遵义会议前后红军政治工作资料选编》，中央文献出版社 2010 年 12 月版，第 96 页。

二十一日拒敌于大村以东至二十一［日］晚，即速往鱼洞沟转移到太平渡，于二十二日上午继续渡河。以下各军团采取道路及渡河点如次：

2.九军团经核桃坝大路渡二郎滩。

3.军委纵队经鱼洞沟渡九溪口。

4.三军团经鱼岔、石夹口、走马坝渡太平渡。

5.一军团经石夹口、走马坝渡林滩，在三军团未到之前则以一部渡太平渡。

（四）2项以下各军团于得令时即各派先遣部队带全部工兵、电台各赶到渡河点，各以其主力过河东岸向可能来敌方向警戒，并限于明二十一日十二时至十六时架好桥，各军团主力则限于明晚全部渡过东岸，但一军团主力运动时须加快速度，勿阻三军团，其在太平渡之先遣团，俟三军团先遣团到后即协同动作。

（五）为迷惑川、滇敌人起见，一军团主力在镇龙山应留一个团，并派队逼近古蔺方向之敌游击，伪装我主力西进，该团遂行此任务后于明日午前跟主力进路，限于明晚渡过太平渡。

（六）各军团渡完后各负责破毁桥梁，但太平渡桥梁须候交五军团使用和破毁。

（七）我率军委于今晚移鱼洞沟，明午抵九溪口。

朱德

二十日十七时 [1]

---

[1] 《中国工农红军长征史料丛书》编审委员会编：《中国工农红军长征史料丛书·文献(2)》，解放军出版社 2016 年 8 月版，第 86—87 页。

21日晚至22日，中央红军主力按照上述部署，由大村、两河口地区北上，经由太平渡、二郎滩、九溪口等地东渡赤水河（即四渡赤水），离开川南，从敌人重兵集团右翼迂回穿过，重入黔北，将国民党中央军周浑元、吴奇伟部和川、滇、黔三省军阀部队全部甩在赤水河西岸及其以西地区。

正当蒋介石认为胜券在握、沾沾自喜之时，中央红军却突然东渡赤水，再次折回贵州境内，出现在了追敌身后的仁怀与遵义之间的地区。蒋介石获此消息后，沿用过去的惯性思维，判断红军是北渡长江不行，又将返回进攻遵义。于是一面令紧急部署在遵义、桐梓、松坎等地的上官云相等部，严阵固守；一面令尾随追击中央红军的川军郭勋祺部回师追截；一面令中央军周、吴两纵队迅速集结仁怀、茅台、坛场一带沿赤水河防守，并令周浑元一部快速前往枫香坝、白蜡坎、鸭溪各地固守；企图在遵义、仁怀地区将红军"一网打尽"。

中央红军渡过赤水河后，随即分路经临江场、楠木坝、花苗田等地向南急进，准备在遵义至仁怀大道北侧歼灭追敌一部以开创新局面。3月23日，中央纵队和红军主力进至回龙寺、三元场、火石岗、马桑坪等地域，红九军团进入仁怀境内向北出击，并佯攻仁怀县城调动敌人，掩护红军主力机动，寻求新的战机。

至此，中央红军已将追兵甩在身后有两三天的路程，达到了既定目的，为下一步行动争取了主动。

第二节　南渡乌江，佯攻贵阳调滇军

中央红军四渡赤水、进入遵仁地区后，蒋介石仍顽固地坚持认为红军绝不会放弃北渡长江与红四方面军会合，或者东出湘、鄂、川、黔边区与红二、红六军团会合的意图，因此，蒋介石再一次地用起屡试不爽的"堡垒战"大招，运用堡垒战术，步步为营，企图逐步缩小包围圈，以实现在遵义、仁怀地区消灭红军的既定目标。

一、兵贵神速，南渡乌江

3月24日，蒋介石偕夫人宋美龄由重庆飞抵贵阳督战，并企图见证消灭红军主力的历史时刻。

同日，中革军委发现敌正在连接遵义至仁怀封锁线，企图阻止中央红军在封锁线以北地区活动。鉴于国民党军即将在川黔滇边区形成围追堵截之势，而我军在该地区已无机动余地，为跳出国民党包围圈，避免遭敌东西夹击，中共中央、中革军委决定"我野战军以遭遇敌人姿势赶快通过遵（义）、仁（怀）之线，向北寻求新的机动"①，并要求红九军团进至楠木坝，并散布红军主力要进攻仁怀县的假消息，以迷惑敌人。

3月25日，中革军委致电各军团，要求红军"主力迅速占领坛厂、青坑之线，钳制周、吴两敌，以便突破包围，继续前进，消灭王敌，扩大机动地区，向西南行动，并求得在周、吴两敌向我追击或截击时，能于运动战中消灭其一部或大部，以转移战局"。②

3月26日，中革军委原计划集结中央红军主力从长干山、风香

① 周朝举主编：《红军黔滇驰骋史料总汇》（中集）第二分册，军事科学出版社1990年2月版，第1106页。

② 中共中央文献研究室编，吴殿尧主编：《朱德年谱（1886—1976）》上，中央文献出版社2006年11月版，第479页。

坝之间南下，并在运动中伺机消灭周浑元一部。但因敌情变化，中革军委于 27 日电告各军团，"我野战军原定从长干山、风香坝之间突围行动已不可能，决改从鸭溪、白蜡坎地域向西南转移"①，并令"九军团暂留现在活动地域钳制周、吴纵队，以配合我主力作战"，"并于明二十八〔日〕晨起分两部，一向长干山，一向风香坝，伪装主力活动"。②

28 日，乘敌人还未弄清中央红军真实意图之际，中央红军主力从滇军和黔军之间缝隙，从鸭溪、白蜡坎之间突破敌人封锁线，冒着狂风暴雨，进入乌江北岸的沙土、安底地区；伪装成中央红军主力的红九军团，暂留原地继续单独行军和作战，在金沙（打鼓新场）的马鬃岭地区大造声势，张贴标语、大放炊烟，吸引、牵制和阻击敌军，诱敌向北，掩护红军主力昼夜兼程继续向南急进，南渡乌江。

29 日夜，红一军团先头团一个排利用雷雨掩护，乘竹筏到达乌江对岸，顺利地攻占了渡口。随后军团工兵连于梯子岩、大塘、江口等处架设浮桥。中央红军主力各部分 3 路从 3 个渡口开始渡江，至31 日，全部渡过了乌江，歼灭守敌和援敌各 1 个营，进至息烽西北地区。不过，红九军团却在完成诱敌惑敌任务后，由于天气、道路和追敌等原因，未能按时到达渡口，渡过乌江。从此，红九军团在军团长罗炳辉、政治委员何长工的率领下，依军委命令留在乌江北岸单独行动，以多方佯攻，迷惑或牵制敌人，掩护红军主力安全转移，直至

---

① 《中国工农红军长征史料丛书》编审委员会编：《中国工农红军长征史料丛书·文献(2)》，解放军出版社 2016 年 8 月版，第 91 页。

② 《中国工农红军长征史料丛书》编审委员会编：《中国工农红军长征史料丛书·文献(2)》，解放军出版社 2016 年 8 月版，第 93 页。

5月渡过金沙江后才与主力会合。

至此，中央红军主力巧妙地跳出了蒋介石的合围圈，进入无堡垒地域，将国民党中央军及地方军阀等敌几十万大军甩在赤水河以西、乌江以北地区，又一次使蒋介石"围歼"中央红军于遵义、仁怀地区的计划成为泡影，暂时取得了行动的自由权。

二、佯攻贵阳，调虎离山

中央红军南渡乌江后，开辟了进军云南、从金沙江北渡入川的前景。但在黔滇边区有数旅滇军据守，是中央红军西进的最大障碍。毛泽东在部署中央红军作战行动时指出：只要能将滇军调出来就是胜利。

为了实现上述战略目标，中革军委决心以部分兵力向黔东的瓮安、黄平方向佯动，摆出东出湖南与红二、红六军团会合的姿态，主力则进至狗场、扎佐，前锋直指贵州省会贵阳。

4月1日，留在乌江以北的红九军团佯装主力，大造声势迷惑和牵制国民党军；乘虚南跨乌江、进至息烽西部的中央红军主力，则以一部兵力开始经息烽向东实施机动，主力经息烽南下，直逼贵阳。

此时，吴奇伟部大部兵力已调黔北，息烽县城守军只是吴奇伟部的一个团。于是红一军团奉命从西南封锁并佯攻息烽县城，以掩护中央红军主力经息烽向东机动。

4月2日，红一军团在息烽县城外围与敌人激战，敌被击退并退守县城。中央红军主力伺机于下午全部经息烽、扎佐之间机动至扎佐以东地区。

红军围攻息烽县城，并进至贵阳东北地区，距离贵阳只有70公里左右，大有袭击贵阳之势，这给坐镇贵阳的蒋介石以极大震动。此时国民党在贵阳及其周围只有正规军4个团和黔军少部力量，城内外兵力空虚，防守力量单薄，蒋介石焦急万分，惊慌失措，几天没有睡好觉。他既怕红军乘虚攻占贵阳，又怕红军东进湖南与红二、红六军团会师，故而一面下令守城部队死守机场，一再吩咐薛岳要守住贵阳至飞机场的通道，并准备了轿子、马匹、向导，随时准备逃跑；一面急调滇军龙云的主力3个旅兼程增援贵阳，令薛岳兵团和湘军何键部在川黔湘边界布防堵截。同时要求各国教士及一切外国人，退出贵阳前往安顺。并令吴奇伟部加快速度向东尾追。

4月3日，红军大力宣扬"拿下贵阳城，活捉蒋介石"，主力向贵阳东北方向推进，摆出进攻贵阳的架势。

同日，滇军孙渡3个旅急行军从黔西、打鼓新场赶到贵阳地区，这才使一直坐立不安的蒋介石稍稍放下心来。蒋介石"龙颜大喜"，奖赏了救驾有功的孙渡，勉励孙渡再接再厉、再立新功。

至此，中央红军通过佯攻贵阳，将滇军主力孙渡3个旅调出云南至贵阳地区，使得云南成为兵力空虚之地，成功地实现了毛泽东"只要能将滇军调出来就是胜利"的战略意图。（**见彩图14**）

第三节　本章总结与启示

如果说四渡赤水是毛泽东的得意之笔，那么第四次渡过赤水河就是他的神来之笔、点睛之笔，因为第四次渡过赤水河真正是敌对双方最高统帅之间直接的斗智斗勇，充分体现了毛泽东高人一等的战略智慧和出神入化的军事指挥艺术，使中央红军每一次的危急关头都孕育着胜利，而国民党看似得手却埋藏着失败。主动与被动就此转化，中央红军就此以"轻盈"的步伐走向胜利。

一、毛泽东创造和捕捉战机的经验与启示

创造和捕捉战机，实施有利的作战和机动，是中央红军四渡赤水战役胜利的基本经验，如果说四渡赤水是机动的艺术，那么"走"的轨迹及其巨大成功是毛泽东创造和捕捉出来的。特别是中央红军遵义大捷至鲁班场失利这一阶段，中央红军转战遵义——仁怀一线黔西地区，几次寻歼周浑元未果，战场形势一度十分被动。然而，毛泽东却通过积极创造和敏锐捕捉战机，使中央红军从此扭转了被动局面。

运动战是我军的制胜法宝，而创造和捕捉战机是实施运动战、进而达成作战目的的先决条件。毛泽东等老一辈军事家创造战机与捕捉战机的艺术可以用"精妙绝伦、无与伦比"来形容，而核心精髓主要体现在以下三点：

一是建有严密高效的情报侦察收集、分析研判体系，并充分发挥其作用。通过多方面、多层次、多手段地获取战场信息，力求及时准确地掌握战场态势，并通过去伪存真、由表及里的分析判断，得出敌人下一步的企图和可能的行动，为创造和捕捉战机创造条件。

四渡赤水战役中，特别是三渡赤水后，毛泽东在斗智斗勇方面完胜蒋介石的重要原因，就在于毛泽东高度重视情报侦察，并将各种情报材料加以对比分析，从而得出准确、及时、可靠、有用的情报信息，支撑毛泽东作出正确判断，定下准确的决心，有效把握战机，牵着敌人的鼻子走。如在部署三渡赤水时，毛泽东就要求侦察人员去侦

察红军二渡赤水河时所架设的桥梁还在不在，这为中革军委决定在太平渡与二郎滩之间四渡赤水提供了重要依据；再如及时查明国民党军的位置和动态、获悉蒋介石"移驾"贵阳等信息，为毛泽东游刃有余的决策指挥和中央红军行军作战提供了保障。

情报侦察的手段很多，有战场侦察，也有谍报和技术侦察，获取的情报也可能五花八门、有真有假，这就需要正确的综合分析和研究判断，去伪存真，为我所用。所以，毛泽东等老一辈军事家是利用情报的行家，更是科学准确分析判断情报的高手。

未来战争，信息成为决定作战胜负的关键因素，渗透并作用到作战指挥、作战行动、作战保障等方方面面。信息优势主导决策优势和行动优势，谁掌握信息优势，谁就拥有了揭开"战场迷雾"的望远镜和显微镜，就能更好地掌握战场的主动权。因此，指挥员要高度重视侦察情报工作，采取多种方法，特别是充分借助网络信息体系多源获取战场信息，高效融合情报资源，准确判断战场态势，快速定下作战决心，精确拟制作战计划，高效组织作战行动，促进部队机动力、打击力、防护力和保障能力的有效发挥，从而战胜敌人、夺取战争战役的最后胜利。

二是善于谋局造势，积极主动地去创造战机。这是战略战役指导者指挥艺术的具体体现。通过奇正结合、隐真示假、佯动欺骗等手段，来迷惑、调动、分散敌人，从而创造出有利战机。

以毛泽东为核心的老一辈军事家以灵活机动的战略战术，通过广阔的战场机动，充分调动敌人，并在运动中创造战机打击敌人，掌握了战场主动权。鲁班场战斗失利，战场态势极为严峻，然而红军竟然能够大摇大摆地从茅台三渡赤水河，重返川南的古蔺地区，迅速变被动为主动，并为四渡赤水河埋下了伏笔。红军以一部兵力佯装主力向古蔺方向机动，声西击东、隐真示假、诱敌西进，将敌重兵吸引至赤水河以西且在合围未形成之际，突然杀个回马枪，闪电般地第四次渡过赤水河，重返黔西；而后，红军领导层果断决定以军团伪装成红军主力，大造声势，佯攻仁怀县城，真正主力则乘隙而过，迅速南渡乌江，将国民党几十万大军甩在乌江北岸；最后又声东击西，在清水江上架桥，引敌向东，再次创造了红军主力南下湘黔大道的战机。孙子兵法《势篇》所云："故善动敌者，形之，敌必从之；予之，敌必取之。以利动之，以卒待之。"[1] 意思就是：善于调动敌人的将帅，制造假象迷惑敌人，敌人必然相信；给敌人一点好处，敌人必然接受而将自己薄弱之处暴露出来，用利益调动敌人，而后突然打击敌人使其措手不及。四渡赤水前，一小部兵力佯装红军主力将敌吸引至古蔺方向；南渡乌江前，以红九军团佯装红军主力，诱敌北上，掩护红军主力渡过乌江，这些都是"以利动之"，以少部力量伪装成红军主力，制造假象迷惑敌人，使敌人按照红军的意图行动。而后通过高度机动的运动战，利用敌人的薄弱部位跳出层层包围圈，实现了中央红军以少胜多、以弱胜强、变被动为主动的作战目的。这就是毛泽东等老一辈军事家高超指挥艺术的生动体现，是我军在战场上善于调动敌人、创造战机的光辉典范。

　　未来战争，作战空间全域多维、作战力量多元、体系对抗愈演愈烈、战场情况瞬息万变、作战节奏加快、战机稍纵即逝。指挥员只有充分发挥人的主观能动性，审时度势、科学分析判断战场态势及可能

———————————

[1]　中国人民解放军总参谋部军训和兵种部编：《孙子兵法军官读本》，解放军出版社2005年12月版，第76页。

的发展趋势，合理使用作战力量，灵活运用战略战术，才能充分调动敌人，迫敌处于被动地位，牢牢掌握战场的主动权。当战场态势不利时，根据战场实际，通过兵力、火力和信息力的机动等方式，积极调动敌人，在运动中创造战机，逐步转化敌我双方的优劣态势，从而变被动为主动。

三是运用敏锐的洞察力和过人的胆略去捕捉战机。这是战略战役指导者成为指挥艺术大师的必备素养。在纷繁复杂的战场环境中和瞬息万变的战场态势下，要能够及时发现敌人的破绽，及时捕捉到有利于己不利于敌的战机，果断定下决心和作出处置。

四渡赤水河后，中央红军通过广泛的战场机动，声东击西、忽南忽北、真假虚实，创造了南渡乌江的战机。南渡乌江后，毛泽东又及时捕捉到蒋介石在贵阳督战而国民党军主力在黔西川南未归、贵阳兵力空虚的战机，佯攻贵阳，创造出了"调出滇军"的有利态势，为下一步中央红军主力借道云南创造了条件。

未来战争，战场环境更加复杂多变，战机稍纵即逝，对指挥员的能力素养要求更高。战争战役指导者要具有敏锐的观察力和洞察力，及时发现和捕捉战场上的蛛丝马迹，迅速进行联想、关联和判断，遴选出有用的信息，并在实际与预想有七分可能或相似时，果断定下决心，果敢而坚定地指挥部队行动，去推动战场形势向着有利于我、不利于敌的方向发展，并在发展中继续不断地捕捉新的战机，趋利避害，以己之长击敌之短，最终实现作战目的。当然，我们强调胆大，同样也强调心细；我们反对优柔寡断、犹豫不决，同样也反对草率鲁莽和急躁冲动。也许这是运用之妙、存乎一心的东西，但学习这一环节和步骤是不可缺少的。

二、为什么说调出滇军就是胜利

早在筹划鲁班场战斗之时，毛泽东心中就下着一盘大棋，鲁班场地区从敌情、我情和地理位置看，红军可打可走。虽说周浑元部实力较强，也正是因为他强，若打赢，中央红军在黔西北就有了足够的时间和空间来进行战场机动，甚至开辟根据地；若打不赢，也可以利用赤水河实施机动，吸引和调动敌人，诱敌向西，这样就更加坚定了中央红军通过大踏步的机动来改变被动局面的决心。因此，攻打鲁班场失利后，在毛泽东心中就已经勾勒跳出国民党在黔西北、川南地区的包围圈的第一张蓝图，也就有了后面中央红军的四渡赤水和南渡乌江的行动。在南渡乌江前，毛泽东对刘伯承说："只要把滇军调出来，就是胜利。"这时，在毛泽东心中已经绘就了要"借道云南、以迂为直，从长江上游金沙江北上四川"的第二张蓝图，从而舍近求远，实现中央红军的战略意图。而这张蓝图的实现，关键就是要"调出滇军"，只有将滇军调出云南，中央红军才能趁云南境内敌人兵力空虚，不受或少受阻拦地从贵州进入云南，而后顺利地从云南北上渡过金沙江，摆脱国民党军的围追堵截，实现中央红军战略转移的意图。

那么，怎样才能调出滇军呢？

第0步，也就是已经实现的一步。即将国民党中央军和川军调至川南，造成滇军相对于其他敌军而言，处于对我追击的更有利的态势。

第1步，中央红军主力南渡乌江，进入无堡垒地区，并向东南贵阳方向机动；红九军团向遵义西南的佯动，又牵制住了黔军；迫使蒋介石在附近无兵可用的情况下，只能将滇军调出云南，尾追中央红军至贵阳西北地区。

第2步，中央红军主力佯攻贵阳，"活捉蒋介石"，将"救驾"心切的滇军调至贵阳及其以南地区。

第3步，中央红军主力挥师东向、佯作渡河状，造成我会合红二、红六军团之势，将滇军及国民党其他"追剿军"调至贵阳以东地区。最终，中央红军通过灵活机动的战略战术，不仅调出了滇军，而且还将滇军调得更远，为中央红军借道云南创造了更好的条件。

为什么毛泽东能够实现"调出滇军"的目的？

第一，毛泽东利用了我红二、红六军团在湘西的战略态势。防堵中央红军与红二、红六军团的会合，一直是蒋介石的战略目的，只要中央红军向东机动，蒋介石就会想到中央红军欲去湘西。那么，除了堵，就是追了。谁来追？

第二，毛泽东捕捉到了蒋介石在贵阳的天赐良机（当然这也是中央红军创造出来的），擒贼擒王、攻敌所必救。谁来救？

第三，毛泽东利用了敌人战场兵力布势。这一布势是中央红军3月上中旬长时间在遵义西南徘徊机动创造出来的——滇军已前出到了打鼓新场附近；是中央红军鲁班场战斗后三渡赤水河、诱敌川南创造出来的——国民党中央军和川军被调去川南，而只有滇军距红军最近。贵阳遭袭、委员长安危未卜；"共匪"东窜，军情十万火急；滇军不救、不追，岂有此理？

未来战争战役，作战节奏加快，战场态势瞬息万变，这就更加要求战争战役指导者审时度势、谋势造势、因势利导、把握战机，争取有利于己、不利于敌的主动地位，进而争取胜利。

三、中央红军甩追兵、调滇军的制胜法宝是什么

通过本章的阅读研究，我们很容易找到这个答案，即：中央红军

采取"明攻镇龙山、暗渡赤水河；佯攻贵州城、攻敌所必救"的方法，隐真示假、出敌不意，达成了"甩追兵、调滇军"的目的。而这贯穿其中的关键核心则是中央红军的隐蔽、突然、迅速的行动。即"兵贵神速"是中央红军制胜的法宝。

兵贵神速，顾名思义是指"用兵贵在行动特别迅速"。即以迅雷不及掩耳之势，给敌一个措手不及的打击或使敌来不及有效反应和应对。

（一）兵贵神速是被动方争取主动、主动方争取胜利的最有效的方法

中央红军鲁班场不胜，被迫三渡赤水河后，毛泽东和中革军委略施小计，诱使国民党"围剿"大军向川南蜂拥而去之后，便抓住战机迅即命令中央红军各部队秘密、迅速、坚决、出敌不备地东渡赤水河，将国民党各路"围剿"部队全部甩在赤水河以西地区，从而改变了中央红军的被动局面，国民党军在川南地区"围歼"红军的企图再次破灭。

当发现蒋介石已在遵仁地区运用堡垒战术形成新的封锁线和包围圈、中央红军难以继续在黔北地区展开有效的机动后，毛泽东和中革军委当即决定迅速通过遵仁封锁线，南渡乌江，向南寻求新的机动。中央红军以红九军团诱敌，主力趁敌未弄清我军意图前，迅速南渡乌江，将国民党军主力甩在乌江以北地区，从而跳出国民党军的合围圈，迅速扭转了当时的战场态势，为中央红军后续行动争取了主动、创造了条件。

当获悉蒋介石抵达贵阳后，中央红军又高呼"打下贵阳城、活捉蒋介石"的口号向贵阳奔去；在调出滇军后，又马不停蹄地转向贵阳以东、直驱清水江边，完全掌握了行动的主动权。

中央红军依据战场态势发展变化，通过以上环环相扣的三步，以快制慢、以空间换时间，实现了"甩追兵、调滇军"的作战目的，胜利的曙光就在眼前。

让我们回望那不堪回首的湘江战役，如果中央红军扔掉"坛坛罐罐"，行军速度快点，再快点，将毫无疑问地避免湘江悲剧的发生。

正反两方面的实践案例无可争辩地证明"兵贵神速"极端重要性。

(二)"兵贵神速"是军事理论界的金科玉律

"兵贵神速"是战争客观规律的反映，古今中外兵家、学者都十分强调兵贵神速。

《孙子兵法·九地篇》中说，"兵之情主速，乘人之不及"①，强调的是作战中用兵之理贵在以敌意想不到的方式，非常迅速地采取行动，从而达成自己的作战意图。《孙子兵法·作战篇》也说，"兵贵胜，不贵久"②，强调作战中最重要、最有利的是速决制胜，最不宜的是持久消耗。

毛泽东的运动战、歼灭战思想，无不蕴含着速决制胜的内核。毛泽东在其著名的《论持久战》中还无比清晰地论述了在同强大的敌人作战时"持久"与"速决"的辩证关系，强调以战役和战斗的速决战达成战略上的持久，通过战役战术上的速决，积小胜为大胜，逐步改变"敌强我弱"的战场态势，最终战胜强敌、赢得胜利。③

① 中国人民解放军总参谋部军训和兵种部编：《孙子兵法军官读本》，解放军出版社2005年12月版，第179页。

② 中国人民解放军总参谋部军训和兵种部编：《孙子兵法军官读本》，解放军出版社2005年12月版，第30页。

③ 参见《毛泽东选集》第二卷，人民出版社1991年6月版，第484页。

20 世纪 70 年代，美军提出"OODA"环理论，将作战过程划分为"观察（Observation）、判断（Orientation）、决策（Decision）、行动（Action）"环运转。强调通过己方的"OODA"环运转速度比敌人的"OODA"环更快，从而使自己永远立于不败之地。20 世纪末期，美军又提出了"快速决定性作战"，强调以信息认知为基础，在速度上绝对快于敌人，以尽快实现战役目标。无论是美军的"OODA"环理论，还是"快速决定性作战"理论，其本质都是在作战中强调"兵贵神速"。

（三）如何才能做到"兵贵神速"

"兵贵神速"说起来容易、做起来难，战场上的主客观因素都制约着"用兵的速度"。我们借用美军"OODA"环理论，兵贵神速，贵在先敌发现、先敌判断、先敌决策和先敌行动，从而能够在敌意想不到的时机、以敌意想不到的方式出敌不意地对敌发动攻击，使敌措手不及，毫无招架之力，迅速达成己方作战目的。

一是先敌发现，形成对敌信息优势。三渡赤水后，中央红军的隐真示假行动造成了"我暗敌明"的战场态势，为四渡赤水等后续行动创造了有利条件。未来基于网络信息体系的联合作战，各级指挥员要综合运用侦察情报系统，对敌实施全时多域的侦察监视，及时获取敌我双方的战场动态数据，实时融合处理战场信息，迅速生成战场情报，先敌发现战场情况，对敌形成信息优势，为后续决策和行动奠定基础。

二是先敌判断、先敌决策，形成对敌决策优势。前面我们说过，战场上是不缺乏情报的，关键是对情报科学准确的判断，并据此迅速地定下决心和作出处置。从中央红军三渡赤水河到佯攻贵阳，毛泽东和中革军委的判断和决策，无不是依据当时的战场态势，做到先敌一步、快敌一招。未来战场上，指挥员必须做到"走一步看三步"，甚至要看"五步"，要依据战场情况和态势，综合分析判断敌我双方企图，先敌果断定下决心，对敌形成决策优势，步步领先、处处主动，使敌人永远赶不上节奏。

三是先敌行动，形成对敌行动优势。三渡赤水河后，中央红军秘密、迅速、坚决、出敌不备地东渡赤水河，行动之快速、行动之坚决，远超出国民党军之所料，从而出敌不意地将敌人甩在赤水河以西；后又趁敌不备，马不停蹄地通过遵仁封锁线，迅速南渡乌江，将敌人远远地甩在乌江之北。未来战场上，指挥员果断定下决心后，就应迅速先敌展开部署，先敌实施机动，先敌发起攻击，先敌评估行动，先敌调整部署。只有永远地"快敌一步"，才能争取到宝贵的战机，从而争取到最后的胜利。

第七章
挥师云南，声东击西渡金沙

中央红军通过佯攻贵阳，将滇军孙渡部调至贵阳地区，实现了将滇军调出云南的目的，打开了通往云南的大门，给下一步中央红军西进云南创造了更好的作战时间和战场空间。然而，目前国民党"追剿"军主力还在遵、贵之线以西地区，对中央红军挥师云南仍构成严重威胁。

第一节　诱敌向东，穿隙而过进云南

4月4日，为进一步造成敌人判断失误，将敌人东调更远，中央红军以一部兵力继续向贵阳方向推进，并佯攻贵阳城外国民党军守军；主力则在贵阳虚晃一枪，便从狗场、扎佐之间挥师东去。

一、佯动黔东，诱敌东去

4月5日，中央红军进至清水河西岸的高寨、羊场、白果坪地区，采取声东击西的战术，在清水江架设浮桥，虚张声势，摆出中央红军即将东渡清水河的姿态，同时以少许兵力东渡清水江，向平越（今福泉）方向积极活动；主力则待机准备向西实施迂回机动。

蒋介石果然又一次上当，认为中央红军必将是东渡清水江，向黄平和余庆方向机动，寻求与红二、红六军团会合。于是，一面急调何键之湘军3个师向铜仁、石阡，余庆堵截，命令白崇禧之桂军一部向清水江以东的平越、牛场前进，防堵红军东进；一面令刚到贵阳及其以北地区的滇军孙渡纵队由贵阳西南向龙里、贵定，吴奇伟纵队由贵阳北向高寨、牛渡和第五十三师由息烽、开阳向瓮安，分3路向东追击。又令周浑元纵队进至息烽以北的乌江北岸修筑碉堡，以防中央红军再度北渡乌江。①

国民党"追剿"军主力被中央红军吸引，纷纷向贵阳以东调动，造成了云南和黔西南地区敌兵力空虚，这就为中央红军西进提供了有利条件。4月7日，中革军委抓住此有利时机，命令中央红军主力"从贵阳、龙里之间南进"②；命令红九军团由沙土地区"向毕节、大定前进"③。而此时，蒋介石还自我陶醉地吹嘘：红军主力已渡清水江东进，我"瓮安、平越线已布置完善，匪不能再向东窜"④，必被全歼无疑。据此，国民党军各部奋力向清水江两岸围追堵截。

正当国民党军集中力量于黔东，并梦想胜利即将来临之时，完成

---

① 参见《中国工农红军长征史料丛书》编审委员会编：《中国工农红军长征史料丛书·参考资料 (2)》，解放军出版社2016年8月版，第184—185页。

② 《中国工农红军长征史料丛书》编审委员会编：《中国工农红军长征史料丛书·文献 (2)》，解放军出版社2016年8月版，第110页。

③ 《中国工农红军长征史料丛书》编审委员会编：《中国工农红军长征史料丛书·文献 (2)》，解放军出版社2016年8月版，第113页。

④ 《中国工农红军长征史料丛书》编审委员会编：《中国工农红军长征史料丛书·参考资料 (2)》，解放军出版社2016年8月版，第187页。

了"佯攻贵阳、调出滇军,佯渡清水、调敌向东"任务的中央红军主力,正隐蔽集结在湘黔大道北侧附近,准备实施出其不意的南越湘黔大道、转向西进的战略行动。

二、跳出合围,走为上计

4月8日拂晓前,中央红军主力各部,趁国民党军仍未察觉之机,由老巴乡、洗马河分两路向西南隐蔽急进。当日下午,右纵队红三军团第十二团在梨儿关附近与由贵阳向龙里前进的滇军孙渡纵队遭遇,击退该敌,抢占了梨儿关,随即向贵阳方向实施佯攻,以掩护中央红军主力向西南转移。

与此同时,左纵队红一军团先头第二师主力从西北方向佯攻龙里,同滇军龚顺璧旅激战至黄昏,形成对峙。红五军团也在虎场同滇军鲁道源旅接触。

当晚,中央红军主力全部进至湘黔大道黄泥哨至观音山段及其北侧地域。

9日,红一军团一部阻击由龙里西出的滇军;红三军团一部阻击由贵阳东出的滇军。军委纵队和红一、红三、红五军团主力,则在两翼掩护部队的保障下,从贵阳、龙里之间突过敌军防线,急速向西南转移,当晚全部到达梅家庄及其以南地域。其中,红一军团位于混子场、鸡鸣堡;红三军团位于比孟场及其西北地区,其第十团提前向青岩前进;红五军团位于梅家庄;军委纵队位于中庄。

至此,中央红军主力胜利地实现了南越湘黔大道,跳出了国民党军在黔东的合围圈,使蒋介石围歼中央红军于黔东的计划又一次成为泡影。

中央红军主力南越湘黔大道后,如梦方醒的蒋介石却错误地判断：红军主力将从清镇与安顺之间的平坝北上，经织金向大定或威宁方向，进入云南西北边境。所以蒋介石决心：将主力配备于清镇、安顺之线以北镇西卫、织金等一带地区，待红军冲出隘路口，自投罗网。据此，一面令孙渡纵队尾随中央红军主力追击，"压迫其向安顺、镇宁北窜"①；一面令吴奇伟、周浑元两纵队和第五十三师再掉头向西，在红军右侧沿黔滇公路向贵阳以西和西北的清镇、安顺、镇西卫地区急进，企图率先到达平坝附近地区，张网以待中央红军主力，以便一网打尽。但敌军由于往返奔波，已疲惫不堪，减员很大，士气低落。

蒋介石集中其主力于贵阳以西和西北地区，恰好是再一次给中央红军主力继续向贵阳西南地区转进提供了有利条件。

4月10日，中央红军主力在仅有滇军3个旅的尾追下，顺利到达贵阳以南偏西的高坡、定番县（今惠水县）、青岩镇地域。11日，中央红军继续向广顺、长寨（今长顺县）方向西进。12日进至广顺、长寨一线地域，红一军团先头攻占紫云县城。至此，中央红军主力趁国民党军向贵阳西北追击之际，乘虚转向贵阳西南前进，顺利进到长寨以西和西南地区，取得了向西南转移的第一个胜利，并为而后继续向西南转移开辟了道路。

三、速渡北盘，挺进云南

4月13日，鉴于广顺以西地势起伏、北盘江畔石山峻峭，同敌

---

① 《中国工农红军长征史料丛书》编审委员会编：《中国工农红军长征史料丛书·参考资料（2）》，解放军出版社2016年8月版，第204页。

军作战容易陷于对峙的不利局面，红三军团军团长彭德怀、政治委员杨尚昆因此向中革军委建议，"迅速渡过北盘江袭取平彝、盘县，求得在滇、黔边与孙渡作战"，"我军向滇应将推进攻为急进，使我军有迂回机会"①。中革军委采纳了这个建议，决定迅速渡过北盘江，从黔西南进入云南，袭取滇黔咽喉平彝。

13 日 24 时，朱德发出十万火急电令：令中央红军决速渡北盘江，先机进占兴仁、安龙地区，以利机动；令红三、红五军团为右纵队，归彭（德怀）、杨（尚昆）指挥，在百层附近渡河进占兴仁；令红一军团及军委纵队为左纵队，在罗炎附近渡河，经册亨进占安龙；并特别强调要按期渡河，以便对追敌机动。②

自 4 月 14 日起，中央红军主力各部分路隐蔽南进。以红三军团一部兵力对关岭实施侦察和警戒，主力经连续 3 天艰苦行军，翻越山势险峻、道路崎岖、水源稀少的数百里苗岭荒山，于 16 日分别进抵北盘江东岸的百层、罗炎东北的良田、六马地区和播东附近地区。

而此时，蒋介石对中央红军主力已经南移的情况仍不明了，仍判断中央红军在紫云地区，电令吴、周、孙等部队追击，企图在北江以东、紫云地区"会剿"红军。③

吴纵队温旅，以一营在关岭县，以主力在募役分县以南通安南县之间之铁索桥地区，迅速扼要建碉；欧师以一营守备关岭场碉楼，主力在募役分县及关岭间地区迅速建碉；梁师留一营守备镇宁城碉楼，

---

① 王焰主编：《彭德怀年谱》，人民出版社 1998 年 3 月版，第 120 页。

② 参见《中国工农红军长征史料丛书》编审委员会编：《中国工农红军长征史料丛书·文献（2）》，解放军出版社 2016 年 8 月版，第 114—115 页。

③ 参见《中国工农红军长征史料丛书》编审委员会编：《中国工农红军长征史料丛书·文献（2）》，解放军出版社 2016 年 8 月版，第 208—209 页。

主力进至关岭场与欧师切取联络，并扼要建碉。

周纵队三十六军追至黄果树及镇宁间地区扼要建碉；万师在普定、白岩场、白堡一带扼要建碉；第五十三师在平坝以南地区沿云山屯、杨仓堡、牛关藤、上下水涕、丁山、澜端、杨昌堡、上下落阳至老鸦关之线，迅速扼要建碉。

孙纵队安旅已占领江龙场，其主力应迅速向紫云"攻剿"而占领之。

安顺吴师仍在原地防守，并在么堡、上塘、安顺、旧州各地区增筑碉楼，严密防守。

16日中午，红三军团先头第十一团到达百层以北30里的坝草后，立即攻占了百层渡口，并开始架设浮桥。接着，红十一团主力奉命沿北盘江西岸北上，逼近关岭以南铁索桥，牵制关岭及其以北的国民党军。与此同时，红一军团先遣团和红二团进抵罗炎以北的者坪，控制了渡口，并准备架桥，等待红军主力渡过北盘江。

4月17日，蒋介石、薛岳发现中央红军主力已进抵北盘江东岸，并有一部已由坝草渡过北盘江。因而局部调整了部署：令孙渡纵队经郎洞、马场坪、财神庙、关岭县，于20日进占滥木厂、太平街。令吴奇伟纵队温旅在募役、关岭的部队派1个营于17日占领铁索桥；梁华盛师经募役县西南，于18日进占安南；欧震师17日在原地。令周浑元纵队第三十六军17日以两团至郎岱，18日在麒麟渡、盘江渡架桥，主力进至坡贡及其以西地区；万耀煌师17日进到镇宁、黄果树间地区。令黔军吴剑平师以1个团进至郎岱，归周浑元指挥；魏金荣率部速至关岭，归吴奇伟指挥。令李韫珩师17日集中安顺待命。[①]

---

① 参见《中国工农红军长征史料丛书》编审委员会编：《中国工农红军长征史料丛书·参考资料（2）》，解放军出版社2016年8月版，第212—213页。

4月17日，中央红军主力全部进抵北盘江边，其中：红一军团和军委后梯队到达者坪、包树、石屯地区，红三军团主力到达坝草；红五军团和军委前梯队、干部团到达百层及其附近的纳孝、岜怀。20时，中革军委命令："我野战军明十八日应全部渡过北盘江"。全文如下：

林、聂、彭、杨、董、李、陈、宋：

甲、今十七日周敌三十六军向郎岱前进，并拟架通盘州[江]浮桥，万师在普定筑堡，贞丰、兴仁各有犹敌一团讯，滇敌刘部四个团在平彝布防。

乙、我野战军明十八日应全部渡北盘江，进至牛场、贞丰、册亨之线：

（A）三军团十一团仍在铁索桥西岸扼阻孙敌渡江，另[派]出先遣团西进至龙断坳地域，主力则进至牛场地域，并破坏坝草浮桥。

（B）五军团应于明拂晓前全渡百层河，并攻占贞丰浮桥，交干部团接守。

（C）一军团主力由者坪渡江并破浮桥，进至贞丰以南之大田河地域；其第二师及军委后梯队由罗炎渡河并攻占册亨浮桥，交后梯队游击队控制至十八日破坏。

丙、军委前梯队明日经百层渡河并进至贞丰。

朱德

十七日二十时 ①

---

① 《中国工农红军长征史料丛书》编审委员会编：《中国工农红军长征史料丛书·文献（2）》，解放军出版社 2016 年 8 月版，第 116 页。

接着，朱德又发布《关于红军渡过盘江后行军路线的部署》：

（乙）我军渡过盘江有首先向孙敌部队或云南来敌作战的任务，其行进路线预定如下：

（1）三军团缺十一团经者相、牛场、白泥田、龙断坳向兴仁以北之安姑、排杉、马乃营地段前进并控制安姑西进道路，其十一团到关岭之铁索桥南后应为三军团后卫团跟进。

（2）五军团经百层、贞丰、狗场、巴林向兴仁前进。

（3）一军团主力（缺二师之一个团）经罗炎以北之者坪、贞丰、四门洞、马路河、屯脚向兴仁、父邦地段前进，二师之一个团带电台及地方工作团经罗炎、册亨向安龙、兴义前进。

（4）军委前梯队改经百层随五军团后前进，后梯队则随二师一个团向安龙、兴义前进。

（5）我军除二师一个团外，应于二十一日晚以前到达安姑、兴仁、父邦地段集结，三军团之先头团则应于十九日赶到安姑。①

4月18日，中央红军主力乘国民党军新的追截部署尚未调整就绪之际，在坝草、百层、者坪、罗炎等渡口全部渡过北盘江进至贞丰地区。其中，红三军团主力经坝草过江，进至牛场、者相地域；担负对北面国民党军钳制任务的红十一团主力，于18日中午击溃守军1个营后进占了太平街，继向关岭以南铁索桥逼近。红五军团、军委前梯队、干部团经百层过江，进占贞丰及其以东地域。红一军团、军委后梯队全部经者坪过江，进占大田河、鲁贡地域。接着红

---

① 周朝举主编：《红军黔滇驰骋史料总汇》（中集）第二分册，军事科学出版社1990年2月版，第1283页。

三军团 18、19 日先后占领贞丰、兴仁县城，红一军团 20 日占领安龙县城。

至此，中央红军主力顺利渡过北盘江，进入黔西南，使蒋介石在镇宁及其周围地区布置的"会剿"又告落空。

4 月 21 日，在国民党军孙渡纵队 3 个旅、吴奇伟纵队 2 个师、周浑元纵队主力的尾追和万耀煌师在右侧的平行追击下，中央红军继续向西进发，于 22 日晚进至狗场营、补西、独家村、双河桥、猪场、威舍、雪沙地域。

4 月 23 日，中革军委准备在兴（仁）盘（县）路上消灭周浑元部第 13 师，后因地形不利，放弃了这一计划，而后兵分 3 路向西转移。红三军团为右纵队向平彝（今富源）、沾益前进，红一军团为左纵队向曲靖前进，红五军团和军委纵队为中央纵队，向益（羊）肠营方向前进。当日，中央红军主力陆续从兴义县威舍镇离开贵州进入云南黄泥河镇。军委纵队进入云南富源县黄泥河、铁锁庆一带；红一军团进至富源县小羊场一带；红三军团一部进至团山、松子山一带；红五军团大部和红三军团一部还在贵州境内。

同日，就在红军主力陆续由贵州进入云南境内之时，贺子珍所在干部休养连行军至贵州盘县，遭遇敌机轰炸扫射。正在树林里隐蔽的贺子珍，看到抬着一名伤员的担架还暴露在外，不顾刚刚分娩的虚弱身体和自身安危，跳出隐蔽地，朝着担架跑去，在敌机投出的炸弹即将爆炸之时，飞身扑在伤员身上，用身体保护了伤员，自己却倒在血泊之中昏迷不醒。贺子珍的头部、身体和四肢上共中 17 块弹片，当时只取出了部分较浅的弹片，深入体内的弹片直到后来也没有取出。

24 日，中央红军进入云南，跳出了蒋介石在贵州的包围圈，也使得云南军阀龙云大为惊恐。

第二节 战略奇兵，遥相呼应出奇效

当中央红军主力声东击西、大踏步地从贵州向云南挺进之际，留在乌江北岸的红九军团，以其自主、灵活的行动，迷惑、调动和打击敌人，竟产生出意想不到的效果，后来被周恩来誉为"战略奇兵"。

自从 3 月 27 日，红九军团便受领了伪装成中央红军主力的任务，以迷惑、吸引、牵制和阻击围追堵截的敌军，有效地掩护了红军主力向南急进和红军主力迅速渡过天险乌江。3 月 30 日，当红九军团接到中革军委令他们迅速南下尾随主力过江的指示后，迅速向乌江北岸挺进，由于阴雨天气、山道湿滑难行和敌人封锁线南移的影响，当其转进至沙土附近，已超过期限 6 个小时，待赶到乌江边，江上预留浮桥已被守桥的红军干部团按时限要求破坏，红九军团被阻于乌江北岸。此时，敌军吴奇伟、周浑元纵队已正面赶来，后面黔军也紧追不舍，形势危急，红九军团欲进不能、欲退不成，处境十分危险。军团长罗炳辉当机立断，率领红九军团立即转移，离开江边，继续牵制敌人。至此，红九军团脱离中央红军主力在乌江北岸单独行动。

当时的被迫之举，后来反倒成了中央红军的一招妙棋。因为红九军团在黔西北的存在，使蒋介石始终认为中央红军主力将会向北机动，与乌江北岸的红九军团会合，然后一起北渡长江或西渡金沙江。所以蒋介石总是把追击、截击和防堵的方向放在中央红军前进的西北方向，而我军恰恰利用这一点，以红九军团在北、红军主力在南，南北遥相呼应的行动，有效吸引了敌军注意力，进一步造成两支红军部队急欲会合一处的假象，减轻了中央红军主力西进云南的压力。敌人屡屡判断失误、行动失机，中央红军主力得以顺利地迂回黔西南、西进云南，达到了出其不意的效果。

一、木孔战斗，以少胜多

3月31日，红九军团离开乌江岸边开始转移，在由沙土、安底一带向东北急行10余公里后，掉头隐蔽西进，于4月1日进至打鼓新场附近的老木孔附近地区。2日黄昏，红九军团在老木孔与黔军犹国才部遭遇，红九军团击退敌人，但也暴露了行踪。由于敌详情不明，军团首长决定，先将部队转到老木孔以南10余公里处隐蔽集结待机。

4月3日下午，红九军团经侦察得知敌黔军1个师正从鸭溪镇追击而来，按照敌人行军速度判断，敌可能于4日上午到达打鼓新场（今金沙县）以东老木孔一带。此时，红九军团只剩下1个多团的兵力，而黔军1个师有7个团，敌我兵力悬殊，若正面抗击敌追击，红九军团很难取胜。据此，红九军团军团长罗炳辉决定利用黔军战斗力较弱且戒备松懈，当地到处是竹林和灌木丛等条件，以伏击战法歼灭这支尾追之敌。这样既能摆脱红九军团被敌追击的被动局面，又能有效迷惑敌人，钳制国民党军周浑元部和吴奇伟部。

4月4日拂晓前，红九军团进入伏击阵地，在菜籽坳一线狭长谷地两侧山梁上的灌木丛中隐蔽展开，静候黔军进入"口袋"。上午8时许，敌人果然沿着大道一路追击而来，红九军团有意放过敌人的前卫部队。至中午 1 时许，敌人已经过去了 3 个团，而此时黔军的行军队形开始变得杂乱起来，敌人指挥机关终于进入伏击圈。红九军团军团长罗炳辉一声令下，红军指战员突然从两侧对敌发起攻击。黔军一开始被打了个措手不及，四散奔逃；稍后缓过神来的黔军则开始实施反击，双方展开激战。激战 1 小时后，黔军突然停止了对两翼红军的进攻，罗炳辉迅即判断出是黔军鸦片瘾犯了，故命令红九军团对敌实施猛烈的反冲击，黔军溃不成军，战至黄昏时分，战斗全部结束。红九军团仅以伤亡 100 余人的代价，击毙敌人 200 余人，俘黔军副团长（2 名）及以下 1800 余人，缴获枪支 1000 余支，子弹 20 万发。

老木孔战斗，是红军长征途中一场以少胜多的经典战斗，更是红九军团单独行动中一次转危为安的关键战斗。它不仅粉碎了敌人对红九军团的围追堵截，使其跳出包围圈，乘胜向西挺进；而且这场战斗也使国民党军在后来的"追剿"行动中一直被红九军团所吸引，减轻了中央红军主力的压力。

二、南北呼应，迷惑敌人

4 月 7 日，中革军委根据战场态势，放弃了红九军团南渡乌江与红军主力会合的意图，电令红九军团在乌江北岸单独行动并向黔西前进。具体如下：

罗、何：

甲、你们总的方向应向毕节、大定前进，所取道路或经鲁班场以南及毛坝场，或经岩孔、三重堰，由你们自择。

乙、经过各据点附近，应以一部佯攻，主力则迅速通过。

丙、不必每天强行军，走两三天择一地形复杂之处盘旋一
天，以便迷惑敌人，利我前进。

丁、遇小敌应坚决消灭之，以补充自己。

戊、你们今日到达何地，决心如何，望立电告。

朱德

七号 ①

4月8日，红九军团向毕节、大定（今大方）前进，在长岩镇与
敌民兵团遭遇，一枪未发，将敌民团百余人全部缴械。9日，红九军
团进袭毕节县瓢儿井，击溃民团约500人。瓢儿井相对物产较丰富，
红九军团在此一面没收谷物、盐巴济贫，一面休整部队。3天中，共
扩红300余人，筹款3000余元，赶制军衣800多套和子弹袋200多条，
还补充了粮秣和其他多项物资。

4月12日，红九军团离开瓢儿井，当夜，依据军委电令："红
九军团迅速南下，求得在云南东部归返主力。"② 红九军团决定经毕
节取道水城，进入滇东会合主力。于是，令先头部队红九团夜袭毕
节县城，扫清障碍。然而，当红九团在毕节城以东的小坝击溃敌保
安团后，滇军鲁道源旅已奉蒋介石之命，被孙渡调走，现驻紫云。
此时毕节敌兵力空虚。但因未能对"滇军鲁道源旅驻毕节、海子街
一线"的消息进行核查，故决定放弃攻取毕节、取道大定、直插
盘县。

---

① 《中国工农红军长征史料丛书》编审委员会编：《中国工农红军长征史料丛书·文献
(2)》，解放军出版社2016年8月版，第113页。

② 费侃如：《中国工农红军第一方面军长征史师日志》，贵州人民出版社1999年9月版，
第154页。

15 日，军委指示红九军团应"相机占领水城、盘县……"[1] 以搅乱敌人对我军的注意，达到牵制敌人兵力，迟滞敌人向我进攻，配合主力行动的目的。遵照军委命令，红九军团绕过毕节，经大龙场继续南下，于 16 日下午到达织金县猫场。17 日晨，由于疲劳和大意，遭黔西方向而来的黔军 1 个师（黔军刘鹤鸣部）的突然袭击，因地形不利，经大半日交战，以伤亡 300 余人的代价，突围向纳雍方向而去。

猫场战斗失利后，红九军团接受教训，以忽南忽北、飘忽不定的行动与敌人周旋，有效地迷惑和牵制了敌人，配合了主力的行动。在西进途中，边寻机打击敌民团，边发动群众，扩大影响。

正当红九军团迂回机动之际，军委指示红九军团相机渡过北盘江。4 月 19 日晚，红九军团进抵水城附近的双铺场。21 日，红九军团在老乡的帮助下，翻山越岭，在一个名叫"虎跳石"的地方，顺利渡过北盘江。22 日进至贵州盘县以西十里铺，逼近云南边境。23 日由盘县江上西进云南平彝（富源）县境内。

与此同时，红军主力已渡过北盘江。这时，蒋介石判断中央红军主力可能由平彝北进会合红九军团，然后向西渡金沙江或向北经毕节进入川南。于是，连电龙云、薛岳，命令第一、第二、第四纵队和第五十三师北向宣威、威宁推进，第三纵队尾追红军，川军 1 个师集中毕节机动，企图围歼红军于宣威、威宁地区。[2] 这其实是国民党军的一厢情愿，红军根本没有北上的意图。为了进一步调动敌人，中革军委决定，红九军团继续单独行动，向滇东北的宣威地区发展，以吸引

---

① 费侃如：《中国工农红军第一方面军长征史师日志》，贵州人民出版社 1999 年 9 月版，第 157 页。

② 参见《中国工农红军长征史料丛书》编审委员会编：《中国工农红军长征史料丛书·参考资料（2）》，解放军出版社 2016 年 8 月版，第 217—221 页。

追敌向北。

三、会泽战斗，树桔渡江

为了策应中央红军主力迅速西进，牵制和分散国民党军西追兵力，红九军团于 26 日从龙口场出发，以急行军进占炎方、板桥，27日乘虚袭占以盛产火腿著称的宣威城。在宣威，红九军团开仓济贫，积极宣传，当天即扩红 300 余人，筹款 3 万余元。28 日夜，趁回援宣威之敌未到之际，达到分散敌兵力目的的红九军团撤离宣威城，转向西北前进。30 日，为了配合中央红军主力抢渡金沙江，红九军团翻越宣威、会泽交界的梨树垭口，进入会泽县境。5 月 2 日以政治攻势结合强攻的手段，攻占了以产铜闻名、素有滇东北富庶城市之称的会泽城，守城民团 1000 余人投降。红九军团占领会泽后，一面派出先遣部队赶往金沙江边进行侦察和搜集船只，为渡江做准备；一面派出游击部队在会泽城东南监视并迟滞、阻击宣威和寻甸两个方向的追敌；一面就地开展群众工作，召开万人大会，公审恶霸，分发谷物和财物，扩大红军千余人。

红军占领会泽城，使蒋介石和薛岳大为震惊，不得不又再次分兵前往会泽"截剿"红九军团。这样，薛岳用于追击中央红军主力的兵力又进一步分散。而在国民党军尚未到达会泽时，红九军团即又一次主动撤离会泽西进，准备在巧家以南 50 余公里的树节、盐井坪渡金沙江。

5 月 4 日中午，红九军团先头部队到达树节附近江边，但因无船一时无法过江。经过几个小时的搜寻，终于在东岸江边水底捞起 1 条破船。红九军团先头部队就靠这 1 条被紧急修补好的木船，于黄昏前后，相继渡过金沙江 2 个连的兵力，随即占领了西岸有利阵地，控制了渡口。当夜 10 时许，过江部队一部伪装国民党军，一举解除了 50 余人的"缉私队"武装，缴获银元几万块和大批盐巴，控制了盐场地区。5 日晨，召开群众大会，宣传鼓动、分发盐巴。群众情绪高涨，积极帮助红军打捞和修补沉船 40 余只。6 日清晨，红九军团 3000 余人在会泽西北巧家县树桔渡口（今昆明市东川区树桔渡口）依靠这些船只，全部渡过金沙江。(见彩图 15)

渡江后，红九军团遵照军委命令继续单独执行任务，迅速沿金沙江西岸向北延伸，在黄坪附近地区将刘文辉部 2 个营歼灭，完全控制了蒙姑至巧家段西岸阵地，并将这一带的船只大部烧毁，有效地阻止了东岸追敌，保障了中央红军主力的渡江、休整和继续北上的行动。

5 月 16 日，红九军团到达西昌附近，同正在向大渡河前进的中央红军红一军团一部胜利会合。

自 3 月 27 日单独行动以来，在长达 50 多天里，红九军团坚决贯彻中革军委的指示，积极主动、机动灵活地打击敌人，不仅保障了中央红军主力西进云南、抢渡金沙江的战略行动，而且自己也及时摆脱了敌人的围追堵截，在兵员和物资上还得到了较大的发展和补充。

红九军团"打了胜仗，筹了不少款子，扩大了红军"，受到张闻天、毛泽东和朱德的表扬。毛泽东给予罗炳辉以高度评价，称赞红九军团在贵州西部"像流水和疾风一样迅速地移动其位置，经常采取巧妙的方法，去欺骗引诱和迷惑敌人"[①]。周恩来则赞誉红九军团发挥了"战略奇兵"的作用。

---

① 《中国人民解放军高级将领传》第 11 卷，解放军出版社 2007 年 8 月版，第 231 页。

第三节 虚晃一枪，威逼昆明惊敌胆

中央红军主力跳出蒋介石黔西南"追剿"圈进入云南时，滇军主力孙渡旅还远在贵州，云南境内的刘正富旅也已被蒋介石调至贵州兴仁方向防堵红军，云南境内兵力空虚。这使得滇军军阀龙云大为惊恐，他既怕红军入滇，更怕"老蒋"图滇。因此，一面急令孙渡部速回云南，一面急调李嵩独立团赴富源、沾益一线防堵。同时向蒋介石求援，并让薛岳提供中央军入滇的行军路线，以便掌握中央军的行踪。

一、速入滇东，威惊滇阀

当中央红军主力进入云南时，红九军团也转战到了水城至平彝之间的盘关、石多谷地区。中央红军主力与红九军团遥相呼应的行动，使蒋介石断定：中央红军主力必经平彝同红九军团会合，而后北进重入黔西及川南。因此，蒋介石令薛岳兵团主力迅速集中至平彝、宣威之线进行堵截。而中央红军主力乘薛岳兵团主力向平彝、宣威之线集中之际，迅速向昆明东北的沾益、曲靖、马龙地区前进。

4月24日，红一军团第二师第五团与红五军团一部在富村、沙寨一线阻击尾追之敌滇军安恩溥旅，直至傍晚，为中央红军主力摆脱敌人赢得了时间。而同日下午，红一军团第一师第二团在富源附近的白龙山与滇军李嵩独立团遭遇，经激战，该敌向沾益、曲靖方向退却，红军尾敌追击。

4月25日，中共中央发出《关于消灭沾益、曲靖、白水之敌的指示》急电红一、红三、红五军团首长，指出："最近时期将是我野战军同敌人决战争取的转变战局的紧急关头。首先要在沾益曲靖白水地区消灭滇敌安旅。"① 中革军委指示"我红一、三、五军团必须乘蒋敌主力正趋云南东北而滇敌的先头部队（其较强的 4 个团）以暂时顿挫滇军的猛进，然后迅速进入另一机动地位消灭周吴前进的一部，只有如此作战的胜利，才能解开局面的问题"。②

4 月 26 日，红军主力集中在沾益、白水、曲靖一线。红三军团一部到达沾益并包围了县城，红一军团先头部队当夜赶到曲靖并包围了县城，把昆明调来的别动队、李嵩残部以及城防民团等 2000 余敌围困于城中，并作攻城状，迷惑敌人。

4 月 27 日，中央红军继续包围曲靖，并攻占马龙。蒋介石围歼中央红军于宣威、威宁地区的计划又落了空。

当中央红军主力进入云南境内后，由于人生地不熟，行军、作战和保障多有不便。早在 4 月 16 日中央红军准备西渡北盘江时，中革军委就曾要求红军各部尽力搜集有关云南的材料，特别是云南地图、地理材料及报纸等。行军打仗，军用地图至关重要。正当毛泽东为没有云南地图而犯愁之时，红军军委纵队前梯队通信连便在由曲靖向马龙进军途中的关下村，截获了 1 辆从昆明开往贵州的国民党军汽车，俘国民党军官 1 名，缴获龙云赠送给薛岳的云南省十万分之一的军用地图 20 余份，还有大批云南白药、宣威火腿、普洱名茶等物资，正好解了中央红军的燃眉之急。经审查，这名军官是薛岳的副官，他是奉薛岳之命向龙云索要云南地图，为中央军"追剿军"使用。原本准备用飞机运送回去，后因飞行员生病临时改用军车押送。真是天助

---

① 陈宇编著：《红军长征年谱长编》中卷，蓝天出版社 2016 年 12 月版，第 776 页。
② 陈宇编著：《红军长征年谱长编》中卷，蓝天出版社 2016 年 12 月版，第 776 页。

毛泽东，天助中央红军！战利品送到中央红军总部后，周恩来喜之不尽，风趣地对朱德、刘伯承说：敌人真是运输大队长，我们缺地图，他们就送来了地图；我们的伤员无药医，他们就派人送来了云南白药，真是无巧不成书！毛泽东听了也哈哈大笑，戏称："当年刘备入川是张松献的地图；如今我们过云南入川，是龙云'献'的地图，兆头是不错啊！"①

二、威逼昆明，掉头北上

中央红军主力进入云南后，龙云深感受到红军的威胁，也日益担忧中央军跟踪入滇，重施图黔伎俩。而此时昆明城兵力空虚，龙云十分惊慌，生怕红军或中央军乘虚而入，于是急令孙渡纵队的安恩溥、刘正富、龚顺璧3个旅取捷径经宜良乘火车火速回援昆明；只留孙渡率鲁道源旅协同中央军周浑元、吴奇伟两纵队和李韫珩师继续远道追赶红军。同时，紧急调集昆明周边滇军主力部队以及附近各县的民团，加上昆明城全部宪兵、警察来防守昆明。

4月27日，中央红军攻占沾益、马龙后，尾追之敌离中央红军还有好几日路程，地方民团又大多被龙云调往昆明，红军借道云南北渡金沙江的障碍已基本排除。但若此时中央红军立即调头向北，直奔金沙江，恐将暴露己方意图，很可能与平行追击的国民党军遭遇。因此，为转移敌人视线，隐蔽渡江意图，中革军委决定佯攻昆明，给敌人造成错觉，进而调动敌人，为红军主力抢渡金沙江创造更大的时间和空间。

---

① 孙海华、陈垠杉：《龙云"献"图，红军巧渡》，《中国青年报》2019年07月25日。

据此，中央红军分兵前进，以一部兵力向昆明推进，兵锋直指昆明，佯攻昆明迷惑敌人；主力则折向北上。4月28日，中央红军进至寻甸。29日，红一军团一部攻占嵩明、进至杨林、逼近昆明，震动云南全境。此时昆明周围兵力空虚，国民党各路"追剿"纵队，都距离红军3天以上路程。滇敌龙云感到昆明危在旦夕，急电尚在曲靖以东的孙渡纵队加速回援昆明，同时加强昆明防卫。达到调动敌人的目的后，中革军委迅即命令中央红军各部火速向金沙江推进，准备抢渡金沙江。

第四节　北渡金沙，摆脱围堵入川西

中央红军主力通过威逼昆明的行动，迫使龙云调集力量回防昆明。此举进一步削弱了滇北各地和金沙江南岸的敌防御力量，敌人兵力空虚，已无力阻止红军北渡金沙江。

一、部署北上，智取三城

4月29日，中共中央和中革军委决定：利用目前有利的时机，争取迅速渡过金沙江，北上川西。中革军委在寻甸给各军团首长发出了万万火急的《关于野战军速渡金沙江转入川西建立苏区的指示》：

林、聂、彭、杨、董、李、罗、何、邓、蔡：

甲、由于两月来的机动，我野战军已取得西向的有利条件，一般追敌已在我侧后，但敌已集中七十团以上的兵力向我追击，在现在地区我已不便进行较大的作战机动；另方面金沙江两岸空虚，中央过去决定野战军转入川西，创立苏维埃根据地的根本方针，现在已有实现的可能了。

乙、因此政治局决定我野战军应利用目前有利时机，争取迅速渡过金沙江，转入川西消灭敌人，建立起苏区根据地。据此，我军部署如下：

1.行进路线：

A.三军团为右纵队分两路：右经河脑村、海［河］尾村、甸沙村、万希古、江边、核桃菁、上色马；左经寻甸、海头村、海获得、狗街、以才得、法相夏、上包土司前进。

B.军委纵队及五军团为中央纵队，经鲁口哨、中麦厂、鲁土村、可郎、乐郎、大石桥、耿家村、老诗夏、石板河、马店前进。

C.一军团（缺一个师），经嵩明、岩峰场、核桃树、小新街、萧家村、禄劝、德明村、法基、大小黑山或自乌花出前进。

D.一军团另一个师为先头师，于五一到禄劝，以便赶往江边架桥，同时三军团亦须派出先遣团带电台赶往架桥。

E.九军团则于相机占领东川后，西行至盐厂、盐坝或干盐井渡江。

2.渡江点第一地段选在云南境内之白马口及太平地，由一军团先头师架桥。第二地段之鲁军渡、志力渡由三军团先头团架桥。

3.在渡江前一般应采取较急行军远离追敌，使先头能较敌隔三天以上，后卫应较后，隔本队一天至一天半行程；本队期于五月五号到达江边。

4.各纵队前进中，遇阻敌应迅速消灭之，城不易攻则绕过之，遇追敌应尽力迟阻，逼紧则以相当兵力击退之。

5.各兵团应严格执行此计划之规定，关于路线行程及作战部署之每一步的实施均关渡江大计，应力求协同动作不得违误。

6.万一上述地段渡江不遂，则应迅速转入元谋西北地区，设法渡江。届时野战军主力应控制在武定、元谋之线，准备打击滇敌。

丙、关于渡江转入川西的政治意义，应向干部及战士解释（内容另告），使全军指战员均能够以最高度紧张性与最坚强意志赴之，应克服疲劳与不正确情绪，行军中应争取少数民族，携带充足粮食，注意卫生与收容掉队。

中革军委

四月廿九日 ①

4月30日，遵照中革军委的部署，中央红军主力兵分3路由寻甸、嵩明地区转向西北，直奔金沙江南岸。红一军团为左纵队，经禄劝、武定、元谋直取龙街；红三军团为右纵队，经思力坝、马鹿塘夺取洪门渡；军委纵队和红五军团为中央纵队，经小仓街、龙海塘、石板河抢夺皎平渡。

左纵队红一军团为了争取时间赶到金沙江畔，决定先头部队红二师第四团伪装成执行任务的国民党"中央军"，智取禄劝、武定、元谋3县。

---

① 《中国工农红军长征史料丛书》编审委员会编：《中国工农红军长征史料丛书·文献（2）》，解放军出版社2016年8月版，第121—122页。

这一招果然有效。5月1日，当杨成武政委率领的部队到达禄劝时，国民党禄劝县县长以为是国民党的"中央军"，热情欢迎入城，并将云南省政府命办的军粮军款全部交出，红军将一切军需接收完毕，还应禄劝县长邀请，赴欢迎宴会，席间伪县长将该县的官吏和豪绅一一作了介绍，并向其他县联系"中央军"所需的物资等有关事宜。而王开湘团长率领的另一路部队也顺利袭取了武定。然后，两路红军分进合击占领元谋。就这样，红四团不费一枪一弹，一日内连取3座县城，到达金沙江畔，为中央红军北渡金沙江去川西争取了充分的时间。

二、偷渡皎平，巧渡金沙

金沙江，是长江的上游，因江中沙土呈黄色而得名。金沙江上接通天河，从海拔五六千米的昆仑山南麓、横断山脉东麓奔腾而下，一泻千里。从龙街到洪门渡，江面宽阔，水流湍急。

敌人在对岸控制了所有渡口，封锁了交通，并把船只掳往对岸。

5月2日，中革军委决定：红一军团经武定、元谋由龙街渡江，并引敌向西；军委纵队以刘伯承参谋长率干部团一个营及工兵，于四号上午赶到皎平渡架桥，并侦察其上游各渡河点；红三军团第十三团经老务营、江边渡普渡河，限四号上午赶到洪门口架桥，侦察其下游各渡河点，红三军团主力随红十三团后前进；红五军团殿后。

5月3日，中央纵队先遣队干部团一部，在刘伯承率领下，以迅雷不及掩耳的动作，以一昼夜行军100公里的速度，直扑到江边皎平渡口，缴获了停留在江上的2条渡船，当晚偷渡成功，全歼守敌川康边防军1个排和江防大队一部，抢占了北岸制高点，控制了渡口。先

255

第七章　挥师云南，声东击西渡金沙

遣队而后又找到 4 条大木船，用寻来的 6 条木船和 35 名船工开始渡江。干部团过江后，迅速以一部兵力北进，在通安地区击溃敌人的援兵，直趋会理城下。

5 月 5 日下午，军委纵队用 6 条木船（后又找到一条渔船，共 7 条船）渡江完毕。与此同时，红一军团占领龙街渡口后，未找到渡船，便积极架设浮桥，但因水流湍急，敌机轰炸，未能成功。红三军团抢占洪门渡口，所得船只很少，加之渡口不能架桥，大部队难以迅速渡江。中革军委随即决定：除留红十三团在洪门渡口渡江外，红一军团和红三军团主力全部改由皎平渡渡江。红五军团在石板河地区构筑阵地，阻击追敌。①

5 月 6 日，追敌先头部队中央军第十三师进到团街附近，红军后卫红五军团依托有利地形节节抗击，并乘其孤军冒进发起反击，打了敌人一个措手不及，迟滞了敌人行动，保障了主力渡江。随后，红五军团以一部兵力且战且退、阻滞敌军，主力向洪门场渡口急进，准备在洪门场渡口渡江。

由于脱离主力太远，又不知红军虚实，敌第十三师不敢轻举妄动，龟缩团街固守了 1 天；后怕被红军歼灭，为保存实力，又往回撤了 1 天；当其再回头向皎平渡追来时，3 天过去了。中央红军主力在皎平渡口，靠 7 条渡船昼夜抢渡。至 5 月 9 日，中央红军全部渡过金沙江。（见彩图 16）

单独行动的红九军团也于 5 月 2 日攻占东川（今会泽），并在东川以西的树节、盐井坪地区渡过金沙江。5 月 6 日，遵照中革军委指

---

① 参见《中国工农红军长征史料丛书》编审委员会编：《中国工农红军长征史料丛书·文献（2）》，解放军出版社 2016 年 8 月版，第 129—131 页。

示，红九军团彻底焚毁所有船只，阻止敌人于金沙江东岸，掩护中央红军主力集结会理地区休整。

至此，中央红军摆脱了几十万国民党军队的围追堵截，尾追之敌全部被我抛在金沙江以南和以东地区，彻底粉碎了蒋介石企图围歼中央红军于川黔滇边区的狂妄计划，实现了渡江北上的战略意图，取得了战略转移中具有决定意义的伟大胜利。

第五节　本章总结与启示

中央红军通过佯攻贵阳实现了"调出滇军"的作战目的后，毛泽东及时利用蒋介石怕中央红军与湘西的红二、红六军团会合的心理，以小部兵力佯动黔东诱敌向东，将几十万敌军成功地引诱到离云南更远的黔东地区。毛泽东等老一辈军事家以高超的指挥艺术既指挥红军，又调动敌军，从而取得了战略上的主动，为西进云南、巧渡金沙江、北入川西创造了有利条件。

一、战略转移方向为什么要舍近求远？

鲁班场失利后，毛泽东三渡赤水，没有直奔川南进而北渡长江或西渡金沙江，而是四渡赤水又转回贵州；在佯攻贵阳后，挥师东去，在清水江上架桥，却不去会合红二、红六军团，而是又掉头黔滇大道、挥师西进云南、北渡金沙江入川。为什么毛泽东在战略转移方向上总是舍近求远呢？主要有三个方面的价值。

一是云贵川边地区，这是黎平会议决定、遵义会议否定、扎西会议重启、遵义大捷有望、而鲁班场失利绝望的一个方向。实践证明，黎平会议决定在川黔边区建立根据地的愿望是无法实现的。就连蒋介石都讲：贵州就是一块绝地、死地，看"共匪"转来转去，怎么活下来？所以，中央红军必须走出去。

二是湘西红二、红六军团方向，这是长征之始就确定的、黎平会议否决的方向。黎平会议的否决无疑是正确的，但后来中央红军都在清水江上架桥了，为什么毛泽东还不去呢？可能有以下几点原因。

1. 湘西方向中央军、湘军和桂军堵截兵力比较大，中央红军主力能不能冲过去，还是个未知数。

2. 红二、红六军团力量有限，两军团会合时只有不到8000人，长征时发展到1万人，就算中央红军冲出去同红二、红六军团会合了，可能还是改变不了被国民党军围追堵截的被动局面。

3. 湖南乃四战之地，生存和发展条件都不理想。作为湖南人的毛泽东，对湖南的政治、经济、社会和自然环境都非常熟悉，可能在毛泽东的脑海里从来就没有考虑过这个方案。有人说，会合后可以一起再杀回江西，重建中央苏区。这是异想天开、痴人说梦。"红军主力长征后，国民党军队向各革命根据地腹地发动进攻，妄图消灭留下来坚持斗争的红军和游击队。他们采取碉堡围困、经济封锁、移民并村、保甲连坐、大肆烧杀等最残酷最毒辣的手段，实行反复'清剿'。国民党军队所到之处，血流遍地，一片废墟。"[①]这已完全没有再建红色苏区的基础和条件了。

三是北上川西方向，这是遵义会议确定的方向，也是中央红军最

---

① 中共中央党史研究室：《中国共产党历史》第一卷（1921—1949）上册，中共党史出版社2011年1月版，第404页。

后选定的方向。毛泽东为什么兜个大圈子呢？无外乎以下两点。

1. 避实就虚，不得已而为之。中央红军入黔后，蒋介石判断中央红军下一步的行动无外乎有三个可能：一是中央红军渡过长江北上同红四方面军会合，二是中央红军东返湘西同红二、红六军团会合，三是在川滇黔边区打游击。为此，他在部署重兵"围剿"红军时，把主要精力放在了如何严密防堵中央红军再从川南渡江和东返湘西上面。通过各路追"剿军"的围追堵截，迫使中央红军既不能再由川南渡江北上，也不能东返湘西。这样红军在走投无路之时，只能被迫在川滇黔边地区与其进行决战，进而被彻底歼灭。而中央红军赤水城受阻、土城失利、叙永受挫，从泸州、宜宾之间或宜宾上游北渡长江，直接实现中央红军的战略意图已不可能。敌军蜂拥扎西、红军四面被围，西渡金沙江和牛栏江可能性也极小，只能折回黔北。这时，毛泽东已发现红军北渡长江与四川军阀刘湘的坚决不让红军渡江的意图完全对立和冲突。川军力量大、战斗力强，且凭长江天险，红军很难突破川军的长江防线，所以即使三渡赤水河，毛泽东也没有考虑再去碰这个硬钉子。怎么办？不碰硬，还得走，只能是兜圈子了。

2. 以迂为直，充分调动敌人。但是只是兜圈子，也不是个事呀，蒋介石说了：在这死地、绝地，看你兜到什么时候？北不行，东又去不了，南就不用说了（打李宗仁、白崇禧地盘的主意，更不现实），只能向西借道云南了。那么舍近求远、借道云南高在哪呢？高就高在隐蔽了战略战役企图，迷惑和欺骗了敌人。蒋介石万万没有想到的是，毛泽东三渡赤水并没有向北直趋川西，南渡乌江后也没有向东直奔湘西，而是指挥中央红军迂回穿插于国民党军的"天罗地网"之间，声东击西、以迂为直，"舍近求远"，牵着蒋介石及其国民党几十万"追剿"大军的鼻子，来了个战略大迂回，通过三渡四渡赤水河、南渡乌江、佯攻贵阳、东趋清水江等一系列行动，创造和捕捉了有利的战机，迷惑了敌人，调出了滇军；进而，又由黔西进入滇东，借道云南、威逼昆明，在敌防守力量薄弱的金沙江渡江北上，进入了四川。就这样，毛泽东和中央红军通过灵活机动的战略战术，在运动中迷惑敌人、疲惫敌人、消耗敌人，开辟了一条"以迂为直"的"康庄大道"，最终摆脱了国民党军长达半年的围追堵截，实现了中央红军的战略意图。

毛泽东的出敌不意、以迂为直和蒋介石的衔尾追击、当头堵截，就此已经决出胜负。在这场双方统帅的直接对决中，蒋介石的战略远见略输毛泽东一筹。

孙子兵法《军争篇》中说："军争之难者，以迂为直，以患为利。故迂其途，而诱之以利，后人发，先人至，此知迂直之计也。""先知迂直之计者胜，此军争之法也。"[1] 强调的就是两军对垒"莫难于军争"，就是通过行军抢得先机，从而取得战场主动权，在战场上谁掌握了将迂回路线变为近直的奥秘，谁就能取得胜利，这是获取先机的方法，是取得战场主动权的方法。

未来战争，较之过去更加复杂多变，战争战役指导者一定要高瞻远瞩、深谋远虑、深思熟虑，要站在全局看局部，站在当前看未来，站在现实看发展，充分利用一切可以利用的条件，去争取主动、去争取胜利。要做到一案在手、多案在胸、灵活应对，根据战略战役意图，综合研判战场态势，牢牢把握敌方心理，与敌斗智斗勇，采取既可以直截了当，也可以以迂为直的机动灵活的行动方法，达成出敌不意的效果，争取战场主动权，最终实现总的作战意图和作战目的。切不能为了当

---

[1] 中国人民解放军总参谋部军训和兵种部编：《孙子兵法军官读本》，解放军出版社2005年12月版，第115页。

前的蝇头小利遮蔽双眼，急功近利、急于求成，而陷入被动。

二、红九军团的"战略奇兵"作用主要表现在哪些方面？

中央红军南渡乌江后，基本上摆脱了被动，完成了由被动转变为主动的过程；而迂回云南、北渡金沙江则是由主动争取胜利的过程。在这一过程的完成中，滞留乌江北岸的红九军团所发挥的"战略奇兵"作用功不可没。

从当时情况分析，红九军团因形势所迫滞留乌江北岸，其后果想必中共中央、中革军委是有最坏的思想准备的。然而，红九军团在军团长罗炳辉的率领下，非但没有全军覆没，反而越打越多，而且还起到"战略奇兵"的作用，这实在是值得学习研究。那么红九军团的"战略奇兵"作用主要表现在什么方面呢？我们分析主要有以下几个方面。

（一）有力掩护中央红军南渡乌江和北渡金沙江

中央红军第四次渡过赤水河后，在遵义和仁怀一线地区寻求新的机动，当中革军委决定突破敌遵义、仁怀一线堡垒地域，跳出国民党军队的围追堵截，南渡乌江寻求战机时，红九军团奉命进至楠木坝，并佯攻仁怀县城，迷惑敌人，掩护主力南下。随后，红九军团又奉命伪装成中央红军主力吸引、牵制和阻击围追堵截的敌军，有效地掩护了红军主力向南急进和迅速渡过天险乌江，很好地完成了中革军委赋予的任务。最后，在5月6日的清晨，红九军团经过50多天的独立作战，在会泽西北巧家县树桔渡口渡过金沙江后，又在金沙江左岸销毁船只、阻击国民党军渡江，掩护中央红军主力在皎平渡渡江，确保了中央红军主力的翼侧安全。

（二）驰骋纵横在乌江北岸，分散和牵制了国民党军的兵力

红九军团因形势所迫未能渡过乌江，只能在乌江北岸单独行动。但红九军团不等不靠，多次积极主动地打击敌人。4月5日，老木孔伏击战，红九军团仅以伤亡100余人的代价，击毙敌人200余人，俘敌1800余人，缴获枪支1000余支。这是红军长征途中一场以少胜多的经典战斗。这场战斗使国民党军一直怀疑红军在黔北还有一支红军主力，吸引了国民党数万部队在乌江北岸停留了几日，减轻了中央红军主力的压力。而后，红九军团跳出包围圈，乘胜向西机动，经打鼓新场、大定、毕节地区，进至威宁、水城以西地区，向滇东北宣威挺进，吸引了大量的国民党"追剿"军围追堵截红九军团。4月27日，红九军团攻占宣威；5月4日，攻占会泽城，再次分散了敌人，使"追剿"中央红军主力的国民党中央军分兵向宣威、会泽追击，再次减轻了中央红军主力挺进云南的压力。

（三）红九军团与红军主力南北遥相呼应，有力地迷惑了敌人，造成蒋介石误判和国民党"追剿"军的行动失误

红九军团在乌江北岸的存在和积极行动，使蒋介石始终认为这两支红军部队一定是要会合一处的，而且是中央红军要北上会合红九军团，只有这样，中央红军才能进川南北渡长江，进滇东北西渡金沙江。基于这一判断，蒋介石一再命令他的"追剿"军在追击中央红军主力时要时刻防备中央红军主力北向与红九军团会合，所以国民党"追剿"军平行追击的方向是斜向西北，而中央红军主力的西进方向总体上是斜向西南。国民党"追剿"军几次想在安顺、镇宁、水城、威宁、宣威等地区堵截中央红军主力，却因红军根本没去而落空，反而耽误了时间。这一切正是红九军团与中央红军主力在一路向西的过程中形成了南北呼应的格局造成的。可以说，红九军团的牵制行动，

有效地分散了国民党军的注意力,使蒋介石判断错误、决心错误、行动错误,达到了出其不意的效果,为中央红军主力西进云南、北渡金沙江发挥了重要作用。

未来作战,作战方向有可能有多个,但其中只有一个是主要的战略战役方向。这个主要的方向是达成战争战役目的的核心和关键,其他次要的战略战役方向是保障主要战略战役方向的重要手段,战略战役指导者必须围绕主要方向行动的达成,来筹划和组织实施次要方向的作战行动,充分发挥主观能动性,以便更好地促进主要战略方向作战任务的顺利完成。

三、利用矛盾,离间瓦解敌军的经验与启示

中央红军能够取得四渡赤水战役胜利还有一个原因,就是充分利用蒋介石与地方军阀之间的矛盾,离间和瓦解敌军。早在长征之初,中央红军就是向粤军军阀陈济棠借道,才得以较为迅速地越过国民党军的三道封锁线;在通过第四道封锁线时,由于没有利用蒋桂矛盾、抓住桂军回撤兵力的有利时机快速过江而在湘江战役中遭受重大损失。毛泽东复出后,充分利用蒋介石与各路军阀之间的矛盾,在他们各怀鬼胎、明争暗斗、各自为战之际,穿插迂回于敌人重兵围追堵截之间,最终冲破了敌人的层层围堵,实现了中央红军战略转移的意图。

(一)利用中央军与黔军的矛盾,让蒋介石跟进贵州的"一石二鸟"变为顾此失彼

四渡赤水战役期间,贵州军阀王家烈与蒋介石之间的矛盾最为突出。中央红军进入贵州占领遵义后,王家烈只希望中央红军是个匆匆

过客，尽快由黔入川，所以黔军对中央红军采取的是"不让来""快点走"的策略，不到万不得已，尽量避免与中央红军的冲突，力求保存实力，并与国民党中央军讨价还价。国民党中央军薛岳以"追剿"中央红军为名跟随红军进入贵州后，则忙着接管贵州，赖在贵阳不动了，企图让黔军与中央红军来个鹬蚌相争，从中获利。然而，国民党中央军与王家烈的地盘争夺战，反而帮了中央红军的忙，给了中央红军钻空子的机会。特别是在遵义战役中，中央红军利用蒋王矛盾，击破黔军和中央军吴奇伟部，获得了大胜，一举扭转了被动的局面。在随后的一系列作战中，黔军对中央红军的威胁已大大降低。蒋介石的"一石二鸟"却变为顾此失彼，搞掉了王家烈、夺得了贵州，却没能实现"剿灭"中央红军的目的。

（二）利用中央军与川军的矛盾，转变作战方向，避免再次与川军硬碰硬，让蒋介石的"借刀杀人"变为"竹篮打水一场空"

川军怕中央红军入川，更怕国民党中央军图川。所以川军的策略是坚决制止中央红军入川。红军向北，川军坚决阻击；红军他向，川军则缓慢尾追之。蒋介石没有办法，而毛泽东有办法。中央红军一渡赤水河前后，在同川军较量中摸清了川军的意图和实力，毛泽东就再也没有同川军决战、直接北渡长江的想法了。而是充分利用北渡长江、与红四方面军会合的意图，在三渡赤水河之后，顺详敌意、隐真示假，明修栈道、暗度陈仓，诱敌川南、四渡赤水河，不仅使敌人围歼红军于川南的计划又一次成为泡影，而且也使川军暂时退出围堵中央红军作战行动，开创了迂回云南的光明前景。

（三）利用中央军与滇军的矛盾，创造战机调出滇军，威逼昆明让出滇北，让蒋介石消灭中央红军于云贵川边区的企图彻底落空

蒋介石借"追剿"中央红军之际，寻机夺取王家烈的地盘，引起各路军阀特别是滇系军阀龙云的警觉。龙云既怕红军入滇，更怕国民党中央军图滇，多次召集手下商讨对策，令孙渡率领滇军只在黔滇边界附近围追堵截中央红军，只要中央红军不入滇就好。所以与其说孙渡是在"追剿"中央红军，不如说他在看着云南的东大门。所以，毛泽东佯攻贵阳，调动孙渡不得不离开"看门岗位"前往贵阳"救驾"后，孙渡获得了蒋介石的褒奖，却因云南门户洞开，遭到龙云的痛斥。当中央红军在贵阳和龙里间穿隙向南、急速向西、剑指云南之时，毛泽东利用了龙云自保的心理，由在滇军中具有一定影响的朱德总司令传话龙云，表明借道云南之意，龙云是求之不得，让出道路，请君好走不送；而把更多的注意力放在了对付国民党中央军入滇上。据未得到正史考证的传说，龙云为让中央红军迅速离开云南，还上演了"滇军献图"的苦肉计。这就有了后来中央红军为使龙云让出滇北金沙江防线，小施计谋，通过威逼昆明，便使得惊慌失措中的龙云放弃江防，急忙调集昆明周边部队回防昆明，并令滇军孙渡部停止追击，回师昆明。中央红军走为上，龙云保滇境为上。各取所需，显得十分合情合理。

这一切，为中央红军巧渡金沙江创造了有利的时间和空间，中央红军迅速北上，七天七夜渡过金沙江，从而彻底摆脱了国民党军的围追堵截，胜利的曙光就在前头。

未来作战，我军面对的对手，通常是以联军形式出现的敌人，或是强敌支援下的敌人。这种对手，他们有相同或一致的利益，也必定有各自的算盘。同这种敌人作战，我们要采取一切可以采取的方法和手段，分门别类、区别对待、各个击破，扩大他们之间的分歧和矛盾，离间并破坏他们的联盟，使之成为一盘散沙，难以合力聚优，创造出实现我之作战目的的最大效果。

结　语
用兵如神，民族复兴再出征

四渡赤水战役中，处境极为艰难的中央红军，摆脱了十数倍于己的国民党军的围追堵截，创造了战争史上的奇观，造就了毛泽东军事生涯中的得意之笔。四渡赤水战役耀眼的光芒必将随着时代的变迁、岁月的流逝而更加辉煌，四渡赤水战役中所映透出的毛泽东等老一辈军事家的深邃的谋略思想和高超的指挥艺术，以无与伦比的地位作用和科学价值而载入史册，成为红军传人指导战争战役、战胜一切敌人的传家宝。

第一节　得意之笔，毛主席用兵真如神

我们后人在传唱《长征组歌》中的"四渡赤水出奇兵，毛主席用兵真如神"歌曲时，不知有没有身临其境地想一想，四渡赤水战役的胜利是怎样得来的。"神"在哪？又"奇"在哪？毛主席高超的战略战役决策能力、卓越的军事指挥艺术又表现在哪呢？

一、坚持从战场实际情况出发，灵活选择战略转移的方向

坚持从实际出发，确定正确的战略方向，是胜利进行战略转移的首要问题。湘江战役后，针对国民党军又在湘西布下新的一道封锁线，张网以待中央红军，而"左"倾错误路线执行者却对此视而不见，一根筋地要去"撞南墙"的实际，毛泽东和他的战友们及时指挥中央红军"通道转兵"，放弃继续北上与红二、红六军团会合的既定路线，西进贵州；并在黎平中共中央政治局会议上再次强调：新的根据地应建立在川黔边区，而不是原来确定的在湘西。在遵义，中共中央和中革军委鉴于黔北人烟稀少、贫瘠匮乏、群众基础差的实际，决定改变黎平决议，北渡长江入川，同红四方面军取得协同和配合，在川西建立新的根据地。事实证明这个战略方向的选择是完全正确的。但是，要实现这个战略目标，则不是径情直遂，而是迂回曲折的。由于国民党军的前堵后追，土城受挫、叙永受挫，中央红军按原计划从泸州和宜宾之间或宜宾上游渡过长江已无可能；于是在扎西，中共中央和中革军委当机立断，决定放弃渡江北上的计划，改为在川滇黔边区机动作战，寻机创建新根据地的战略方针；而鲁班场战斗失利后，在川滇黔边区创建新根据地的临时想法又无法实现。然而，正是在中央红军何去何从的紧要关头，毛泽东和他的战友们，通过对战场实际情况的分析判断，闪现出北渡金沙江的灵感火花，并在古蔺大村秘密定下了四渡赤水、南渡乌江、迂回云南、北渡金沙江的行动构想，并通过佯攻贵阳、迂回云南、威逼昆明等一系列看似眼花缭乱、实则环环相扣的行动，隐蔽了战略意图，诱使蒋介石国民党军屡屡作出错误的判断、部署和行动，从而达成摆脱敌人、渡江北上的战略目的。由此可见，坚持从战场的敌情、地形和我情等实际情况

出发，机动灵活地选择、变化和确定战略转移方向，并实施正确的战役指导，是中央红军绝地逢生、粉碎敌围追堵截的前提。正如毛泽东指出："战争情况的不同，决定着不同的战争指导规律，有时间、地域和性质的差别。"①在作战指导上，必须从敌我双方各方面发展变化着的情况出发，找出其行动规律，并应用这些规律于自己的行动，才能克敌制胜。

二、着眼实现战略意图，辩证地处理"走"和"打"的关系

中央红军在战略转移初期，由于"左"倾错误路线执行者实行逃跑主义，消极避战，走就是走，只走不打；打就是打，"放下行李再打敌人"，始终不能摆脱敌人的围追堵截。遵义会议后，毛泽东和他的战友们，则同样是在"生存第一"的战略目标下，正确处理了"打"与"走"的辩证关系，成功地摆脱了敌人的围追堵截。

战略转移顾名思义就是"走"，所以从战略上讲，"走"是第一位的，一切战役战斗的"打"都是为了战略的"走"；而从战役战斗上讲，一切的"走"都是为着"打"，只有"打"才能"走"。所以，中央红军在川黔滇边相对狭小的地域内，实行广泛的机动，迈开双腿走"之字路"、走"弓背路"，以"走"来迷惑和调动敌人，进而摆脱国民党军的围追堵截；而在每一步的行军转移中，必然同时筹划和部署准备打击的对象。一旦抓住战机，即给敌人以坚决的打击。走中谋打、打中求走，打得赢就打，如遵义之战；打不赢就走，如土城之战和鲁班场之战。走和打紧密结合，避敌之长，击敌之短，一再造成敌人的错

---

① 《毛泽东选集》第一卷，人民出版社 1991 年 6 月版，第 173 页。

觉，积极创造战机，大量地歼灭了敌人的有生力量。如我一渡赤水后，如果没有向扎西的"走"，就不可能摆脱川军、获得休整；同样，如果没有二渡赤水回师黔北，也不可能大量调动敌人和造成有利战机，取得遵义战役的胜利。

运动战，强调的是"走"与"打"的结合，以"打"为主，"走"是为了"打"，通过"走"来调动敌人、消耗敌人，在"走"的过程中发现敌人的弱点，寻找打击敌人的有利时机，从而实现"打"的目的。正如毛泽东在《中国革命战争的战略问题》一文中所说的："'打得赢就打，打不赢就走'……一切的'走'都是为着'打'，我们的一切战略战役方针都是建立在'打'的一个基本点上……我们承认必须的走，是在首先承认必须打的条件之下。"[①]

而在中央红军第三次渡过赤水后，"走"与"打"相结合的方式，就已经改变为以"走"为目的，以"打"是为手段了。"打"服务于"走"，目的是迅速摆脱国民党40万大军的层层围追堵截。这就是"走"与"打"的辩证法。如：镇龙山奔袭战的"打"，就是为了四渡赤水的"走"。特别是南渡乌江佯攻贵阳后，中央红军声东击西，以一部力量向瓮安、黄平方向佯动，诱敌向东。当各路敌人纷纷奔赴贵阳以东，处于分散、运动之际，红军主力完全可以集中力量打击敌一路，歼灭敌一部。但是，中央红军却迅速南下，而后向西运动，借道挺进云南。进入云南后，昆明城内兵力空虚，中央红军却只是威逼昆明而不攻占昆明，迅速北上抢渡金沙江，目的就是通过"打"的动作，加深敌之错觉，创造有利的空间和时间，迅速摆脱敌人，乘隙实现渡江北上川西的战略意图。

---

① 《毛泽东选集》第一卷，人民出版社1991年6月版，第230页。

中央红军的"走"是积极的"走",而不是被动的"逃",是充分利用战场态势,积极调动敌人,迷惑敌人,牵着国民党40万大军的鼻子来来回回地"走"。积极的"走",使得敌人疲惫不堪、士气低落,国民党军队很多官兵心中暗骂:"上头一张嘴,下面跑断腿。"而红军指战员虽然很苦很累,也有个别的牢骚怪话,但是在"走"的过程中,红军一直处在主动中,时刻掌握行动的主导权和自由权,士气越来越高。

积极的"走",离不开坚决的"打"。正是由于中央红军的能"走"善"打",虽然蒋介石一再高喊要对中央红军"紧追""穷追",但他的各路"追剿"军始终不敢尾随太紧,除了蒋介石判断失误部署失当外,重要的原因就是国民党军各部部队心怀鬼胎、畏惧被歼。这样就丧失了时机,给中央红军一定的时间、空间和行动自由权。最典型的例子就是:中央红军抢渡金沙江时,国民党各路"追剿"军距离中央红军有3天以上路程,其中距离最近的是敌第十三师(约五六个团的兵力)。当敌第十三师5月6日在团街遭红五军团反击后,为保存实力,不进反退,白白送给中央红军3天的时间。5月10日,当国民党军队大队人马赶到金沙江边时,中央红军早已北渡金沙江,烧毁船只,远走高飞了。

孙子曰:"故用兵之法,十则围之,五则攻之,倍则分之,敌则能战之,少则能逃之,不若则能避之。"[1]这里强调的就是在敌我力量悬殊,敌众我寡、敌强我弱时,通过"逃""避"的方式来保存自己。中央红军的战略转移,主要任务就是保存力量,而保存自己、保存力

---

[1] 中国人民解放军总参谋部军训和兵种部编:《孙子兵法军官读本》,解放军出版社2005年12月版,第42页。

量的有效方法，就是"走"和"打"的紧密结合。

　　未来战场上，战争战役指导者应根据敌我双方力量对比和战场实际情况，灵活运用"走"的方式，合理把握"走"的时机，以"走"助"打"，以"打"助"走"，在"走"中发现敌人的弱点和短处，在"走"中寻找战机、创造战机，集中力量消灭敌人、保存自己，从而转换敌我力量对比，有效改变战场态势。

　　三、充分发挥人的主观能动性，调动和迷惑敌人，夺取和掌握战场主动权

　　四渡赤水战役，中央红军是在敌众我寡、敌强我弱的被动情况下进行的，面对几十万敌军的围追堵截，稍有不慎，中央红军将可能全军覆没。但是，毛泽东和他的战友们熟知战场上的优势和劣势、主动和被动是可以根据实际情况，通过主观努力，促使其转化的。因此，不论情况如何错综复杂、如何艰难严峻，都能充分发挥人的主观能动性，冷静而正确地分析判断情况，果断而正确地定下决心和作出处置。坚持你打你的，我打我的，从而巧妙地隐蔽了战略意图，成功地迷惑和调动了敌人，形成了我军许多局部的优势和主动，使整个形势逐步向着有利于我、不利于敌的方向转化，终于粉碎了敌人围歼我军的战略企图。

　　如土城失利后，中央红军一渡赤水，摆脱被动；面对各路国民党军奔集扎西时，中央红军又避实击虚，二渡赤水，回师黔北，并抓住有利战机，夺取了遵义战役的伟大胜利。这样就将国民党军对中央红军在战略上的分进合击，变成中央红军对国民党军在战役上的分进合击，使在全局上处于优势和主动的国民党军变成在局部上处于劣势和

被动，从而打乱了蒋介石的部署。接着，中央红军又明修栈道、暗渡陈仓：茅台镇三渡赤水，故意示形于敌（遇敌机侦察也不隐蔽）。而进入川南后，疑兵佯装主力，招摇北上古蔺，作北渡长江状，主力则迅速隐蔽，四渡赤水，有效迷惑了敌人，令敌判断失误，中央红军完全掌握了战场主动权。特别是其后面的一系列行动，中央红军又巧妙地采用忽北忽南、抢渡乌江、佯攻贵阳、调虎离山、声东击西、挺进云南、威逼昆明、走为上等战略战术，迂回穿插于国民党军的重兵之间，有计划地调动敌人，始终牢牢掌握着行动自由权和战场主动权。红军的机动灵活、处处主动，同敌人的疲于奔命、处处被动形成了鲜明的对比。

在战法上，毛泽东和他的战友们将战略上积极防御同战役战斗上的主动进攻相结合，"走""打"结合，机动灵活，主动在我。这样，既保存自己，又消灭敌人；既鼓舞了士气，又震慑了敌人，使敌始终心怀戒惧，不敢"衔尾紧追"，这就形成了中央红军在相对时间和空间上具有了更多的主动和自由。这一切都生动地说明了通过发挥人的主观能动性，作出符合战场实际情况的判断、决心和处置，是能够促使优势与劣势、主动与被动相互转化的。

正如毛泽东指出的："主动和胜利，是可以根据真实的情况，经过主观能力的活跃，取得一定的条件，而由劣势和被动者从优势和主动者手里夺取过来的"，而"错觉和不意，可以丧失优势和主动。因而有计划地造成敌人的错觉，给以不意的攻击，是造成优势和夺取主动的方法，而且是重要方法。"①

---

① 《毛泽东选集》第二卷，人民出版社 1991 年 6 月版，第 491 页。

四、因时因地因敌制宜，灵活运用集中指挥与分散指挥的方式

毛泽东重返中央红军领导层后，纠正了以李德为首的"三人团"独断专行的错误指挥，认真听取各军团指挥员的意见建议，积极发挥各军团指挥员及军委机关的集体智慧，灵活运用集中指挥与分散指挥的指挥方式，合理把握了战略战术指挥的集权与放权的度，使指挥决策更加高效和更加符合战场实际。

在战略战役决策方面，特别是在战略方向和作战目标的选择上，以毛泽东为核心的中革军委，常常在听取各方意见、集思广益的基础上，实施集中统一指挥。而在战役战术行动上，毛泽东和中革军委则充分相信各军团指挥员的能力水平，放手让他们指挥，充分发挥各级指挥员的主观能动性，充分调动各级指挥员的积极性，因此，中央红军能够因时制宜、因地制宜地制定出符合战场实际的战略决策、战役方针和战术手段。如，黎平会议确定在川黔边建立根据地、遵义会议决定在川西或川西北建立根据地，以及实行运动战的作战形式等，这些中共中央、中革军委决定的大政方针，一经确定，各军团以下必须坚决贯彻落实，毫不动摇。

为进一步加强集中统一的指挥，避免因众说纷纭、各持己见而影响决策效率、贻误战机，在中共中央、中革军委层面还组成了以毛泽东为核心的新的"三人团"。在重要的作战行动和关键的作战时点，为加强指挥，中革军委、红军总部首长还经常亲临一线、直接指挥。如土城战役，朱德总司令深入红三军团、刘伯承总参谋长深入红五军团加强指挥作战；在北渡金沙江的作战行动中，刘伯承总参谋长亲率先遣队直扑皎平渡，指挥部队夺占渡口、收集船只，顺利完成了北渡金沙江这一重大而紧迫的任务，由此突出了集中指挥的作用。

再如，在定下回师黔北、再战遵义的决心后，毛泽东和中革军委就把战场指挥权交给了各军团首长。而巧夺桐梓、大战娄山关、再克遵义城，则主要是以林、聂为首的红一军团与以彭、杨为首的红三军团依据战场形势的发展变化，主动协同、相互配合、积极行动的结果；特别是红九军团未能按计划渡过乌江，中革军委授权其在乌江北岸单独行动，只从战略上给其指定了行动方向，在作战行动指挥上给予红九军团罗炳辉军团长、何长工政治委员很大的行动自由权。事后证明，红九军团在罗炳辉、何长工的指挥下，很好地完成了中革军委赋予的任务，有力地策应了红军主力行动，成为中央红军长征途中的一支"战略奇兵"。同时，还发展壮大了自己，成为人员、装备和物资保障最充足的部队。由此突出了委托式分散指挥的功效。

毛泽东和中革军委在指挥上不是教条僵化的，而是"统而不死、放而不乱"，因时因地因敌调整指挥方式，实现了"集中指挥"与"分散指挥"的有机结合。如，在一渡赤水后，针对林彪未按军委指示路线擅自行动时，依据战场变化了的敌情，实事求是地不再坚持原有命令，同意了林彪改变行动路线的建议，避免了部队遭受更大损失。又如，在四渡赤水、南渡乌江、佯攻贵阳、佯动黔东、西进云南、抢渡金沙江等作战行动中，中央红军忽南忽北，忽东忽西，行军作战异常频繁。毛泽东和中革军委对每次行动都依据战场态势、因地制宜、精心策划，及时将作战的意图、任务和部署电告各军团。当否决下级的建议时，则耐心说服，指出其不合时宜之处；当采纳下级建议时，则按下级建议立即修改作战命令。这样使全军指战员目标明确，心中有底，因而士气昂扬，斗志坚定，发扬不怕走、不怕打、不怕苦、不怕累的战斗精神，坚决完成机动作战任务。

如中央红军主力西进途中，毛泽东和中革军委及时采纳红三军团

"迅速渡过北盘江"的建议，命令部队立刻在北盘江架设浮桥，渡江后改推进为疾进，以每天60公里的速度向西挺进，使中央红军主力与后方追兵的距离越来越远，为西进云南创造了条件，也为后来强渡金沙江创造了有利的时间和空间。

反观蒋介石，喜好越俎代庖、越级指挥，对各级指挥官掣肘太多；再加之其"一石二鸟"的图谋，使得40万国民党军面和而心不齐，难以将其战略意图落地，注定了"围剿"红军行动的失败。

未来作战中，战争战役指导者应根据战略意图、作战任务、战场环境、指挥手段和下级指挥员能力素质等实际情况，按照权责、层级、领域、规则等实施指挥，灵活运用集中指挥与分散指挥、按级指挥与越级指挥、计划指挥与临机指挥等指挥方式，充分发挥各级指挥员的主动性、创造性、灵活性和集体智慧，采取任务式指挥、分散指挥和委托式指挥等方式赋予战术级指挥员更多的行动自由权，从而高效地应对复杂多变的战场情况。

五、高度重视综合保障，奠定作战行动的物质基础

四渡赤水战役的胜利，固然有赖于毛泽东和他的战友们的高超的战略决策水平和战役指挥艺术，然而，巧妇难为无米之炊，没有有力而有效的综合保障和政治工作，要想取得四渡赤水战役的胜利无异于痴人说梦。有力高效的综合保障和政治工作，需要各级指战员的不懈努力和忘我工作，但毛泽东和他的战友们的高度重视和有力指导则是其根本前提和保证。

（一）高度重视情报保障，及时准确地了解和判断情况。

毛泽东历来重视对敌情、地形等情报及时而准确的了解和判断。

在缺乏地方党组织和群众基础的国民党统治区作战，又几乎不停顿地行军打仗，要搜集、了解国民党军情况是十分困难的。但是，毛泽东每到一处不是亲自就是指示参谋、干事及身边其他工作人员去向老百姓寻问情况，通过抓捕敌方人员了解敌情，收集各地报纸以及通过技术侦察等手段和方法来收集情报资料，然后通过去伪存真、由表及里、由浅入深的分析判断，及时、准确地了解和掌握国民党军可能的企图、部署和行动。

情报是死的，有时还是假的，关键在于分析和判断。而毛泽东对情报的敏感或敏锐则是高人一筹的，对表面情况的分析更是入木三分。如打鼓新场的争论充分证明了这一点。当然，由于条件的限制，毛泽东对敌情的了解和判断也不是次次都准，如土城战役。但这恰恰是战争的本来面目。毛泽东和他的战友们正是由于对敌情有及时、准确的了解，才能定下正确的决心和作出正确的部署，因而才能取得每个阶段作战行动的胜利，最终打破国民党军的围追堵截。这里中央红军专业的情报部门更是功不可没。毛泽东曾高度评价和赞扬军委二局：没有二局，红军长征是不可想象的。有了二局，红军长征就像打着灯笼走夜路。彭德怀也曾说：凭着红军指战员的英勇和出色的侦察工作，才免于全军覆没而到达陕北。

在掌握敌情的同时，毛泽东和他的战友们还高度重视对作战区域的地理状况、民情风俗的了解和掌握，力争做到心中有数。因此，每到一个新的地区，不论驻止的时间长或短，中革军委都对当地和预定下一步行动方向的地形、道路、里程、人家、供给条件和少数民族的风俗民情等非常重视，经常给各军团发出指示和提出要求。如1935年3月3日，中革军委致电各军团："为适应作战需要，规定各军团及军委纵队调查和绘制详细路线图和简略地形图。"①并具体规定了各军团及军委纵队调查的地区。正是由于随时随地对地理和民情有必要的了解，又经常得到当地劳动群众的帮助，热情充当向导带路，毛泽东和他的战友们才能心中有数地确定行动部署，果敢地指挥中央红军在复杂的地形中，在国民党军队之间穿插迂回，纵横驰骋。

（二）高度重视抢渡江河的工程保障，严密组织渡河行动

从 1935 年 1 月中旬到 5 月初，中央红军四渡赤水河、南渡乌江、西渡北盘江、抢渡金沙江。在 3 个多月的时间内，中央红军如此频繁地抢渡江河，这是空前的。抢渡江河前提是需要有力的工程保障，没有强有力的工程保障，部队就不能顺利迅速渡河，就可能陷于被动，甚至失败。因此，毛泽东和他的战友们对此异常重视，常常是由周恩来等领导人来亲自负责和指挥。

如土城战役失利后，为迅速摆脱敌人，由当时的军事指挥的最高领导人周恩来亲自负责在赤水河上架设浮桥。而在国民党军前堵后追的情况下架设浮桥，是一项十分紧张、艰险、复杂的工程。要派出侦察分队，侦察、选择渡河点；要向群众宣传了解，找出国民党军或群众自己藏匿起来的船只；要向群众借用或购买绳索、竹子、木板等器材，然后根据渡河点的河宽、河深、流速等情况，采取切实有效的办法，来搭架、联结和固定浮桥。周恩来亲自部署任务、提出要求，三次亲临现场又三次派人到现场查看然后向他汇报，浮桥架设了一夜，周恩来彻夜未眠。

如果没有条件架设浮桥而利用船渡时，那就更困难了。所以在每次渡河前，中革军委都对部队提出严格要求。如准备第四次渡过赤水

---

① 李夫克：《力挽狂澜》，国防大学出版社 1993 年 12 月版，第 228 页。

河时，中共中央和红军总政治部于1935年3月20日17时致各军团《我再西进不利决东渡的指示》电：

> 各军团首长要坚决与迅速组织渡河，必须做到限时渡毕。
>
> 1. 派高级首长亲自鼓动与指挥架桥，打破任何困难，使桥迅速完成。
>
> 2. 组织渡河，使部队免除紊乱、拥挤与落伍，有秩序限时迅速渡毕。渡河迟缓或阻碍渡河的困难不能克服，都会给野战军最大危险。这次东渡，事前不得下达，以保秘密。①

在各次关键性的渡河行动中，中革军委都派出高级的或具有权威的人员来进行组织指挥。如第一次渡赤水河和南渡乌江，是周恩来亲自负责组织架设浮桥和指挥部队渡河的；在抢渡金沙江时，由陈云担任渡河司令员，蔡树藩任政治委员。

正是由于毛泽东和他的战友们实施了这样有高度权威、严密有力的组织指挥，才保证了中央红军在各次渡河中，能紧张、迅速而有秩序地按时渡毕。特别是抢渡金沙江，中央红军主力除1个团在洪门渡过江外，绝大部分人马都是在皎平渡一个渡口，依靠7只木船，仅用七天七夜的时间，就渡过了波涛汹涌的金沙江，不能不说这是古今中外战史上的奇迹。

（三）高度重视通信保障，千方百计保持不间断的通信联络

毛泽东和他的战友们历来重视通信保障工作。早在第一次反"围剿"胜利后，毛泽东和朱德就亲自接见被红军俘获的国民党军通信兵王净等人，并亲自批准他们加入红军。中央红军从此有了自己的通信

---

① 周朝举主编：《红军黔滇驰骋史料总汇》（中集）第二分册，军事科学出版社1990年2月版，第996—997页。

兵。在毛泽东的特别关爱下，王诤——这位后来被毛泽东誉为我军通信工作的"开山鼻祖"，在他带领下，中央红军的通信保障工作卓有成效，成为保证毛泽东和中革军委对红军实施正确、不间断的指挥的重要保证。

通信保障有多种方式，如徒步通信、有线电通信和无线电通信。尽管当时无线电器材缺乏，不可能普遍配备，徒步和有线通信时常是红军重要的通信手段，特别是在驻址休整时更是如此。但是，长征以来，中央红军几乎处于不停顿的机动之中，中革军委、红军总部和各军团之间更多的是依靠无线电联络，无线通信成为中央红军总部和各军团之间传递军情的主要方式。遵义会议后，重回红军领导层的毛泽东面对极为严峻的斗争形势，着力强化了通信联络体系，大大增强对红军的指挥控制。在每一次大的战斗部署中，毛泽东都对通信联络的组织原则和实施方法给予详尽指示和具体规定，如电台间的互相联络如何组织，机动电台如何派遣，各部间的电话线如何架设，敌方长途电话线路如何利用，对执行佯动或侦察等特殊任务，需独立行动的部分队，要加强电台配备，由红军总部或军团越级指挥等。四渡赤水战役期间，中革军委与各军团间的来往电报相当频繁，三局及时收发大量电报，红军总部和各军团之间收发电报达300余份，仅朱德总司令签署的就达200份以上。上情及时下达，下情及时上报，红军既放得开，又收得回，从未出现派出的机动部队与中革军委失去联络的情况，有效保证了中革军委决心的顺利贯彻执行。此外，还极力设法保持与红二、红六军团和红四方面军的无线电通信联络，为毛泽东和中共中央、中革军委指挥中央红军西进云南、抢渡金沙江、北上川西同红四方面军会合起到了重要作用。后来，毛泽东为通信兵题词：你们是科学的千里眼顺风耳。

（四）高度重视后勤保障工作，确保作战行动不受影响

三军未动，粮草先行；外行谈战略，内行谈后勤；没有后勤，就没有作战。因此，后勤的重要性是怎么强调也不为过的。四渡赤水战役，中央红军转战川滇黔地区，其中大多数时间是在贵州境内作战。而贵州则是当时有名的贫穷落后地区，筹措粮食物资器材异常困难。后勤保障工作就显得尤为重要。为此，毛泽东和他的战友们于1935年2月20日以红军总政治部名义颁发了《关于筹款征集资材及节省问题的训令》，指出："贵州地区，物产不丰，粮食较缺，更需我们大力的注意，运用群众路线来进行筹款、征集资材的工作。同时节省不必要的开支，减少可能减少的费用，也是保障红军给养的主要办法之一。"①可以说，这就是当时中央红军保障供给的方针，基本保证了中央红军的粮食和物资供应。

在粮食、物资的筹措方面，强调"应在驻地多搜集粮食，补充米谷"。在二渡赤水之前，朱德在1935年2月15日《关于筹粮的通知》中又指示各军团："应估计到渡河后粮食的困难……到达渡河点时应带足七天预备米……除谷米外包粟、豆子也可携带……应用一切有效办法收集洋油……全数供给电台用。"②

在武器弹药的缴获和搜集方面，毛泽东和他的战友们非常重视通过缴获来补充武器弹药。遵义大捷缴获不少武器弹药，但除战场缴获外，中革军委还十分注意战斗中遗弃和流散武器的收集工作。在3月2日中革军委就曾致电红一、红三军团："遵义溃退之敌迭受截击，

---

① 中国人民解放军历史资料丛书编审委员会编：《后勤工作·文献（1）》，解放军出版社1997年9月版，第438页。

② 中国人民解放军历史资料丛书编审委员会编：《后勤工作·文献（1）》，解放军出版社1997年9月版，第437页。

多散在刀靶水两侧高山及鸭溪附近山地，抛弃武器不少……你们应：①酌派得力小部队搜山……②出布告搜集武器、子弹。"① 另外，中革军委经常指示部队，要发扬优良传统，认真注意爱护武器，节省弹药，尽力减少不应有的损耗。

在医疗卫生工作方面，毛泽东和他的战友们十分注意争取时间，使中央红军在连续转战中得到必要的休整，以恢复体力；也很关心部队的卫生防病工作。如在四渡赤水后，天气已渐炎热，通过《红星》报的宣传，强调：注意卫生，不喝冷水，不生疾病。要求全军指战员"每人做个竹筒，装开水路上吃"，"为巩固我们的战斗力而斗争"。毛泽东和他的战友们对伤病员救治工作也是十分重视。轻伤病员经过治疗，跟随部队行动；短期内能治好的伤病员，组织担架抬送；重的伤病员则进行妥善安置。安置伤病员的工作，都是由各级领导干部分工负责。如土城之战后，就是由陈云负责安置伤病员和处理军委纵队的笨重物资。

六、高度重视政治工作，牢固树立生命线地位不动摇

这一点是不用说但又必须说的一个方面。不用说，主要考虑的是：毛泽东是我军政治工作的缔造者，无论是三湾改编的支部建在连上，还是古田会议的党对军队的绝对领导等都是毛泽东的首创和独创，这是红军区别于其他一切旧军队的最根本之处。政治工作是一切工作的生命线。在四渡赤水战役期间，那么艰苦卓绝的环境和条件下，进一步强化深入细致的思想政治工作显得更加重要和必要。毛泽

① 李夫克：《力挽狂澜》，国防大学出版社 1993 年 12 月版，第 239 页。

东和他的战友们为此做了以下工作。

第一是抓紧传达遵义会议精神，及时扫除思想疑虑，坚定必胜信心。遵义会议刚结束，毛泽东和他的战友们就抓紧作战间隙，采取各种方式，到机关、部队传达会议精神。把当时全军上下最关心的军事路线和中央及军委的组织领导问题，及时传达解决，一定程度地扫清了长期的失败和挫折在部分官兵心中造成的焦躁不满和对革命前途悲观忧虑的情绪。毛泽东的复出，使全军看到了新希望，增强了斗志，坚定了信心。

第二是加强思想教育，统一思想认识，及时纠正错误倾向。如针对在不少官兵中包括林彪这样的高级领导对走"之字路""弓背路"的意见和牢骚，毛泽东和他的战友们在古蔺白沙以中共中央和中革军委联名方式发出了《告全体红色战士书》，明确指出："为了有把握地求得胜利，我们必须寻求有利的时机与地区去消灭敌人，在不利的条件下，我们应拒绝那种冒险的没有胜利把握的战斗。因此红军必须经常地转移作战地区，有时向东，有时向西，有时走大路，有时走小路，有时走老路，有时走新路，而唯一目的是为了在有利条件下求得作战的胜利。"遵义战役胜利后，中共中央又发出了《为粉碎敌人新的围攻赤化全贵州告全党同志书》，指出："这一胜利是在党反对了军事的单纯防御路线之后，证明了党中央政治局扩大会议的正确，粉碎了一切动摇悲观过分估计敌人力量不相信自己的力量等机会主义观点，发扬了红色指战员的高度积极性。遵义战役的胜利就是党的路线的胜利！"①坚强有力的政治教育，很快统一了全军的作战思想，提高

① 中共中央文献研究室、中央档案馆编：《建党以来重要文献选编》第十二册，中央文献出版社 2011 年 5 月版，第 127 页。

了斗志，有效地保证了尔后连续机动作战的顺利进行。

第三，深入开展宣传鼓动工作，激发全军官兵旺盛的革命斗志和胜利信心。如针对第五次反"围剿"和长征初期的失利、针对强敌围追堵截和红军长期转战于穷山僻壤之间等的艰难困苦，毛泽东和他的战友们高度重视发挥思想政治工作的强大威力，进行生动活泼的宣传鼓动工作。在每次重大作战行动之前，中共中央、中革军委或红军总政治部都发出指示，要求各级都要做好思想政治工作和宣传鼓动工作，使全体指战员都明了每次作战行动的重大意义，以最大的决心，最坚强的意志，克服一切困难，毫不动摇地去争取胜利。如在《为粉碎敌人新的围攻赤化全贵州告全党同志书》中强调指出，"必须在所有红色指战员中间进行广泛的宣传鼓动工作"，"最大限度的提高他们的战斗情绪，号召他们鼓起百倍的勇气，打大胜仗以粉碎敌人新的围攻"。① 而各级政治工作人员，更是经常深入到部队中去，同指战员们打成一片，根据上级有关指示，进行教育解释工作，并采取各种灵活、有效的方式进行宣传鼓动，以调动指战员们的情绪，增强斗志，提高必胜信心。

第四，广泛开展群众工作，严格遵守群众纪律和执行民族政策，争取老百姓和少数民族同胞的理解和支持。针对中央红军转战在新区和少数民族聚居区，当地群众受欺骗宣传对中央红军存在着怀疑、恐惧等情况，毛泽东和他的战友们自进入贵州以后，就十分重视开展群众工作。如在进入遵义前夕，周恩来、朱德、王稼祥、李富春等就亲自到红一、红三、红九军团检查执行群众纪律的情况，肯定成绩，批

---

① 中共中央文献研究室、中央档案馆编：《建党以来重要文献选编》第十二册，中央文献出版社 2011 年 5 月版，第 128 页。

评缺点，要求部队严格整顿纪律，号召每个连队的党组织和所有政治工作人员，向违犯纪律行为作斗争。一进入遵义城，毛泽东、朱德等就亲自参加群众大会，宣传中国共产党的政策主张，发动群众、组织群众。在对待少数民族问题方面，反对一切民族压迫和剥削，提倡民族平等和民族自决，由此争取到少数民族上层代表和下层群众的理解和合作。在此基础上，还大力动员广大青年踊跃参军，补充和扩大部队。

综上所述，我们可以看到，毛泽东和他的战友们取得四渡赤水战役神奇般的胜利，得益于坚强有力的作战和后勤保障，得益于坚强有力的思想政治工作，更得益于毛泽东超乎常人的高超的军事指挥艺术。毛泽东，中国历史上的伟人，以"自信人生二百年，会当击水三千里"的豪情壮志，以"与天斗，其乐无穷；与地斗，其乐无穷；与人斗，其乐无穷"的昂扬斗志，在指挥四渡赤水战役的过程中，与蒋介石斗、与党内错误倾向斗、与恶劣的环境斗，把处于"死地""绝境"中的中央红军，带上"活路"并迈向光明、走向胜利。

第二节　载入史册，思想光芒永照春秋

在长征途中，面对强大敌人的围追堵截，毛泽东和他的战友们，凭着坚定的信念、高超的指挥艺术和灵活机动的战略战术，硬是在一个个危局、险局、死局中打出了一条条生路，取得了四渡赤水战役的胜利，在生死存亡的关键时刻挽救了红军、挽救了党。这既是毛泽东的得意之笔，更是我们宝贵的精神财富！外国有位军事评论员曾经感慨道："不怕中国军队现代化，就怕中国军队毛泽东化。"可见，毛泽

东军事思想的生命力和战斗力，是我军战无不胜、攻无不克的力量源泉。那么，作为红军的传人，我们怎么继承和发扬毛泽东军事思想，才能使我们这支既现代化又毛泽东化的人民军队，无愧于先辈、无敌于天下，继续书写出新时代的得意之笔呢？

在世界新军事革命浪潮一浪高过一浪的新的历史时期，唯有坚持深入学习、继承和发展具有我军时代特色的毛泽东军事思想，不断提升我军各级指挥员的指挥素养，才能让毛泽东思想的光芒，永远照耀人民军队不断胜利的前进方向。

一、学习毛泽东，树立坚定不移的政治信仰

习近平总书记说："人民有信仰、国家有力量、民族有希望。"信仰于一个民族、一个国家是这样，信仰于一支军队更是如此。一支有信仰的军队就能无坚不摧，一支有信仰的军队就能所向披靡。

（一）要坚定理想信仰补足精神之钙

习近平总书记在纪念红军长征胜利 80 周年大会上的讲话中说道："长征胜利启示我们，心中有信仰，脚下有力量；没有牢不可破的理想信念，没有崇高理想信念的有力支撑，要取得长征胜利是不可想象的。"四渡赤水战役乃至长征途中，正是因为毛泽东等老一辈无产阶级革命家军事家领导的红军指战员具有坚定不移的理想信念，激励和支撑着我们的前辈战胜了常人难以想象的艰难困苦，牺牲一切奋斗到底。可以说，是理想信念，让红军克服万难、挑战人类极限；是理想信念，让红军战胜围追堵截的强大敌军。

理想信念就是共产党人和中国军人精神上的"钙元素"，军队一旦失去理想信念或理想信念不坚定，就会染上"软骨病"，这样的军

队不可能具备过硬的战斗力，更不可能肩负起党和人民的嘱托，慑止战争和打赢战争的。因此，中国军队和中国军人要努力向毛泽东等老一辈无产阶级革命家军事家学习，树立信仰、坚持信仰，无论处于顺境还是逆境，始终坚守对马克思主义和共产主义的信仰不动摇，始终保持清醒的头脑和坚定的政治立场，始终在思想上政治上行动上与党中央保持高度一致，坚决防止和杜绝精神缺钙的情况出现，坚决抵制信仰不真信、修身不真修的现象，防止出现"两面人"的问题。

共产党人的信仰就是对马克思主义的信仰，对共产主义和社会主义的信念，对党和人民的忠诚。中国人民解放军是中国共产党领导的军队，共产党人的信仰就是中国军人的信仰。中国军人只有像红军前辈那样，牢固树立对马克思主义的信仰，才能坚定这份信念、坚定这份忠诚、坚定这份责任，才能在中华民族伟大复兴的进程中锻造成一支具有"铁一般信仰、铁一般信念、铁一般纪律和铁一般担当"的过硬军队，才能把自己培养造就成"有灵魂、有本事、有血性、有品德"的新一代革命军人，才能把我军建设成一支听党指挥、能打胜仗、作风优良的人民军队，才能逐步实现中国人民解放军的强军梦。

（二）要坚持政治工作的生命线地位

坚持政治工作的生命线地位，确保党对军队的绝对领导，是坚定政治信仰的根本保证。只有做到这一点，才能确保全军指战员在政治上、思想上、行动上始终与党中央保持高度一致，确保全军上下在任何情况、任何时刻都能坚决听党话、跟党走，确保部队任何时刻都是绝对忠诚、绝对纯洁、绝对可靠，任何时刻都听从党中央、中央军委和军委主席指挥。

我军各级指挥员，要向毛泽东等老一辈无产阶级革命家军事家学习，像红军前辈那样，充分认识和坚持政治工作是军队一切工作的生命线的地位作用，要重视思想政治工作，要具备思想政治工作能力和水平，通过强有力的思想政治工作，确保我军在思想和行动上高度统一，确保我军在性质宗旨上永不褪色，确保我军具有铁一般的纪律、强大的凝聚力和战斗力。

（三）要有敢于牺牲的奉献精神

军人是否具有坚定的信仰体现在他能否为了信仰勇于奉献、敢于牺牲。四渡赤水战役中，这样勇于奉献、敢于牺牲的例子不胜枚举。毛泽东为了革命牺牲了爱人、牺牲了手足、牺牲了骨肉。是我们要永远敬仰、学习的榜样。

革命英雄主义在于为了信仰和真理而牺牲自己，军人的价值也体现在牺牲和奉献上。我们新一代的军人，特别是指挥员，要树立自己的理想信念，就必须具有英勇顽强的战斗精神和勇于奉献、敢于牺牲的品质，要将自己无私奉献的精神和敢于牺牲的品质融入自己的血液和灵魂之中。只有这样，才能在平时为了实现伟大的强军梦和民族复兴梦而努力工作、努力奋斗；才能在战时以压倒一切敌人而不被敌人所屈服的英雄气概和大无畏的牺牲精神，攻坚克难，战胜敌人。

二、学习毛泽东，掌握丰富的综合知识

毛泽东曾经教导我们："没有文化的军队是愚蠢的军队，而愚蠢的军队是不能战胜敌人的。"[1]中国共产党是领导着"泥脚杆子"战胜了代表地主、资产阶级的国民党，夺取了天下。但这不代表共产党的

---

[1] 《毛泽东选集》第三卷，人民出版社1991年6月版，第1011页。

军队就是没有文化的军队。毛泽东等老一辈无产阶级革命家军事家，哪一个不是时代的精英和翘楚？就比如两党、两支军队的领袖，蒋介石是一代枭雄，而毛泽东则是天之骄子。一首《沁园春》打败天下无敌手，就足以说明问题。也正是因为红军战士的文化基础较差，我军才更加强调学习，更加注重学习。当然，不是要我们的军事指挥员都是诗人或书法家，但一名合格的军事指挥员，特别是战略战役指挥员仅仅掌握军事知识是远远不够的，要向毛泽东等老一辈无产阶级革命家军事家学习，不仅要掌握专业的军事知识，还要掌握哲学、军事科技以及政治、经济、外交、文化等知识，全面拓宽指挥员的视野，只有这样，才能博古通今、上知天文、下知地理，才能在平时有效把握世界新军事革命大潮中的脉动；才能在战时举重若轻、穿透战争迷雾，成为具有高超谋略水平和指挥能力的指挥员，才能率领部队打胜仗。

（一）要学习和掌握哲学基础知识

毛泽东等老一辈无产阶级革命家军事家在战争实践中运用马克思主义的辩证唯物主义和历史唯物主义，总结提炼出符合中国革命战争实际的认识论和方法论，从而战胜了强大的敌人，夺取了革命战争的胜利。我军战略战役指挥员要深入学习贯彻马列主义、毛泽东思想、邓小平理论、"三个代表"重要思想、科学发展观、习近平新时代中国特色社会主义思想，把科学的哲学普遍原理与推动中国军队现代化的实际相结合、与未来战争的具体实际相结合；坚持辩证的和历史的唯物主义观点，认识和遵循战争规律，着眼我军实际、着眼全局发展、着眼未来创新，客观地去认识世界、认识中国、认识人民解放军；运用事物对立统一、量变质变、否定之否定的规律，了解事物的本质与现象，从而具备透过现象看本质的能力，认识事物联系与发展的基本规律，把握我军发展的特殊性与普遍性、偶然性与必然性、现实性与可能性，最终提升我军指挥员的辩证思维、战略思维和指挥谋略水平，使指挥员能够"不畏浮云遮望眼"，只缘身具哲学观。

（二）要学习和掌握专业军事知识

军事指挥员的根本就是在战场上赢得战争、取得胜利。指挥员通过熟练运用军事知识在战场上排兵布阵，灵活运用各种作战力量，达成消灭敌人、保存自己的目的。因此，军事指挥员要学习掌握中国特色现代化军事理论体系，掌握党的军事指导理论和军事思想，掌握现代化军事力量建设与运用理论，掌握我军军事战略理论、联合作战理论、现代国防和军事建设理论，提升指挥员专业的军事知识水平。而上述这些理论体系都是以毛泽东军事思想为核心的。继承和发扬毛泽东军事思想，就是要使毛泽东军事思想作为我军军事理论的"灵魂"，用毛泽东军事思想的立场、观点和方法，认识当代、预测未来，将毛泽东军事思想赋予时代特色和时代内涵，使我军的军事理论始终充满着生机和活力。学习掌握毛泽东军事理论，更加需要注重学习我国和世界军事历史、我国和世界现代化的军事知识，在继承中求发展、在借鉴中求创新，通过学习国内外军事历史和战争实践，从中深刻领会指挥艺术的精髓，不断提升我军指挥员的军事理论素养和指挥素养；然后结合现代军事知识和军事发展，使我军指挥员成为能够驾驭未来战争的常胜将军。

（三）要学习和掌握前沿科技知识

人类步入信息时代，知识更新迭代的速度和频率越来越快，尤其是军事高科技知识不断创新发展。军事指挥员要想打赢未来信息化战争，就必须顺应时代发展，不断更新自己的知识结构，特别是要掌握当前科技前沿知识，使其能够有效融入和改善自己的知识结构，为指挥未来战争打下良好基础。信息时代，指挥员要学习的军事科技知识很多，我们要像毛泽东等老一辈无产阶级革命家军事家那样，对待学习一丝不苟、如饥似渴，不知就学、不懂就问，通过学习信息技术、生物技术、新材料、人工智能、物联网等前沿技术及其在军事领域的运用，熟悉并能运用新型武器装备系统，提升指挥员的科技素养，以此提高指挥员的创新能力和驾驭未来战争的指挥能力。

三、学习毛泽东，研究了解作战对手

列宁有一句名言："一支军队不准备掌握敌人已经拥有或可能拥有的一切斗争武器、一切斗争手段和方法，谁都会认为这是愚蠢的甚至是犯罪的。"[①]战场无亚军，军人生来为打赢。军队的最高目标就是在战场上战胜对手打赢战争。军队只有在战争准备阶段做到知彼知己，方能在战争实施阶段百战不殆。因此，我们要向毛泽东等老一辈无产阶级革命家军事家学习，像毛泽东了解蒋介石、彭德怀了解麦克阿瑟那样，把对手研究透。要心中装着敌人，眼睛盯着敌人，才能知道敌人在干什么、想干什么、采取什么方式，这样我们才能制定应对之策。只有在平时深入研究作战对手，找出其强点和弱点，才能在战时避强击弱、一击即中。

（一）要研究对手的作战能力

刘伯承元帅曾说过："五行不定，输的干干净净。"五行的首要就是敌情，要研究敌情，首先要知道作战对手是谁，知道作战对手有什

---

① 列宁：《共产主义运动中的"左派"幼稚病》，《列宁全集》第三十九卷，人民出版社1986年10月版，第75页。

么武器装备、由多少编制编成、具备什么样特长和能力。我们要基于国家安全需求、依据我军军事战略方针和我国周边安全态势，从国际和地缘战略的高度，合理确定我军当前作战对手和未来可能作战对手；运用战略思维、辩证思维、底线思维、创新思维，从政治、经济、军事、外交、文化等层次去深入了解潜在作战对手具备的能力，研究其军队体制编制、组织形式、兵力部署、武器装备等情况，掌握作战对手当前具备的能力，未来可能具有什么新技术、研发什么新型武器装备、具备什么新型作战能力。只有这样才能真正做到克敌制胜。

（二）要研究对手的作战理论

只知道对手是谁、有什么还不够，还要知道作战对手怎么运用这些作战力量。要熟悉对手的作战理论、研究其军事思想、了解其战略战术、掌握其战法训法，只有这样才能够更好地掌握敌人在作战中可能运用的战法，才能紧盯作战对手理论变化，加强我军作战理论的针对性创新，以便在实战中制定有效应对之策。

（三）要研究对手的思维方式

战争中若能想敌之所想，必然能够处处掣肘敌人，因此，研究对手不能停留在表面，还应深入其内在，摸透作战对手的思维方式。在平时要加强对作战对手战略、战役指挥的个性研究，研究其成长经历、能力水平、思维方式等内容，以便战时能够在战场迷雾中了解对手、看透对手、掌握对手、控制对手，从而充分调动敌人按照自己意图行动。毛泽东等老一辈无产阶级革命家军事家之所以能在四渡赤水战役中游刃于敌人重兵之间，牵着敌人的鼻子走，就是因为毛泽东和他的战友们熟悉蒋介石及其军事指挥员的思维习惯和行为方式。

四、学习毛泽东，强化军事训练实践

毛泽东等老一辈无产阶级革命家军事家在战争中学习战争、在战争中实践战争、在战争中总结提炼战争规律和战争方法，并运用这些规律和方法赢得土地革命战争、抗日战争、解放战争和抗美援朝战争的胜利，建立并保卫了新中国。和平时期，军事训练实践是提高指挥能力和指挥素养的唯一途径，毛泽东和他的战友们，始终抓住军事训练不放松，以野营拉练、大比武、军事演习等多种形式，保持和提高部队战斗力。进入新时代，国际形势发生质的变化，我军使命任务也有了较大的拓展，我们要抓住时代机遇，在训练中提高能力、在执行任务中提高能力，不辱使命，把我军锻造成维护国家统一、维护世界和平的威武之师、仁义之师，成为让党放心、让人民放心的坚强柱石。

（一）通过演训实践提高指挥能力

通过平时各种演训活动逐步提高指挥员的指挥能力，提升指挥素养。通过战略演训活动，特别是与所担负的使命任务紧密相关的战略演训课题，加强作战环境、潜在对手模拟演训，培养指挥员研判战略形势、确定战略目标、定下战略决心、确定战略部署、指挥战略行动的能力，拓宽指挥员的战略视野，提升指挥谋略，提高指挥员运筹帷幄的能力；通过不同的战役演训活动，提升指挥员因敌、因时、因地、因情准确研判形势、正确定下决心、合理运用作战力量、精准指挥作战行动等能力，提高指挥员在战场上排兵布阵和处置突发事件的能力；通过战术演训活动，锻炼指挥员在信息化战场新挑战中，扎实运用军事理论知识，掌握新装备使用本领，夯实指挥技能基础，在反复练和练反复中提升指挥员的指挥打仗能力。

（二）通过国际军演拓宽国际视野

随着我国经济实力的增长和我军军事实力的提高，我国在国际舞台上的地位逐步提升，我军参与国际军事演习的机会越来越多、规模越来越大、次数越来越频繁，参演国家也越来越多。通过国际联合军演活动既能够有效检验武器装备、论证作战理论、发展军事思想和提高军队实战能力，又能够锻炼指挥员的指挥协同能力，还能够与参演力量进行密切的军事交流和合作，在交流合作中相互学习、相互借鉴，使得指挥员能够进一步了解外军的作战理论、武器装备和参演各国的军事政治意图，拓宽指挥员的国际视野，促进指挥员综合能力的提升。

（三）通过国际维和提高实战能力

通过我军参与国际维和行动，在实战背景下检验我军的作战能力和武器装备战技性能，尤其是检验我军指挥员的指挥能力，锻炼指挥员在复杂的战场环境下灵活应变能力和指挥处置能力。同时，随着国家利益的拓展，我军军事力量将逐渐走出国门，通过军队在国外执行各种任务，既能有效保护国家利益不受侵害，又能在我国处于和平时期有效检验我军的实战能力和指挥员的指挥能力。

毛泽东等老一辈无产阶级革命家军事家创造的四渡赤水战役是经典的、神奇的、辉煌的、载入史册的，毛泽东军事思想是伟大的、光荣的、正确的，毛泽东军事思想是永放光芒的、永照春秋的。我们研究四渡赤水战役，不是要求大家机械地照搬照抄过去某些做法，而是想使大家通过学习，真正地领悟出一些带有规律性的东西，实现从感性认识到理性认识的飞跃。这是我们研究战例最根本的目的。在党中央和中央军委的正确领导下，只要我们能掌握高技术武器装备、继承红军长征精神、灵活运用和发展毛泽东军事思想，就一定能夺取未来局部战争战役的胜利，无愧于红军的传人。

第三节　汲取智慧，奋力推进复兴征程

以习近平同志为核心的党中央高度重视对党的历史的总结运用，指出：认真总结党的历史，更好地发挥党的历史的鉴今、资政作用，是新形势下推动党和国家事业不断发展的迫切需要。四渡赤水战役是中国共产党历史上重要的转折点，为我们留下了许多宝贵经验和精神财富，是领导干部继承红色基因，加强党性锻炼，提高思想政治素质和领导水平的生动教科书，值得我们认真学习、总结、研究，继续发扬。

一、坚持和发展中国特色社会主义，党必须有一个坚强的领导核心

遵义会议的召开，毛泽东增选为政治局常委，重回领导岗位。"鸡鸣三省"石厢子会议彻底结束了党内"左"倾错误路线的领导，落实了遵义会议对中央政治局常委重新分工的决议，张闻天接替博古成为党的总负责。张闻天在苏区根据地就逐渐接受了毛泽东的正确主张。长征开始，毛泽东与张闻天、王稼祥同在一个担架队，经常交心谈心。惨烈的湘江战役后，张闻天更加认可毛泽东的正确路线。并且张闻天善于团结同志、讲民主。基于上述原因，张闻天的任职保证了毛泽东的军事指挥权。这是中国共产党第一次按照自己的意志，独立自主地选择、任命自己的中央领导人，结束了中国共产党建党14年来，

靠共产国际指定中共领导人的历史。"鸡鸣三省"石厢子会议还决定"泽东同志为恩来军事指挥的帮助者",这是毛泽东自"宁都会议"失去军内职务后,重新拥有了红军指挥权。这是中国共产党第一代领导集体和第一代领导核心形成的起点,为接下来的遵义大捷,以及四渡赤水战役的胜利奠定了基础。

1935年3月4日,中革军委在第二次进驻遵义后,成立前敌司令部,以朱德为司令员,毛泽东为政治委员。后来苟坝会议的经验教训又告诉党,战争紧张,作战情况瞬息万变,机遇稍纵即逝,如果每一次军事行动都由政治局讨论,会贻误战机,指挥需要集中。因此苟坝会议后,党中央决定,成立由周恩来、毛泽东、王稼祥组成的新"三人团",代表中央政治局常委领导军事,全权处理党政军的一切重大问题,在当时是全党全军最重要的领导机构。由此最终完成了遵义会议改变党中央最高军事领导机构的任务。新"三人团"中,周恩来、王稼祥都尊重毛泽东,所以毛泽东实际上已经掌握了军事决策权和指挥权,苟坝会议进一步确立和巩固了毛泽东在党中央和红军中的核心领导地位。

四渡赤水战役,正是依靠以毛泽东为核心的坚强的中央领导集体,不断根据敌情变化,一次又一次坚决、果断地调整战略战术,改变前进方向才取得最终胜利的。比如青杠坡战斗失利后,万分危急关头,如果当时中央领导集体稍有犹豫、软弱,红军就可能陷入敌人四面包围的绝境。此时,中央政治局和中革军委召开紧急会议,听从毛泽东的建议,果断撤出青杠坡战斗,毫不犹豫地改变了遵义会议制定的北渡长江的行军路线,避开强敌,西渡赤水,从而使红军免遭重大损失,保存了实力。

扎西会议,在北渡长江无望,西渡金沙江困难,四面敌人再次包围上来时,毛泽东拥有了发言权的中央领导集体当机立断,决定放弃北渡长江的意图，杀一个回马枪。二渡赤水，遵义之战，红军 5 日之内，连续攻下桐梓、娄山关、遵义，击溃和歼灭敌人两个师又 8 个团，俘敌约 3000 人。缴获枪支 2000 多，子弹 10 万发，取得了长征以来最大的一次胜利，极大地鼓舞了士气，打击了敌人的反动气焰。这正是在党逐渐形成的以毛泽东同志为核心的中央领导集体坚强、正确的领导下取得的胜利。

三渡赤水，佯动惑敌，再四渡赤水，兵临贵阳逼昆明。终于以少胜多，以弱胜强，变被动为主动，摆脱了几十万国民党军的围追堵截，彻底粉碎了蒋介石围歼中央红军于川黔滇边的狂妄计划，取得了战略转移中具有决定意义的胜利。至此，在以毛泽东同志为核心的党中央的坚强领导下，扭转了长征以来最危险的局面，掌握了战略转移的主动权。可以肯定地说：正因为有了以毛泽东同志为核心的党中央的坚强领导，才可能取得四渡赤水战役的胜利，才可能在危难时刻挽救党、挽救红军、挽救中国革命。

共产主义运动史已经反复证明坚强的领导核心对革命事业具有十分重要的作用，这也是被中国共产党的历史一再证明了的真理。四渡赤水之前的 14 年，中国共产党经历了陈独秀、瞿秋白、向忠发、李立三、王明、博古，都没有形成一个坚强的领导核心，更没有形成一个坚强的中央领导集体。中国共产党作为共产国际的一个支部，只能一直围绕共产国际指挥棒转，按照苏俄革命的道路进行中国革命。据俄罗斯公布的档案：1923 年至 1927 年间，联共中央政治局为中国革命问题召开过 122 次会议，做出了 738 个决定。这些决定有些是正确的，对中国革命起到了指导作用。但大多数决定都因共产国际并不真正了解中国革命的具体实际，而我们党当时又没有形成一个坚强的领导核心和成熟的中央领导集体，不得不按照共产国际指示办，最终一再遭遇重大挫折，给中国革命造成了无可挽回的巨大损失。

今天，中国特色社会主义进入了新时代，党的十九大报告已为我们描绘了实现中华民族伟大复兴的宏伟目标，并制定了战略部署。中国共产党带领中国人民开启了新的历史征程。面对中华民族伟大复兴战略全局和世界百年未有之大变局，面对前进道路上的坎坷风雨，复杂局面，我们更需要坚持党的领导，更需要一个坚强成熟的中央领导集体，更需要一个坚强的领导核心。

党的十八届六中全会明确了习近平总书记党的领导核心地位，这是党和人民的根本利益所在，是坚持和发展中国特色社会主义伟大事业的迫切需要。习近平总书记指出，看一名党员干部特别是高级干部的素质和能力，首先看政治上是否站得稳、靠得住。站得稳、靠得住，最重要的就是要牢固树立"四个意识"，自觉在思想上政治上行动上同党中央保持高度一致，坚决维护党中央权威和集中统一领导，在各项工作中毫不动摇、百折不挠贯彻落实党中央决策部署，不打任何折扣，不耍任何小聪明，不搞任何小动作。

全党、全体同志都必须坚决维护习近平总书记在党中央的核心、全党的核心地位，坚决维护党中央权威和集中统一领导。让我们全党、全国人民在以习近平同志为核心的党中央的坚强领导下，以更大的决心和勇气，全面推进中国特色社会主义的伟大事业不断取得新的更大的胜利。

二、坚持和发展中国特色社会主义，党必须继续坚持实事求是的思想路线

四渡赤水战役之所以成为毛泽东一生得意之笔，根本在于坚持实

事求是。四渡赤水并不是事先设计好的，毛泽东也不是神仙，不可能神机妙算，为什么他能够用兵如神？《孙子兵法》有句话："兵无常势，水无常形。"能够根据敌人变化而变化取胜，谓之神。毛主席能够用兵如神，正是整个四渡赤水过程贯穿着一个"敌变我变"，实事求是，根据实际情况的变化迅速对决策作出修订，才一次又一次化险为夷，打败敌人，取得胜利。在整个四渡赤水的过程皆可见红军随时坚持真理、随时修正错误，这是我们能够战胜强大敌人的重要原因。

一是灵活机动的战术。遵义会议指出，"当前的中心问题是怎样战胜川滇黔蒋这些敌人的军队。为了战胜这些敌人，红军的行动必须有高度的机动性"。四渡赤水期间，白沙会议发布的《告全体红色战士书》，向广大指战员强调了在敌强我弱的条件下红军进行机动作战的基本原则——"我们必须寻求有利的时机与地区去消灭敌人，在不利的条件下，我们应该拒绝那种冒险的没有胜利把握的战斗"。换言之，根据敌情的变化，我们必须采用灵活机动的战术，行军方向可以改变，"有时向东，有时向西"；行军路线可以改变，"有时走大路，有时走小路"。

二是求真务实的作风。整个四渡赤水战役就是一个求真务实的过程。原定的北渡长江路线因青杠坡战斗失利而改为西渡赤水；叙永攻城失败，敌人围攻而来，我们随即向云南扎西转移；西渡金沙江不成，敌人又尾追而来，我们决定杀个回马枪，回贵州；遵义大捷后，想建根据地不行，又决定以三渡赤水、四渡赤水，兵临贵阳逼昆明，最终跳出包围圈。任何时候都是在实际过程中认清形势，再当机立断主动改变目标，最终取得胜利，充分体现了共产党人求真务实的作风。

三是勇于纠错的品格。如苟坝会议，第一次投票支持攻打打鼓新场，并且撤销了毛泽东前敌司令部政治委员职务，在毛泽东极力争取，并且获取情报了解实情后，又全票通过放弃攻打打鼓新场，重新恢复毛泽东的前敌司令部政治委员职务。再如，青杠坡战斗，错了就马上纠正，绝不固执己见。整个四渡赤水战役中，随处可见中国共产党人有错就纠正的实事求是品格。

四是准确及时的情报。四渡赤水战役取得胜利的一个重要原因是随时掌握敌情，根据敌情，敌变我变。四渡赤水战役中，国民党军的情报来源于空中侦察，地方政府报告。但当时的空中侦察只能靠飞行员目视，乌蒙山区不是雨就是雾，使空中侦察基本无用。而地方政府的报告，要么只是局部，误把小部队当成大部队，把佯动当成主力；要么是两三天前的红军动态。对于实情的不了解，使蒋介石和他的前线指挥员来回调动部队，疲于应对，每每扑空。红军由于有中央情报二局的曾希圣、曹祥仁、邹毕兆等破译高手，掌握了蒋介石中央军的密码，加上红四方面军情报部门的支持，使得毛泽东对敌情了如指掌，犹如"打着灯笼走夜路"。可以说，准确掌握情报，实事求是，敌变我变是四渡赤水战役取得胜利的重要原因。

邓小平指出：马克思、恩格斯创立了辩证唯物主义和历史唯物主义的思想路线，毛泽东同志用中国语言概括为"实事求是"四个大字。作为党的根本思想路线，实事求是是中国共产党领导中国人民不断取得革命、建设和改革事业胜利的重要法宝，是实践总结和时代发展的产物。正如习近平总书记所指出：实事求是，是马克思主义的根本观点，是中国共产党人认识世界、改造世界的根本要求，是我们党的基本思想方法、工作方法、领导方法。

今天，我们面对百年未有之大变局，面对大发展、大变革、大调整，必须坚持实事求是的思想路线。

习近平总书记指出：坚持实事求是，最基础的工作在于搞清楚"实事"，就是了解实际、掌握实情。这就要求我们必须不断对实际情况作深入系统而不是粗枝大叶的调查研究，使思想、行动、决策符合客观实际。全党同志一定要把实事求是贯穿到各项工作中去，经常、广泛、深入开展调查研究，努力把真实情况掌握得更多一些、把客观规律认识得更透一些。

四渡赤水战役给我们留下了宝贵的精神财富，我们要充分发挥好四渡赤水历史的鉴今、资政作用，继承、发扬四渡赤水的光荣传统，在新形势下推动党和国家事业不断发展，为中国特色社会主义建设、实现中华民族伟大复兴的目标而努力奋斗。

三、坚持和发展中国特色社会主义，党必须密切联系群众，夯实执政根基

四渡赤水战役的胜利，离不开密切联系群众。"四渡赤水"期间，中央红军在群众基础薄弱、民族关系复杂、国民党反动宣传、后勤保障严重不足等诸多不利条件下，积极宣传共产党的政策主张，充分发动群众，唤醒群众，组织武装群众，为四渡赤水战役的胜利提供了坚强保障。

一是宣传动员，唤醒群众。"战争的伟力之最深厚的根源存在于民众之中"，红军打胜仗，人民是靠山。在四渡赤水战役中，党和中央红军走到哪里，群众工作就做到哪里。积极宣传，中央红军总政治部内设的宣传部、《红星》报编辑部和地方工作部等，在沿途都通过标语、漫画、群众大会、布告以及编印革命刊物等形式宣传党和红军的政策、性质、使命，并揭露国民党反动派的丑恶、虚伪。同

时，"四渡赤水"期间，红军通过开仓分盐、打土豪分田地等实际行动，真心诚意地帮助沿途受剥削和压迫的劳苦群众，解决他们的实际问题，增进当地群众对红军的理解和支持。通过这一系列卓有成效的群众工作，党领导中央红军与人民群众建立血肉联系。

二是组织武装，依靠群众。"兵民是胜利之本"，群众只有被发动组织起来，才能变为强大的现实物质力量。由于红军卓有成效的宣传、动员、组织工作，当地群众积极主动参加中央红军，古蔺县便有800多人参加红军，叙永县有500多人参加红军游击队。同时，广大群众给予中央红军大量的人力、物力支持，人民群众腾出自家房屋、宅院、商铺给红军住宿，贡献自家船只、门板、楼梯，为红军搭建浮桥，收留、掩护和医治伤病红军及红军后代，为红军当向导、送情报和抬担架。建立地方革命武装，帮助中央红军开展斗争，甚至在艰苦的革命中浴血奋战，直至牺牲。正如陈云在他的报告中说：正是由于我们密切联系群众，所以我们才获得群众的支持。并为红军招募到志愿兵，我们随处可以找到帮助我们搬运辎重的脚夫，到处把红军安置到老百姓家里，当我们需要粮食时，老百姓会把它卖给我们。

得民心者得天下，失民心者失天下，这是亘古不变的真理。人民群众的拥护和支持是党执政最牢固的根基。纵观党发展壮大的历程和长期执政的历史，中国共产党始终坚持群众路线，密切联系群众，领导和带领人民取得了革命、建设和改革开放的伟大胜利。正如习近平总书记指出：延安革命根据地政权是陕北人民用小米哺育出来的，淮海战役胜利是人民用独轮小车推出来的，改革开放是适应人民愿望、根据群众创造搞起来的。可见在革命、建设、改革的每一个关键阶段、每一次重大关头，我们党都始终紧紧依靠人民，共同战胜困难、一起迎接胜利。坚持群众路线，密切联系群众，是中国共产党始终如一、永不变更的独特基因。

今天，党群关系的亲疏仍然直接关系到社会的稳定和党执政地位的巩固。如果说当年，我们依靠党群的鱼水关系，成功的群众工作，赢得了四渡赤水战役的胜利，那么在新时代中国特色社会主义这一更为漫长也更为艰巨的征途上，我们更要密切联系群众。习近平新时代中国特色社会主义思想鲜明提出"坚持以人民为中心"，《习近平谈治国理政》第一至第四卷的一个共同之处，就是充分彰显了"坚持以人民为中心"的根本立场。习近平总书记指出，必须以最广大人民根本利益为我们一切工作的根本出发点和落脚点，坚持把人民拥护不拥护、赞成不赞成、高兴不高兴作为制定政策的依据，顺应民心、尊重民意、关注民情、致力民生，既通过提出并贯彻正确的理论和路线方针政策带领人民前进，又从人民实践创造和发展要求中获得前进动力，让人民共享改革开放成果，激励人民更加自觉地投身改革开放和社会主义现代化建设事业。每个共产党员和党的干部都必须牢记习近平总书记的教导，"人民是党执政的最大底气""是党执政最深厚的根基""是我们共和国的坚实根基""是我们强党兴国的根本所在"。正是从这个意义上讲，"民心是最大的政治"。"党除了人民利益之外没有自己的特殊利益，党的一切工作都是为了实现好、维护好、发展好最广大人民根本利益。"

在中国特色社会主义进入新时代、社会主要矛盾转化为人民日益增长的美好生活需要和不平衡不充分的发展之间的矛盾后，我们要按照习近平总书记要求着力提升发展质量和效益，更好满足人民群众多方面日益增长的需要，更好促进人的全面发展、全体人民共同富裕。

四、坚持和发展中国特色社会主义，党必须继续发扬坚韧不拔的斗争精神

以少胜多、以弱胜强、变被动为主动的重要原因，是党和党领导的红军发扬坚韧不拔、英勇顽强的斗争精神。

一是与强敌斗。四渡赤水期间，中央红军只剩下 3 万多人。从江西瑞金零都等地出发，一路行军打仗，枪支弹药严重缺乏，群众基础薄弱，加上国民党的反动宣传，红军很难得到群众的支援。寒冷的冬天，饥寒交迫，部队疲惫之极。而他们面对的却是十几倍于己的强敌。此时的敌情，远比长征初期严重得多！蒋介石亲自坐镇重庆和贵阳督战，甚至亲自当"剿匪"总司令，调动中央军和湘军、滇军、川军、桂军、黔军数十万重兵，企图将中央红军聚歼于贵州境内。而且蒋介石拥有国家战争资源，可以保障他的"追剿"军以逸待劳。我们党在这种严重的敌强我弱、极端不对称、万分危险的形势下，没有忘记自己的初心，没有放弃自己的使命，发扬坚韧不拔、英勇顽强的斗争精神，坚定执着，克服重重困难，终于战胜了强大的敌人。

二是与党内错误思想、错误路线斗。善于自我革命，勇于斗争，是我们党在任何情况、任何时候，克服不良现象、纠正错误、战胜风险和困难的政治前提。中央红军湘江战役后的几个月特别重要，当时红军的前途，存在两种可能性：或者成功突出重围；或者处置不当，就有全军覆没的危险，这是充满惊涛骇浪的日子。中央红军在极端复杂而险恶的环境中，在前进道路上面对众多不确定因素，经过以毛泽东为代表的正确路线与博古、李德的"左"倾错误路线在通道会议、黎平会议、猴场会议的连续不断的坚决斗争，才得以多次果断地大幅度调整行进方向，终于突破重围，闯出一条新路。

遵义会议更是一次党内自我革命、勇于斗争的成功典范。这次会议充分发挥了"党内政治生活"这一解决党内问题的重要平台的作用和纠错机制。会议中，有固执己见的辩解、虚怀诚恳的检讨，有痛快淋漓的批评、鞭辟入里的分析，这是中国共产党对自己的一次无情解剖。理论联系实际、敢于批评与自我批评，敢于斗争、勇于斗争，以及发挥民主集中制的优势，才能成功克服"左"倾错误，最终确立中国革命的正确方向。

后来的土城会议、"鸡鸣三省"石厢子会议、扎西会议、白沙会议、苟坝会议、会理会议无不充满了正确与错误的斗争。尤其是苟坝会议，毛泽东在只有自己一票的情况下，仍然没有灰心丧气，没有放弃与错误决定作斗争。他深信自己的判断，表决后，毛泽东一方面服从组织决定，一方面深夜提着马灯走三里多路去找周恩来继续做思想工作，争取正确决策，使红军免遭重大损失。正是因为有了坚韧不拔的斗争精神，党和红军才能一次又一次地纠正错误，在危机中找到出路，最终跳出敌人的重重包围，取得四渡赤水战役的胜利。

三是与自我意志斗。四渡赤水战役期间，每一次运动战、每一次冲锋、每一次急行军、每一次受伤……都是每一个红军将士与自己意志、精神、体能的较量和斗争，都是对红军将士全方位的考验。钟赤兵在四渡赤水战役中受伤，在没有麻药的情况下，忍住剧痛三次锯腿，并胜利走完长征，成为独腿将军。干部团为了抢占皎平渡渡口，一晚在崎岖的山路负重急行军80公里；四渡赤水战役中，战略决策瞬息万变，有时候一天几道命令。干部战士几乎天天都在来来回回急行军，有时向东，有时向西，有时走大路，有时走小路，有时走新路，有时走老路。在寒冷的冬天，衣不蔽体、食不果腹非常疲惫，每一个干部战士几乎时时刻刻都在挑战自己的体能极限，与自己的意志、体能较量，作坚韧不拔的斗争，最终赢得了胜利。正如埃德加·斯诺所说：中国共产党人的那种精神，那种力量，那种欲望，那种热情……是人类历史本身的丰富而灿烂的精华。

人类社会的进步史就是一部不折不扣的斗争史。正如习近平总书记指出："马克思主义产生和发展、社会主义国家诞生和发展的历程充满着斗争的艰辛。建立中国共产党、成立中华人民共和国、实行改革开放、推进新时代中国特色社会主义事业，都是在斗争中诞生、在斗争中发展、在斗争中壮大的。"① 因为有坚韧不拔的顽强斗争精神，中国共产党才能从建党初期的 50 多人，发展到今天 9000 多万人的世界最大的政党；因为有坚韧不拔的顽强斗争精神，中国共产党才能带领中国人民取得抗日战争、解放战争的伟大胜利，建立新中国；因为有坚韧不拔的顽强斗争精神，我们才能与世界上最强大的国家以及其他十六个国家组成的联合国军较量，取得抗美援朝战争的伟大胜利；因为有坚韧不拔的顽强斗争精神，我们才能在前苏联逼债，国家非常困难的时期造出"两弹一星"；因为有坚韧不拔的顽强斗争精神，我们才能勇于自我革命，敢于破除体制障碍，带领中国人民进行伟大的改革开放，取得中国特色社会主义建设的伟大胜利。正如习近平总书记所说："我们党诞生于国家内忧外患、民族危难之时，一出生就铭刻着斗争的烙印，一路走来就是在斗争中求得生存、获得发展、赢得胜利。"②

今天，中国共产党带领全中国人民，经过一百年不屈不挠的斗争，我们正前所未有地接近中华民族伟大复兴的目标。中国特色社会主义进入了新时代，中国特色社会主义开启了新征程。但在实现中华

结　语　用兵如神，民族复兴再出征

---

① 《习近平著作选读》第二卷，人民出版社 2023 年 4 月版，第 257 页。
② 《习近平著作选读》第二卷，人民出版社 2023 年 4 月版，第 302 页。

民族伟大复兴的征程中，我们将面临越来越多、越来越复杂的风险考验，甚至会遇到难以想象的惊涛骇浪。胜利实现我们党确定的目标任务，必须发扬斗争精神，增强斗争本领。习近平总书记明确指出："共产党人的斗争是有方向、有立场、有原则的，大方向就是坚持中国共产党领导和我国社会主义制度不动摇。凡是危害中国共产党领导和我国社会主义制度的各种风险挑战，凡是危害我国主权、安全、发展利益的各种风险挑战，凡是危害我国核心利益和重大原则的各种风险挑战，凡是危害我国人民根本利益的各种风险挑战，凡是危害我国实现'两个一百年'奋斗目标、实现中华民族伟大复兴的各种风险挑战，只要来了，我们就必须进行坚决斗争，而且必须取得斗争胜利。"①"在斗争中争取团结，在斗争中谋求合作，在斗争中争取共赢。"②习近平总书记要求我们："领导干部不论在哪个岗位、担任什么职务，都要勇于担当、攻坚克难，既当指挥员、又当战斗员，培养和保持顽强的斗争精神、坚韧的斗争意志、高超的斗争本领。"③每一个共产党员都必须立场坚定，敢于迎接各种挑战，关键时刻骨头要硬，敢于出击，敢战能胜。

---

① 《习近平著作选读》第二卷，人民出版社 2023 年 4 月版，第 258 页。
② 《习近平著作选读》第二卷，人民出版社 2023 年 4 月版，第 259 页。
③ 《习近平著作选读》第二卷，人民出版社 2023 年 4 月版，第 259—260 页。

参考文献

《毛泽东选集》（第一卷），人民出版社，1991 年版。

《毛泽东文集》（第七卷），人民出版社，1999 年版。

《周恩来军事文选》（第一卷），人民出版社，1997 年版。

《朱德选集》，人民出版社，1983 年版。

《邓小平文选》（第三卷），人民出版社，1993 年版。

《习近平著作选读》，人民出版社，2023 年版。

中共中央文献研究室编，金冲及主编：《毛泽东传（1893—1949）》，中央文献出版社，1996 年版。

中共中央文献研究室编，金冲及主编：《周恩来传》，中央文献出版社，2008 年版。

中共中央文献研究室第二编研部编：《朱德自述》，国际文化出版公司，2009 年版。

中共中央文献研究室编：《刘少奇年谱》，中央文献出版社，1996 年版。

中共中央文献研究室编，吴殿尧主编：《朱德年谱（1886—1976）》，中央文献出版社，2006 年版。

王焰主编：《彭德怀年谱》，人民出版社，1998 年版。

《当代中国人物传记》丛书编辑部编：《刘伯承传》，当代中国出版社，1992 年版。

《杨尚昆回忆录》，中央文献出版社，2001 年版。

彭绍辉：《彭绍辉日记》，解放军出版社，1988 年版。

中共中央文献研究室、中央档案馆编：《建党以来重要文献选编》（第十二册），中央文献出版社，2011 年版。

中央档案馆、中共中央文献研究室编：《中共中央文件选集》（第10册），中共中央党校出版社，1991年版。

《中国工农红军长征史料丛书》编审委员会编：《中国工农红军长征史料丛书·文献（1）》，解放军出版社，2016年版。

《中国工农红军长征史料丛书》编审委员会编：《中国工农红军长征史料丛书·文献（2）》，解放军出版社，2016年版。

《中国工农红军长征史料丛书》编审委员会编：《中国工农红军长征史料丛书·参考资料（2）》，解放军出版社，2016年版。

中国人民解放军历史资料丛书编审委员会编：《后勤工作·文献（1）》，解放军出版社，1997年版。

中国工农红军第一方面军史编审委员会编：《中国工农红军第一方面军史》，解放军出版社，1993年版。

中共中央党史研究室第一研究部编：《红军长征史》，中央文献出版社，2006年版。

总政治部办公厅编：《中国人民解放军政治工作历史资料选编——土地革命战争时期（三）》，解放军出版社，2002年版。

中国工农红军长征史料丛书编审委员会编：《中国工农红军长征史料丛书·回忆史料（2）》，解放军出版社，2016年版。

军事科学院军事历史研究所编：《中国工农红军长征全史（一）——中央红军征战记》，军事科学出版社，2006年版。

中共中央党史资料征集委员会、中央档案馆编：《遵义会议文献》，人民出版社，2009年版。

周朝举主编：《红军黔滇驰骋史料总汇》（中集）第二分册，军事科学出版社，1990年版。

周朝举编著：《红军黔滇驰骋烟尘谱——军事斗争史长编（正本）》，军事科学出版社，1990年版。

中共中央党史研究室：《中国共产党历史》第一卷（1921—1949），中共党史出版社，2011年版。

成都市政协文史学习委员会编：《成都文史资料选辑》第5辑，《川军郭勋祺部在川黔滇边阻击红军长征经过》，四川人民出版社，2007年版。

费侃如主编：《中国工农红军第一方面军长征史事日志》，贵州人民出版社，1999年版。

吴德坤主编，遵义会议纪念馆编：《遵义会议前后红军政治工作资料选编》，中央文献出版社，2010 年版。

陈宇编著：《红军长征年谱长编》，蓝天出版社，2016 年版。

《刘伯承用兵战例精选》，当代中国出版社，2006 年版。

贺国光：《参谋团大事记》，军事科学院军事图书馆，1986 年版。

中国人民解放军总参谋部军训和兵种部编：《孙子兵法军官读本》，解放军出版社，2005 年版。

《中国共产党叙永县历史》（第一卷），中共党史出版社，2013 年版。

胡锦昌、赵焱森、叶健君主编：《长征中的毛泽东及三人军事指挥小组》，天地出版社，2017 年版。

［德］奥托·布劳恩，李逵六等译：《中国纪事》，东方出版社，2004 年版。

［美］哈里森·索尔兹伯里著，过家鼎、程镇球、张援远译：《长征——前所未闻的故事》，解放军出版社，1986 年版。

［美］费正清、费维恺编，刘敬坤等译：《剑桥中华民国史（1921—1949 年）》（下卷），中国社会科学出版社，1994 年版。

龚一：《毛泽东传奇》，中共中央党校出版社，2014 年版。

谢本书：《龙云传》，云南人民出版社，2011 年版。

金一南：《苦难辉煌》，华艺出版社，2008 年版。

李夫克：《力挽狂澜》，国防大学出版社，1993 年版。

母光信：《鲁班场战斗》，中央文献出版社，2006 年版。

陈默：《全面抗战前（1928—1937）国民党军队的编制演变》，《军事历史研究》，2011 年第 3 期。

窦超：《"四渡赤水"缘由：长征中的土城战役》，《轻兵器》2017 年第 9 期。

聂荣臻：《红一方面军的长征》，《学习与研究》1986 年第 11 期。

余伯流：《"博洛交接"的关键是周恩来石厢子谈话》，《苏区研究》2016 年第 2 期。

王新生：《"鸡鸣三省"会议日期和地点新考》，《中国浦东干部学院学报》2020 年第 3 期。

许先春：《鸡鸣三省"会议的历史功绩及启示》，《学习时报》2017 年 9 月 11 日。

吴铭：《"政治工作是我军的生命线"重要论述历史回顾》，《解放军报》2016 年 4 月 22 日。

调研组：《"鸡鸣三省"会议会址考察——基于云贵川三省交界区实地调研的分析》，《毛泽东思想研究》2019 年第 5 期。

调研组：《中央红军主要领导 1935 年 2 月 5 日行程研究——在四川叙永县和云南威信县的调研报告》，《毛泽东思想研究》2020 年第 3 期。

309
参考文献

后　记

　　本书是中共泸州市委党校（四川长征干部学院泸州四渡赤水分院）与中国人民解放军国防大学专家合作完成的科研成果。由中共泸州市委党校（泸州四渡赤水分院）牵头策划并组织实施，国防大学范承斌教授带领博士生钱代朝、侯平、张煜、韩俊辉、陈琪、姜宝春，与中共泸州市委党校（泸州四渡赤水分院）的廖元刚、李莹莹、周琴、舒榕、任玉梅、许琪梅等同志组成编写组，共同完成编写工作。其中，引章由范承斌、韩俊辉执笔；第一、二、三章由侯平、张煜、范承斌、任玉梅执笔；第四、五章由范承斌、韩俊辉、陈琪、周琴执笔；第六、七章由钱代朝、范承斌、廖元刚执笔；结语由范承斌、钱代朝、舒榕、许琪梅执笔，最后由范承斌、廖元刚、李莹莹、周琴、韩俊辉对全书进行统稿。

　　本书初稿完成后，中共泸州市委党校（泸州四渡赤水分院）邀请国内知名的党史、军史专家对初稿进行评审，提出了很多宝贵的意见建议，编写组在充分吸收这些意见建议的基础上，对书稿进行了认真修改和完善。

在本书编写出版过程中，得到了原中共中央文献研究室常务副主任杨胜群，中国人民解放军军事科学院研究员褚银、李英、熊杏林，中国人民解放军国防大学教授舒健，中央党史和文献研究院研究员王新生、许先春，人民出版社编审侯俊智等领导、专家的大力支持和帮助，我们在此一并表示衷心的感谢！同时，对本书中参考借鉴的文献、专著、论文的作者，以及关心支持本书编写出版的所有人士表示诚挚谢意！

由于编写组人员水平有限，书中难免有疏漏和不当之处，真诚地欢迎各位专家、学者和读者提出宝贵意见，给予我们批评和指正。

编　者
2024 年 8 月

后
记

责任编辑：侯俊智
封面设计：王春峥
责任校对：秦　婵

图书在版编目（CIP）数据

用兵如神："四渡赤水"战例研究／范承斌，廖元刚　主编；中共泸州
　　市委党校（四川长征干部学院泸州四渡赤水分院）组织编写 . — 北京：
　　人民出版社，2024.9（2025.9 重印）
ISBN 978－7－01－026579－7

I.①用… Ⅱ.①范…②廖…③中… Ⅲ.①四渡赤水（1935）-研究
　　Ⅳ.① E297.23

中国国家版本馆 CIP 数据核字（2024）第 101816 号

用兵如神
YONGBINGRUSHEN
——"四渡赤水"战例研究

范承斌　廖元刚　主编
中共泸州市委党校（四川长征干部学院泸州四渡赤水分院）　组织编写

人民出版社 出版发行
（100706　北京市东城区隆福寺街 99 号）

中煤（北京）印务有限公司印刷　新华书店经销

2024 年 9 月第 1 版　2025 年 9 月北京第 5 次印刷
开本：710 毫米 ×1000 毫米 1/16　印张：20.25　插页：18
字数：240 千字

ISBN 978－7－01－026579－7　定价：68.00 元

邮购地址 100706　北京市东城区隆福寺街 99 号
人民东方图书销售中心　电话（010）65250042　65289539